操盘之王

（经典版）

王 晓 ◎ 著

上海财经大学出版社

图书在版编目(CIP)数据

操盘之王：经典版 / 王晓著. -- 上海：上海财经大学出版社, 2025.6. -- ISBN 978-7-5642-4675-4

Ⅰ.F830.91

中国国家版本馆 CIP 数据核字第 20253N22F3 号

□ 责任编辑　廖沛昕
□ 封面设计　贺加贝

操盘之王
（经典版）
王　晓　著

上海财经大学出版社出版发行
（上海市中山北一路 369 号　邮编 200083）
网　　址：http://www.sufep.com
电子邮箱：webmaster@sufep.com
全国新华书店经销
苏州市越洋印刷有限公司印刷装订
2025 年 6 月第 1 版　2025 年 6 月第 1 次印刷

710mm×1000mm　1/16　19 印张（插页：2）　243 千字
印数：0 001—6 000　定价：77.70 元

序言

《操盘之王》于2011年出版,上市仅两个月即售罄。该书创造了多项"奇迹",是当当网图书销量日、周、月的纪录保持者——作为一本股票投资类著作,这尤为难能可贵。《操盘之王》出版当年便荣获全国书报刊行业协会的大奖。书中提出的26个股市定式,在14年后的2025年依然有21个可以直接应用,这是很不容易的。

承蒙上海财经大学出版社的厚爱并多次约稿,经过一年的努力,以及好兄弟唐景亮的大力支持,《操盘之王》(经典版)终于和全国股民见面了,主要是在2004—2007年博客的基础上增加了2014年的部分博客。作为自1990年中国股市诞生之日起便参与交易的实践者,亦是21世纪两轮大牛市底部和顶部被公开验证的准确预判者,我的博客文章极具观赏和操作价值。

此次之所以重新整理《操盘之王》,是因为虽然现在的股市操作模式发生了很大的变化,但是整体操作思路及底部逻辑并未发生质变,而前两轮牛市的整个过程依然极具参考性。距离上一轮牛市高点已经过去10年了,我的粉丝("哥迷"们)也已多年未见我的公开动态。这次我携《操盘之王》(经典版)归来,既是对中国股市的敬畏,也是对广大读者的回馈。一本书并不能直接给您带来太多的期待,但是读懂了,会带您深入了解中国股市厚重的历史，获得全新的操作思路以及无与伦比的操作信心。这，就足够了。

我是中国股票市场的第一批股民，可以说是一路伴随着中国股市成长至今。35年来，股市给我带来了无上的荣誉、地位和财富，也带给我很多无奈、辛酸和痛苦。但是我依然爱它，因为它教会了我很多做人做事的道理。股票市场是很玄妙的，因为它的不确定性才更让人喜欢。在我们带着喜悦收获财富的同时，它也会在不经意间吞噬掉我们的财富。每个站在市场中的人，都希望能战胜市场，而实际真的能战胜市场者却并不多。中国有句古话："授人以鱼，不如授人以渔。"因此，我把自己35年战胜市场的经验毫无保留地写成这本书，希望读者可以从中受益。

中国股民既是中国股市的脊梁，也是大牛市的缔造者。我已经在这个市场奋斗了35年，希望我的经验能带着更多的新股民走上一条盈利的康庄大道。再次感谢追随我多年的粉丝，以及数以千万计的新股民。

王 晓
2025年6月8日凌晨于广东

目 录

第一章 操作系统中心指标：相对强弱指标 RSI / 001

第二章 宝塔线 TOW / 005
宝塔线操作原理 / 宝塔线的基本形态 / 本人操作理论中的宝塔线特征 / 实战案例：利用宝塔线 TOW 对 2009 年大盘的计算

第三章 压力支撑线 SSL / 015
基本论述 / 应用法则 / 本人操作系统对压力支撑线 SSL 的观点

第四章 突破的成交量 / 022
K 线上成交量的应用法则 / 均线看成交量 / 成交量的五种形态 / 本人操作系统对突破时的成交量的观点

第五章 量比指标的应用 / 028
量比指标的解释 / 综合运用 / 本人操作系统关于量比的观点

第六章　随机指标 KDJ 的运用 / 035

KDJ 的计算 / KDJ 的原理 / KDJ 的应用 / KDJ 与布林线的综合运用/
技术指标小结/ KDJ 选股方法 / KDJ 指标在实战中的应用经验 /
本人操作系统关于 KDJ 的观点

第七章　20 日均线与盘中跌幅的重要性 / 046

20 日均线运用 / 盘中跌幅的控制

第八章　基本面分析 / 048

分析股票的基本面要看宏观经济、行业变化/宏观经济政策对股市的影响 /
行业分析 / 个股基本面 / 概念股 / 行业板块 / 实战案例

第九章　RSI、KDJ、TOW、SSL 混合使用 / 063

实战案例:荣盛发展 / 实战案例:联化科技 / 实战案例:中润投资 / 大盘的判断

第十章　全部技术汇总的综合运用 / 069

盘面分析 / 技术配合分析 / 基本面分析

第十一章　基本面加技术面选股案例 / 075

案例一:为何选出中金黄金 / 案例二:为何选出江西铜业 / 案例三:为何选择
精工科技 / 案例四:为何选马钢股份及其权证

第十二章　大盘的历史重演规律和个股特性 / 084

第十三章　大盘下跌的计算方法 / 089

目录

第十四章　计算主力成本 / 092

第十五章　我的操盘圣经 / 094
江恩理论是伪理论 / 我的实战理论 / 五条"军规" / 给散户的建议 /
谈谈技术问题

第十六章　股指期货和融资融券对市场的杀伤力 / 103

第十七章　大盘底部判断方法 / 105

第十八章　大盘重要关口分析案例 / 108
案例一:2006年1300点分析 / 案例二:确认大牛市 / 案例三:2007年3000
点关口分析 / 案例四:2010年2600点分析

第十九章　盘口分析实例讲解 / 137
实例一:金岭矿业 / 实例二:张江高科 / 实例三:亚泰集团

第二十章　以古鉴今:与主力博弈的故事 / 145
我让主力感到颤抖 / 怎么和主力对峙 / 扯个虎皮找个借口大洗盘

第二十一章　化繁为简:我的操作指标系统 / 150

第二十二章　股市风云之股海往事 / 153
析新疆德隆的崩塌:思想超前,运作失误 / 还原真实的"3·27"国债事件

第二十三章　盘口实录一 / 160

第二十四章　盘口实录二 / 219

第一章 操作系统中心指标：相对强弱指标 RSI

相对强弱指标（Relative Strength Index，RSI）最早被应用于期货买卖，后来人们发现在众多的图表技术分析中，强弱指标的理论和实践极其适合股票市场的短线投资，于是被用于股票升跌的测量和分析中。外汇交易同期货买卖、股票买卖相同之处是汇价的升跌最终取决于供求关系。因此，强弱指标在分析外汇行情方面也有着广泛的应用。

RSI 是本人操作系统中的中心指标。由于 RSI 表示的时间为现在进行时，因此其准确性相当高。

（1）RSI 金叉出现时，也就是 6 日 RSI 和 12 日 RSI 形成向上交叉，即为买进信号。RSI 的变动范围为 0～100，强弱指标值一般分布在 20～80。通常情况下，6 日 RSI 在 20 以下的时候为超卖，而超过 80 为超买。简单说，20 以下可以买进，80 以上应该卖出。但是由于所处市场不同，对指标值也有不同的认识。例如，在牛市中，指标超过 80 的股票很多，基本上 85 以上才作为卖出的依据。而很多强势股甚至会运行到 95 以上，而且在 95～100 连续钝化几天，出现此种情况的时候，就该辅助成交量和支撑压力线来决定买卖了。而处于平衡市的时候，基本上可以按照 20 以下买进、80 以上卖出的基本规律。在熊市中，6 日 RSI 在 15 以下甚至 10 以下才作为买进的时间，而上涨到 70 以上就可以酌情卖出了。RSI 形成死叉的时候，也就是 6 日和 12 日 RSI 向下形成交叉，即为卖出信号。正常情况下一旦形成死叉就该选择卖出，但是由于市场主力经常会制造骗线，那么如果在80以下形成死叉，就要参考成交量的变化，以及支撑压力线和KDJ的走势后再做卖出的决定[见图1-1(上涨)和图1-2(下跌)]。

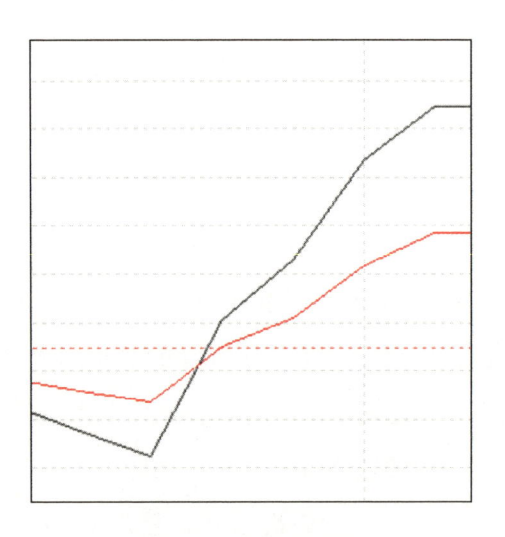

图1-1　RSI指标金叉

（2）RSI指标基本适用于所有股票，包括权证以及ST股票。但是要注意的是权证，如果某权证临近到期的时候，马上要进行行权，而现在价格远高于行权价格，甚至有些权证已经不是价内权证，完全是博傻的游戏的时候，RSI指标甚至会在1~5运行，而且由于时间不足，根本无法做出有效反弹，那么20以下买进就是完全错误的。

（3）6日RSI是操作中最重要的数据。当其与12日RSI金叉的时候，角度越大越好，角度大证明后市向上的力度很大。另外，我把RSI值分为5个区，90以上为极度超买区，80以上为超买区，30~70为平衡区，20以下为超卖区，10以下为极度超卖区。正常情况下，进入极度超买区的时候随时准备卖出，而进入极度超卖区的时候随时准备买进，RSI指标最重要的作用是能够显示当前市场的基本态势，指明市场是处于强势、弱势还是牛皮盘整之

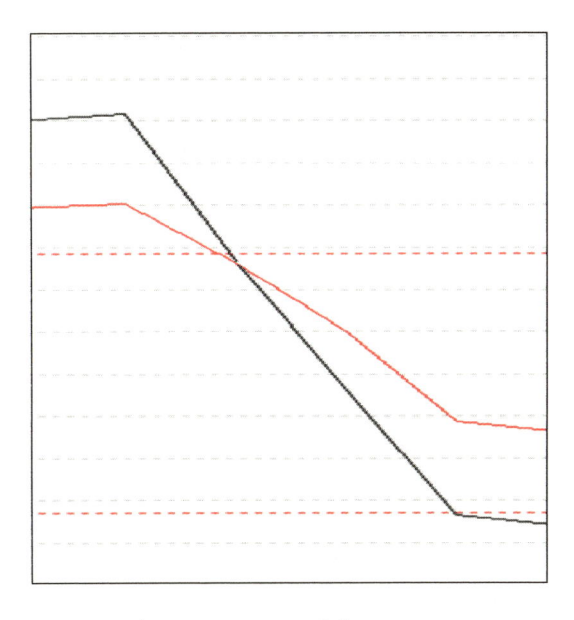

图 1-2 RSI 指标死叉

中,同时还能大致预测顶和底是否来临。但 RSI 指标只能是从某一个角度观察市场后给出的一个信号,给投资者提供的只是一个辅助的参考,并不意味着市场趋势就一定向 RSI 指标预示的方向发展。尤其在市场剧烈震荡时,还应参考其他指标进行综合分析,不能简单地依赖 RSI 的信号来做出买卖决定。但是其对于短期个股的操作准确性依然是相当高的(见图 1-3)。

(4)正常情况下,我们买进的依据为金叉买进,而一旦 RSI 跌破 20,实际上不必等到其形成金叉就可以买进了。而进入超买区后也不必一定等到死叉才卖出,结合多个指标(尤其是成交量的变化),随时可以平仓。另外,当在牛市中 RSI 指标进入 90 以上的极度超买区的时候,股票价格越向上走,RSI 值的波动就越小;RSI 到 98 以上的时候,股票涨 2 个涨停,RSI 才上涨 1 个点,只要量不快速放出,依然能持有,但是要做好随时出局的准备。

(5)在股票除权的时候,15 个交易日内 RSI 指标是不准确的,这个时候指

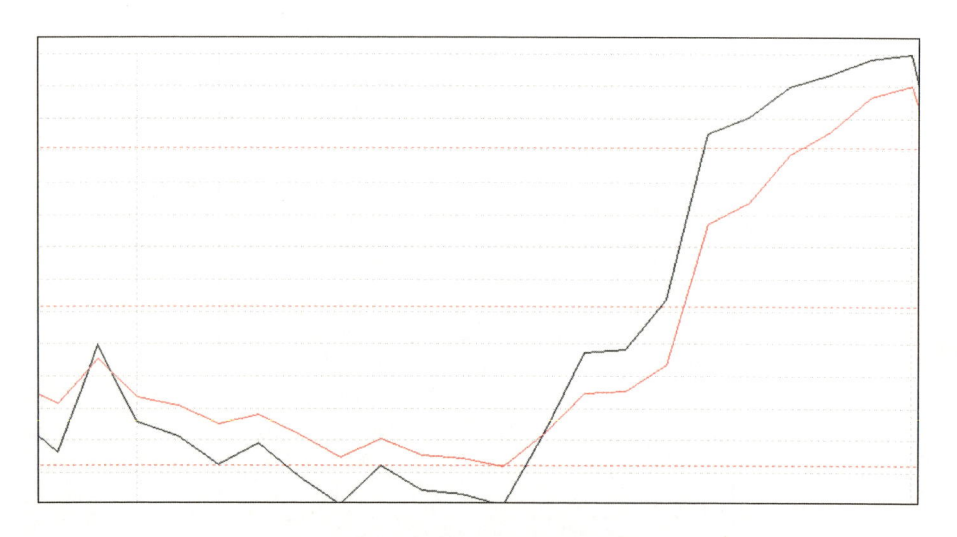

图 1-3　从极度超卖区到极度超买区

标不是很适用,可以把股票复权去看,然后再运用 RSI 指标进行操作。单一使用 RSI 自然会有误差,必须结合宝塔线、支撑压力线和成交量混合使用才能使操作更准确。关于其余指标以及混合使用的问题会在其他章进行阐述。

(6)RSI 的角度问题。请大家看图 1-4 左侧那根白色竖线垂直于图形底部是不是构成一个 90 度角,而 6 日 RSI 角度大约为 45 度。

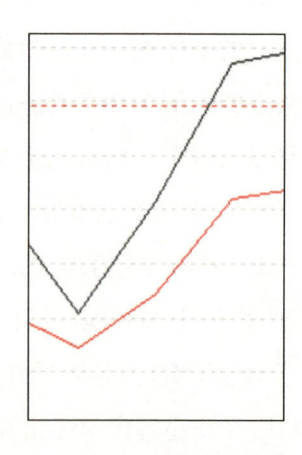

图 1-4　RSI 线的角度示意图

第二章　宝塔线 TOW

宝塔线(Pagoda Line),指标热键:TOW 或 TWR。因此,宝塔线指标,又称 TOWER 指标,是一种与 K 线及点状图相类似并注重股价分析的中长期技术分析工具。

一、宝塔线操作原理

宝塔线指标 TOWER 是以不同颜色(或虚实体)的棒线来区分股价涨跌的一种图表型指标。它主要是将股价多空之间争斗过程和力量的转变表现在图表中,借以研判未来股价的涨跌趋势及选择适当的买卖时机。宝塔线主要是应用趋势线的原理,引入支撑区和压力区的概念,来确认行情是否反转。对于行情发展可能产生的变化方向,不做主观臆测,而是做客观承认,这点与其他指标是不同的。宝塔线指标认为,如果一只股票价格的上升趋势已经确认,就应该买进该股票并持股,不去主动地预测股价的高点在哪里,而在股价从高位出现反转向下的征兆时开始小心,一旦确认股价头部出现卖出信号时,才做相应的卖出动作。反之,如果一只股票价格的下跌趋势形成,就应卖出股票,离场观望,不去轻易预测底部在哪里,只是在股价由低位向上反转并出现买入信号时才开始采取买入行动。

由上述可知,宝塔线指标信奉的是"涨不言顶""跌不言底"的投资理念,它告诉投资者并不刻意去预测股价高点或低点的位置,而是等可能的高点或低点出现时才采取相对应的卖出或买入决策。一般而言,按照宝塔线指标揭示的方法去买卖股票时,虽然可能因在高点卖出或在低点买入股票而牺牲部分潜在利润,但这种方法一般不会错失涨升的出现或避免下跌行情的存在,也不会轻易在上升途中的盘整行情中被震仓出局。因此,宝塔线指标比较适合稳健操作的投资者。

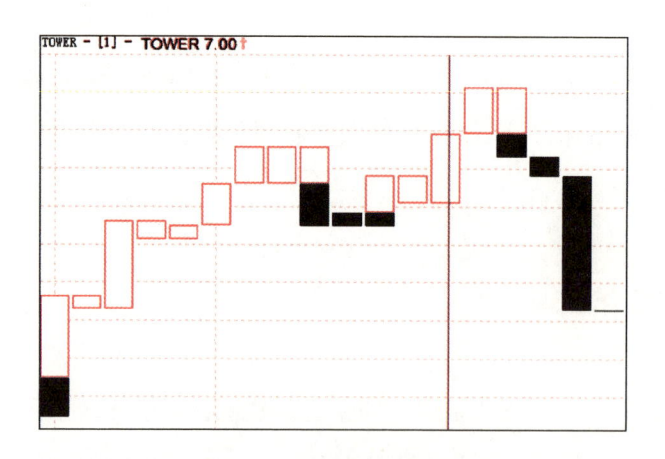

图 2—1　宝塔线的数值

图 2—1 中白色和红色显示的 TOW-TOWER7.21 就是宝塔线每天的值。移动鼠标就看到值的变化了。

二、宝塔线的基本形态

1. 三平顶形态

所谓"三平顶形态",是指股价经过一段比较短时间内的快速上升行情后宝塔线图中出现了连续三个(或以上)几乎处于同一水平位置的实体很长的黑棒线或棒体下部为黑色、上部为白色的混合棒体线的形态。它有两种形态,其中,三平顶的一种形态:股价短期涨幅已经相当大,近期波段涨幅要超过 30%,越大越有效。其研判方法概括如下:股价经过一段较短时间的拉升行情后,在高位出现这种三平顶翻阴的形态时,预示着股价的强势行情已经见顶,将开始一轮比较迅猛的跌势行情,因此,一旦宝塔线指标在高位出现三平顶翻阴形态时,应果断及时地短线卖出全部股票而离场观望。

三平顶的另一种形态:股价在中高位进行了一段时间的盘整后,一旦 TOWER 指标出现三平顶翻黑形态,并且股价几乎同时向下跌破中长期均线,这种三平顶形态的出现意味着股价一轮新的跌势开始,应及时清仓观望。

2. 三平底形态

所谓"三平底形态",是指股价经过一段比较长时间的快速下跌行情后,宝塔线图中出现了连续三个(或以上)位置依次向上的实体较长的白棒线或棒体下部为黑色、上部为白色的混合体棒线的形态。其中,三平底的一种形态为,股价中长期的跌幅已经很大而且近期的跌幅也累计超过 30%。其研判方法概括如下:当股价经过一段较短时间的暴跌行情后,股价在低位出现三平底翻白的形态时,预示着股价已经严重超跌,短期内可能产生一波短线的反弹行情。因此,当宝塔线指标在底部出现三平底翻红形态时,投资者可以适量地买入股票,做短线反弹行情。

三平底的另一种形态为,股价在上涨中途进行了一轮比较长时间的盘整后,一旦 TOWER 指标出现三平底翻红形态,并且股价同时依托中长期均线向上扬升,这种三平底形态的出现意味着股价一轮新的涨势开始,应短线及时逢低买入或持股观望。

三、本人操作理论中的宝塔线特征

（1）当三平底翻红的时候，平底越多就越好，涨幅也越大。正常情况下，在牛市中三平底翻红上涨应该为80%，而平衡市中上涨为30%～60%，熊市中只有10%～20%，上涨的基准为第3个平底的值。当出现四平底或者五平底翻红的情况时，上涨的幅度会更高。另外，宝塔线是一个中期指标，是个不滞后的指标，具有相当大的指导意义。同样，三平底翻红也适用于大盘。我在2005年至2007年预测大盘，基本上靠的就是该指标。该指标唯一的缺点就是不能对大盘处于何种市场做出预测，也就是说该指标应用的时候首先我们要看清楚是处于牛市、平衡市还是熊市中才行。关于三平底翻红该涨多少，没有任何一本股票书给出过准确的说法，我个人给广大操作者一个准确的说法，帮助大家突破宝塔线的第一个"瓶颈"（见图2-2至图2-5）。

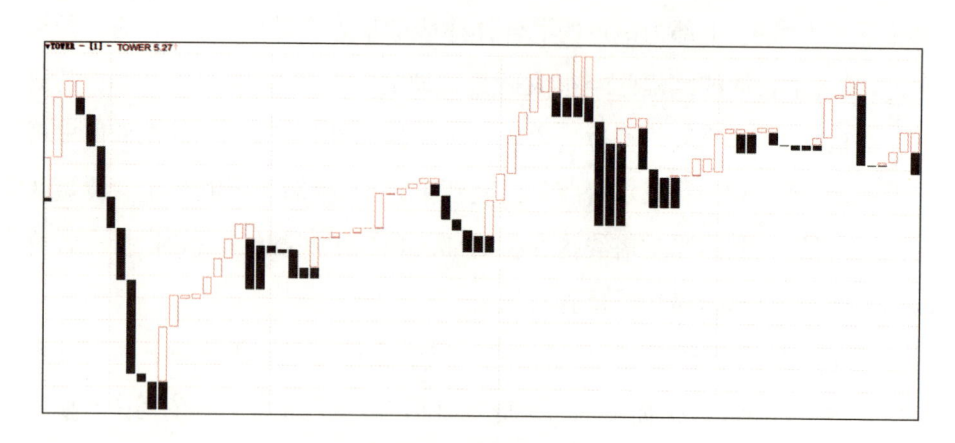

图2-2 标准的三平底翻红

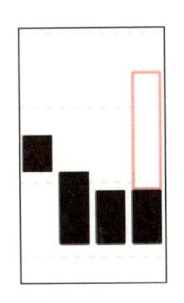

图 2—3 非三平翻红

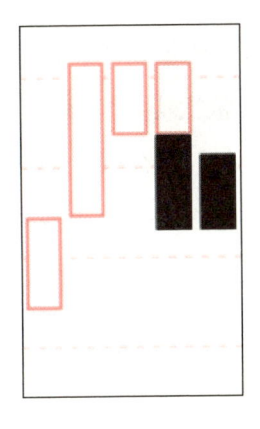

图 2—4 三平顶翻阴

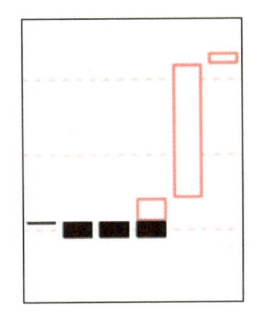

图 2—5 三平底翻红

(2)当三平顶翻阴时,一般牛市下跌为 10%～15%,而平衡市具有不确定性,一般为 10%～20%,熊市中起码跌 15%～30%。当然,该指标配合 RSI 最合理,准确率会大幅度提高。

(3)宝塔线到底是怎样形成的?这个问题从来没人给出过准确的答案。我来分享一下个人的经验:由于主力在启动前,要试一下其对筹码的控制程度,也就是试验一下在自己控盘情况下,外面的筹码对自己到底有多大的冲击能量,我们的行业术语叫作"试平衡"。因此在不自觉的情况下做出了三平或者四平的形态。所以当平底越多的时候,说明外面的筹码对主力冲击就越小,涨幅也就越大。由于宝塔线是主力操作的真实意图,因此宝塔线不会出现主力骗线的情况。

(4)如何判断出现的是不是真实的三平底或者三平顶。对于三平底的判断,外界一直介绍得很笼统,给操作者造成了很大的困扰。我再说一下如何判断什么是真实的三平底和三平顶。首先要注意其形态,如果三平出现的完全不规则,就不能算作标准的三平,也就是说主力控制能力有问题,所以要寻找那种三天基本形态接近的。有红有绿并不影响是真正的三平,因为上下影线会造成这样的形态,但是不能过于不规则。另外,要看其当天的值。根据我多年的操作经验,总结出宝塔线 TOW 的值以 8 和 8 的倍数为基准,8 以下是 0.03 的误差,16 就是 0.06 的误差,依次类推。例如,某股票连续 3 天的值为 7.77、7.77、7.74,第 4 天翻红为 7.90,那么在图形很接近的情况下,就是标准的三平翻红,后市一定会上涨,上涨比例参考我写的第(1)条。同样,例如某股票连续 3 天的值为 7.77、7.77、7.70,第 4 天也翻红为 7.90,这个由于超过了 0.03 的误差,因此就算第 4 天翻红且形态不错,也不能作为三平翻红去计算后期走势。考虑误差是以第 1 天的值作为依据的。

有一种特例,例如,连续 3 天的值为 7.77、7.80、7.74,然后第 4 天翻红为 7.90,这个也要算成标准的三平翻红。因为 0.03 的误差是按照第 1 天的 7.77 为基准的。同样,翻阴的计算方法也是一样的。这是广大操作者运用该指标遇到的第二个"瓶颈"。

(5)宝塔线对大盘未来走势判断也是有效的。误差为万分之三十,也就是 1000 点有 3 点的误差。例如,之所以 2007 年我判断深圳大盘会冲到 19550 点,就是因为大盘在 2007 年 4 月 25 日至 5 月 8 日形成标准的三平翻红,当时的数值是 10848.78、10848.78、10865.88,然后翻红为 11401.12。误差只有 17,完全符合万分之三十的特征。那么上涨 80% 得出的大盘点位就是 19557 点。2007 年 10 月 10 日大盘走到 19600 点,宝塔线指标运用得相当完美。

(6)宝塔线三平翻红后,上涨需要的时间。关于时间的问题,所有股票书都没给出过准确的答案,我的经验是:时间为6个月。无论是上涨还是下跌,都是6个月内完成。这个就是广大操作者运用该指标遇到的第三个"瓶颈"。

(7)宝塔线适用于权证的操作,但是在操作中要当成短期指标使用,同时配合RSI、KDJ和量能才能运用得好。关于权证的论述我后面会讲。

(8)宝塔线的骗线问题:宝塔线三平底翻红是我独有的技术,到2007年前基本没有骗线的。但是后期出现了主力骗线的问题。例如,前3天已经出现三平,而第4天成交量比第3天缩小起码三成以上,收阴,但是下跌幅度不超过3.5%,第5日翻红,这个依然是标准的三平底翻红。可以按照所在市场计算上涨比例。

四、实战案例:利用宝塔线TOW对2009年大盘的计算

本人通过计算,曾在2009年7月31日撰文指出,2009年上海大盘必然到达3435点至3507点,深圳大盘到达13736点。本书的起因是很多朋友对当时大盘的上涨很恐慌,盼望我用自己的技术操作系统提前给大家计算一下。

言归正传,计算上涨实际比计算下跌容易些,以下是本人当时的分析:

大盘的上涨完全可以用宝塔线TOW来判断,2007年我判断深圳大盘会冲到19550点,就是用这个指标计算的,大盘的计算方法不同于个股。首先要看我们到底处于哪种市场,到现在我依然认为我们不是处于牛市,原因很简单,沪强深弱,大盘完全看上海的脸色运行。虽然从盘面上看深圳从底部5577点开始上涨,于2009年6月18日到达11154点,就是指数翻倍,而

上海从1664点开始上涨,2009年7月23日到达3328点才达到翻倍,但是考虑深圳带动指数的深发展以及万科A,前者有3倍的涨幅,后者也有2倍的涨幅,而上海占据指数的中国石油和招商银行,前者涨幅不足70%,后者涨幅也不足2倍,可见深圳明显是虚高。另外,沪、深两市都没出现历史天量,历史上2007年的5月30日,上海成交2755亿,深圳成交1400亿。而2009年的7月28日上海表面上成交了3020亿,但是扣除中国建筑的290亿成交,其实也就成交了2730亿,而深圳只成交了1340亿。两者都没创出历史新天量。2007年"5·30"的大跌和2009年"7·28"的大跌,性质完全不同,但是从侧面更体现出我的判断,就是2009年不是反转,就是反弹。我们处于资金推动式的牛市中,上海和深圳都不会创出历史新高的。

现在我们拿技术计算。先计算上海,当大盘的TOW出现三平翻红的情况,一般上涨幅度为牛市80%、平衡市60%、熊市10%～20%,那么既然我前面已经验证了我们的市场不是大牛市反转,我们先取平衡市60%的上涨。上海2009年3月31日、5月22日和7月13日以及7月17日都出现了三平翻红。翻红时的数值分别为2373点、2610点、3123点和3189点,所能到达的位置分别为3796点、4176点、4996点和5102点。深圳分别在2009年5月12日、2009年6月23日和2009年7月8日出现过三平翻红,点位分别为10179点、11242点和12488点,那么能上涨到16286点、17987点和19980点,这么多结果我们该取哪个才合理呢?我们注意一下,历史上2007年深圳大盘先于上海大盘10天见顶,而由以上数据可知,2009年5月22日上海大盘出现三平翻红,而深圳大盘2009年5月12日出现三平翻红,另外,上海大盘2009年7月17日出现三平翻红,而深圳大盘2009年7月8日也出现了,那么我们可以把上海大盘2009年3月31日和2009年7月13日,深圳大盘2009年6月23日暂时放到一边。

我们的数据结果就是上海大盘4176点和5102点,深圳大盘16286点和

19980点,而如果深圳大盘到达19980点就是历史新高了,我前面说过,市场不是反转,那么到达19980点出现历史新高就不合理了。深圳大盘我能看到的数据就是16286点,而上海大盘对应的是4176点。所以我能得出的可以完全有把握的数据是2009年上海大盘可能到达3796点至4176点,深圳大盘可能到达16286点。

现在我们再把刚才剔除的2个数据4996点和17987点拿出来。上海大盘如果想到达4996点就等于到达4996～5102点,毕竟2个值太接近,那么它们对应的深圳大盘就是19980点,所以我基本可以确认上海大盘到达4996～5102点的可能性是没有的,而深圳大盘却很有可能到达17987点。上海大盘的目标位置不变,就是3796～4176点,到此位置就该全仓出货。结果就是上海大盘可能到达3796～4176点,深圳大盘可能到达16286点,时间为2009年12月25日前。因为到现在市场都是资金推动型运行,我不相信今年是跨年度的行情,所以2009年7月份以后出现的三平都将不被考虑在内,行情应该在今年12月25日前结束。

但是,由于2009年的上涨政策因素过多,因此我们也得做好大盘依然是熊市的准备,就是上涨10%～20%,那么数值分别是以3123点和3189点为起点,结果是3435～3507点,即上涨10%。为什么不用2373点和2610点呢,是因为时间不足6个月,所以时间上不允许。而深圳大盘运用的数据为11242点和12488点,得出的结果为12366～13736点。

结果就是上海大盘必然到达3435～3507点,深圳大盘必然到达13736点,时间为2009年12月25日前。因为到现在市场都是资金推动型运行,我不相信2009年是跨年度的行情,所以2009年7月以后出现的三平都将不被考虑在内。行情应该在2009年12月25日前结束,而一旦到达该位置,市场将面临一次大调整(见图2—6和图2—7)。

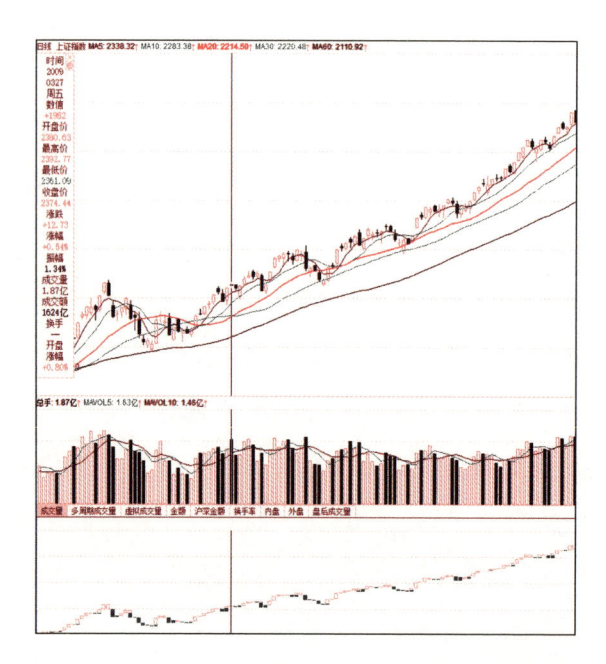

图 2—6　2009 年大盘走势图，3 月 27 日三平底翻红

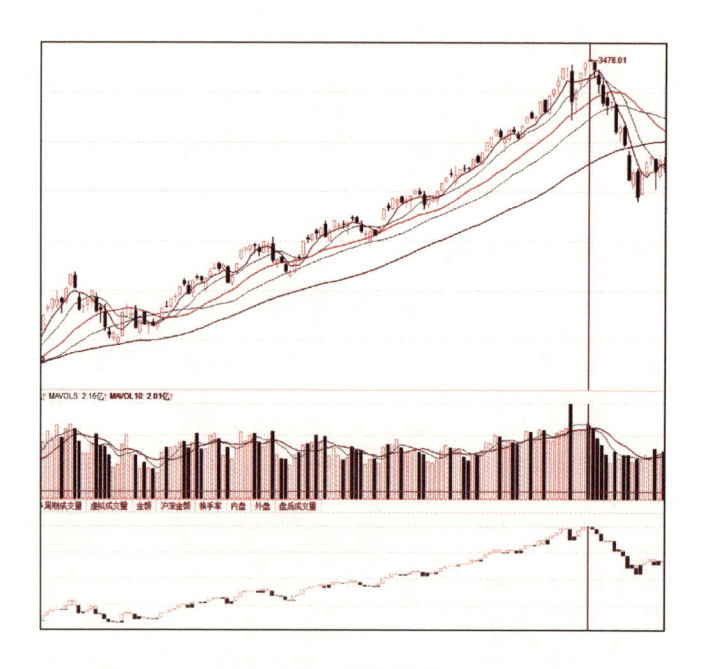

图 2—7　2009 年上海大盘果然到达 3435～3507 点

第三章　压力支撑线 SSL

一、基本论述

1. 支撑线和压力线的含义

支撑线又称抵抗线，是指当股价下跌到某个价位附近时，会出现买方增加、卖方减少的情况，从而使股价停止下跌，甚至有可能回升。支撑线起阻止股价继续下跌的作用。这个阻止股价继续下跌的价格就是支撑线所在的位置。

压力线又称阻力线，是指当股价上涨到某价位附近时，会出现卖方增加、买方减少的情况，股价会停止上涨甚至回落。压力线起阻止股价继续上升的作用。这个起着阻止股价继续上升的价位，就是压力线所在的位置。在某一价位附近之所以形成对股价运动的支撑和压力，主要由投资者的筹码分布、持有成本以及投资者的心理因素决定。当股价下跌到投资者（特别是机构投资者）的持仓成本价位附近，或股价从较高的价位下跌一定程度（如50%）或股价下跌到过去的最低价位区域时，都会导致买方大量增加买盘，使股价在该价位站稳，从而对股价形成支撑。当股价上升到某一历史成交密集区或当股价从较低的价位上升一定程度或上升到过去的最高价位区域时，会导致大量解套盘和获利盘抛出，从而对股价的进一步上升形成压力。

2. 支撑线和压力线的作用

如前所述,支撑线和压力线的作用是阻止或暂时阻止股价朝一个方向继续运动。我们知道股价的变动是有趋势的,要维持这种趋势,保持原来的变动方向,就必须冲破阻止其继续向前的障碍。比如说,要维持下跌行情,就必须突破支撑线的阻力和干扰,创造出新的低点;要维持上升行情,就必须突破上升压力线的阻力和干扰,创造出新的高点。由此可见,支撑线和压力线有被突破的可能,它们不足以长久地阻止股价保持原来的变动方向,只不过是暂时停顿而已(见图3—1)。

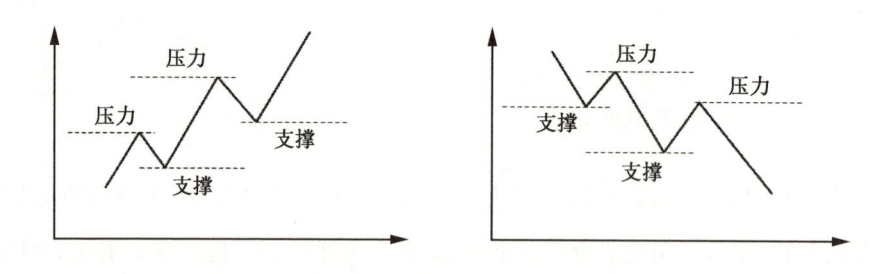

图3—1 支撑线和压力线

同时,支撑线和压力线又有彻底阻止股价按原方向变动的可能。当一个趋势终结了,它就不可能创出新的低价或新的高价,这时的支撑线和压力线就显得异常重要。

在上升趋势中,如果下一次未创新高即未突破压力线,这个上升趋势就已经处在很关键的位置了,如果往后的股价又向下突破了这个上升趋势的支撑线,这就产生了一个很强烈的趋势有变的警告信号。这通常意味着这一轮上升趋势已经结束,下一步的走向是下跌。

同样,在下降趋势中,如果下一次未创新低,即未突破支撑线,这个下降趋势就已经处于很关键的位置;如果下一步股价向上突破了这次下降趋势的压力线,这就发出了这个下降趋势将要结束的强烈信号,股价的下一步将是上升的趋势(见图3—2)。

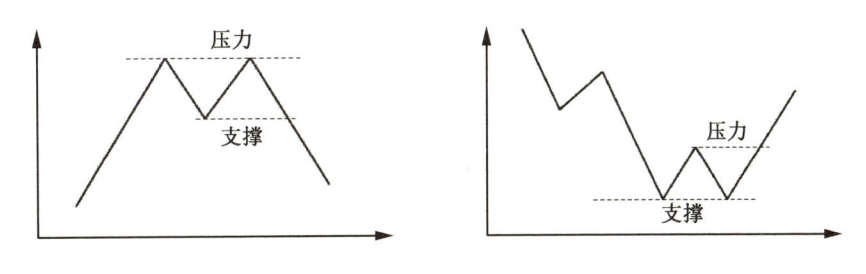

图3—2 支撑线和压力线

3.支撑线和压力线的相互转化

支撑线和压力线之所以能起支撑和压力作用,两者之间之所以能相互转化,很大程度上是因为心理因素方面的原因,这也是支撑线和压力线理论上的依据。

证券市场中主要有三类人:多头、空头和旁观者。旁观者又可分为持股者和持币者。假设股价在一个区域停留了一段时间后突破压力区域开始向上移动,在此区域买入股票的多头们肯定认为自己对了,并对自己没有多买股票而感到后悔。在该区域卖出股票的空头们这时也意识到自己错了,他们希望股价再跌回他们卖出的区域时,将他们原来卖出的股票补回来。而旁观者中持股者的心情和多头相似,持币者的心情同空头相似。无论是这四种人中的哪一种,都有买入股票成为多头的愿望。这样,原来的压力线就转化为支撑线。

正是由于这四类人决定要在下一个买入的时机买入,所以股价稍一回落就会受到大家的关心,他们或早或晚地进入股市买入股票,这就使价格根本还未下降到原来的位置,上述四类新的买进大军自然又会把价格推上去,使该区域成为支撑区。在该支撑区发生的交易越多,说明很多股票投资者在这个支撑区有切身利益,这个支撑区就越重要。

以上的分析过程对于压力线也同样适用,只不过结论正好相反。

可见,一条支撑线如果被跌破,那么这条支撑线将成为压力线;同理,一条压力线被突破,这条压力线将成为支撑线。这说明支撑线和压力线不是一成不变的,而是可以改变的,条件是它被有效的、足够强大的股价变动突破(见图3—3)。

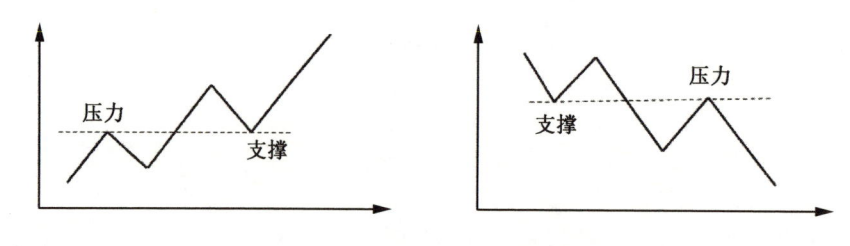

图3—3 支撑线和压力线的转化

4. 支撑线和压力线的确认和修正

如前所述,每一条支撑线和压力线的确认都是人为进行的,这里面有很大的人为因素。

一般来说,一条支撑线或压力线对当前影响的重要性有三个方面的考虑:一是股价在这个区域停留时间的长短,二是股价在这个区域伴随的成交量大小,三是这个支撑区域或压力区域发生的时间距离当前这个时期的远近。很显然,股价停留的时间越长、伴随的成交量越大、离现在越近,这个支撑或压力区域对当前的影响就越大;反之就越小。

上述三个方面是确认一条支撑线或压力线的重要识别手段。有时,由于股价的变动,会发现原来确认的支撑线或压力线可能不真正具有支撑或压力的作用,比如说不完全符合上面所述的三个条件,这时,就有一个对支撑线和压力线进行调整的问题,这就是支撑线和压力线的修正。

对支撑线和压力线的修正过程其实是对现有各条支撑线和压力线重要性的确认。

每条支撑线和压力线在人们心目中的地位是不同的。股价到了这个区域,投资者心里清楚,它很有可能被突破;而到了另一个区域,投资者心里明白,它不容易被突破。这为进行买卖提供了一些依据,不至于仅凭直觉进行买卖决策。

二、应用法则

(1)累加计算每日交易的个股价位的成交手数,以粉色线的横柱线显示,用以推算目前股价的压力和支撑。紫线越长,提示该价区堆积的成交量越大,压力或支撑也越大。

(2)上涨过程中,遇到较长的粉色线(大成交关卡),应先卖出,待回档支撑关卡时再回补。

(3)下跌过程中,遇到较长的粉色线(大成交关卡),会有支撑,可逢低介入。

(4)上升突破长粉色线(大的压力价区),回落不再跌破,提示该股已由空方主动转为多方主动,压力已转为支撑,可加仓买入。

(5)要配合多项指标使用,不可以单一使用。

三、本人操作系统对压力支撑线 SSL 的观点

1.粉色线为压力支撑线,白色线为当日收盘价格

粉色线表示筹码堆积。垂直高度的每条线表示筹码的各个价位,每条

线的水平长度表示此价位所有的历史成交筹码堆积的情况。

2. 压力支撑线 SSL 适合个股和大盘的操作

向上突破成功，压力就变成了支撑；向下突破成功，支撑就变为压力。当某位置历史成交量巨大，该位置粉色线就最长，也比较难被突破。从2003—2006 年的历史上看，2600 点、1950 点具备比较大的成交，也就是说这两个位置支撑比较强。一旦这两个位置被有效击穿，就变成了重压力。

3. 除权对压力支撑线没有影响

压力支撑线适用于个股和大盘。实际压力支撑线 SSL 就是用来看白色线在粉色线上的走势，不是用来直接做买进和卖出的依据，属于辅助分析股票短期趋势、压力以及支撑，也判断不出未来可以涨多高。

4. 压力支撑线主要配合 RSI、宝塔线、KDJ 以及成交量进行操作

另外，一般突破压力线后会出现回踩，以证明其突破有效。而跌破支撑线时，回踩得比较少。压力支撑线不适合分析新股。因为新股并无历史成交量的堆积。粉色线的意义不大（见图 3—4 和图 3—5）。

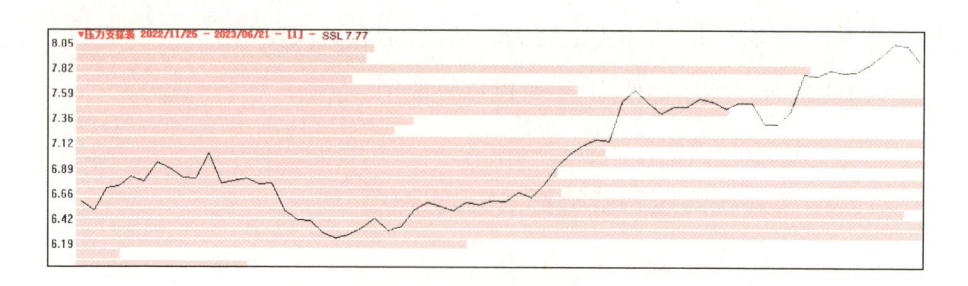

图 3—4　压力支撑线

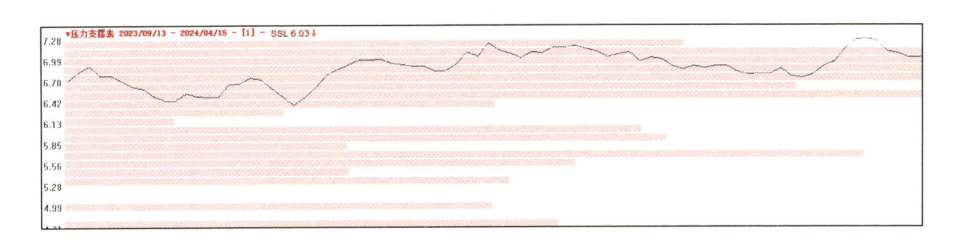

图 3－5　明显地在支撑线上受到支撑

图 3－6 是中润投资（000506）的压力支撑线。每一个线都有上沿和下沿，用鼠标轻轻一碰就看到数值了。现在鼠标在的位置就是左侧 9.35 元。大家看得很清楚，9.35 元位置那里多出一块蓝色框。

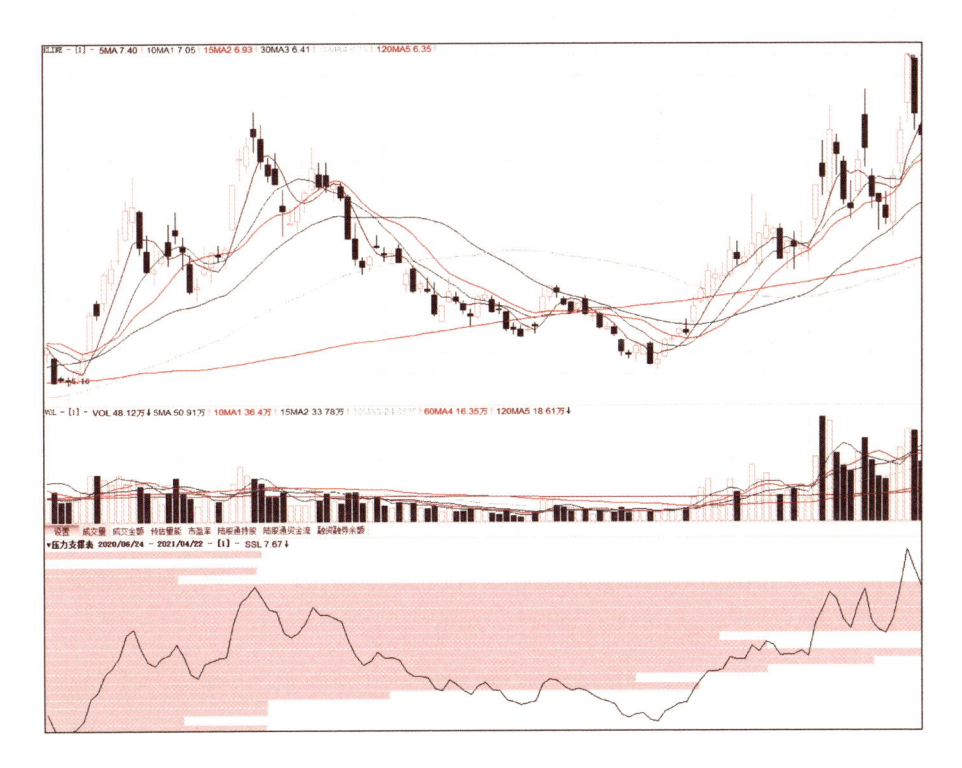

图 3－6　中润投资支撑压力线 SSL

021

第四章　突破的成交量

成交量是指一个时间单位内对某项交易成交的数量。一般情况下,成交量大且价格上涨的股票,趋势向好。成交量持续低迷时,一般出现在熊市或股票整理阶段,市场交投不活跃。成交量是判断股票走势的重要依据,对分析主力行为提供了重要的参考。

一、K线上成交量的应用法则

(1)价格随成交量的递增而上涨,为市场行情的正常特性,此种量增价涨的关系,表示股价将继续上升。

(2)股价下跌,向下跌破股价形态、趋势线、移动平均线,同时出现大成交量是股价将深幅下跌的信号,强调趋势的反转。

(3)股价随着缓慢递增的成交量而逐渐上涨,渐渐地走势突然成为垂直上升的爆发行情,成交量急剧增加,股价暴涨,紧接着,成交量大幅萎缩,股价急剧下跌,表示涨势已到末期,有转势可能。

(4)温和放量。个股的成交量在前期持续低迷之后,出现连续温和放量形态,一般可以证明有实力资金在介入。但这并不意味着投资者就可以马上介入,个股在底部出现温和放量之后,股价会缩量上升,量缩时股价会适量调整。当持续一段时间后,股价的上涨会逐步加快。

(5)突放巨量。其中可能存在多种情况,如果股价经历了较长时间的上涨过程后放巨量,通常表明多空分歧加大,有实力资金开始派发,后市继续上涨将面临一定困难。而经历了深幅下跌后的巨量一般多为空方力量的最后一次集中释放,后市继续深跌的可能性很小,反弹或反转的时机近在眼前。如果股市整体下跌,而个股逆势放量,在市场一片喊空声之时放量上攻,造成十分醒目的效果。这类个股往往持续时间不长,随后反而加速下跌。

(6)成交量也有形态,当成交量构筑圆弧底,而股价也形成圆弧底时,往往表明该股后市将出现较大上涨机会。

二、均线看成交量

(1)5日成交量均线在上,10日成交量均线在下,5日成交量均线自上向下,与10日成交量均线趋近交叉,5日成交均量与10日成交均量趋于一致,大致持平。

(2)5日成交量均线与10日成交量均线趋近交叉当日,K线为阳线,与此相对应当日成交量为阳量。

(3)5日成交量均线与10日成交量均线趋近交叉前一日,K线为阳线,与此相对应当日成交量为阳量,大多数情况下此日量比趋近交叉日量小。

(4)5日成交量均线与10日成交量均线趋近交叉次日,K线为阴线,与此相对应当日成交量为阴量。

(5)出现在横盘整理末期、大幅拉升前夕。

(6)K线上相对应的往往是庄家震仓、洗盘过程。

(7)5日成交均量与10日成交均量趋于一致时,允许有10%以内的正负误差,两者越接近越好。

(8) 符合葛南维移动平均线四个买入法则之一。

(9) 成交量组合出现同时或出现后一两个交易日内,如有 K 线组合出现相配合,则该只股票股价上涨概率更大。

三、成交量的五种形态

市场是各方力量相互作用的结果。虽然说成交量比较容易作假,控盘主力常常利用广大散户对技术分析的一知半解而在各种指标上做文章,但是成交量仍是最客观的要素之一。

1. 市场分歧促成成交

所谓"成交",当然是有买有卖才会达成,光有买或光有卖绝对达不成成交。成交必然是一部分人看空后市,另外一部分人看多后市,造成巨大的分歧,又各取所需,才会成交。

2. 缩量

缩量是指市场成交极为清淡,大部分人对市场后期走势十分认同,意见十分一致。这里面又分两种情况:一是市场人士都十分看淡后市,造成只有人卖,却没有人买,所以急剧缩量;二是市场人士都对后市十分看好,只有人买,却没有人卖,所以又急剧缩量。缩量一般发生在趋势的中期,大家都对后市走势十分认同,下跌缩量,碰到这种情况,就应坚决出局,等量缩到一定程度,开始放量上攻时再买入。同样,上涨缩量,碰到这种情况,就应坚决买进,坐等获利,等股价上冲乏力,有巨量放出的时候再卖出。

3. 放量

放量一般发生在市场趋势发生转折的转折点处,市场各方力量对后市分歧逐渐加大，在一部分人坚决看空后市时，另一部分人却对后市坚决看好，一些人纷纷把家底甩出，另一部分人却在大手笔吸纳。放量相对于缩量来说，有很大的虚假成分，控盘主力利用手中的筹码大手笔对敲放出天量，是非常简单的事。只要分析透了主力的用意，可以将计就计。

4. 堆量

当主力意欲拉升时，常把成交量做得非常漂亮，几日或几周以来，成交量缓慢放大，股价慢慢推高，成交量在近期的 K 线图上，形成了一个状似土堆的形态，堆得越漂亮，就越可能产生大行情。相反，在高位的堆量表明主力已不想玩了，在大举出货。

5. 量不规则性放大缩小

这种情况通常发生在没有突发利好或市场大局基本稳定的前提下，往往是"妖庄"所为。在风平浪静时，突然放出历史巨量，随后又悄无声息，这通常是实力不强的庄家在吸引市场关注，以便出货。

四、本人操作系统对突破时的成交量的观点

关于成交量的基本解释，上面已经详细阐述了，此处不再赘述。我主要解决广大散户最关心的问题，即有多大成交量才有可能突破某个压力位（见图 4—1）。

很多朋友以前常问我："某只股票能不能创新高？还能上涨多少？"我都可以很清楚地告诉他们，能不能突破，能涨到多少，实际这个并不难。能涨到多少是需要多个指标结合计算，而能不能突破高点就简单些，只要对突破时的成交量有清晰的认识就可以解决。例如，某只股票高点为 10 元，现在

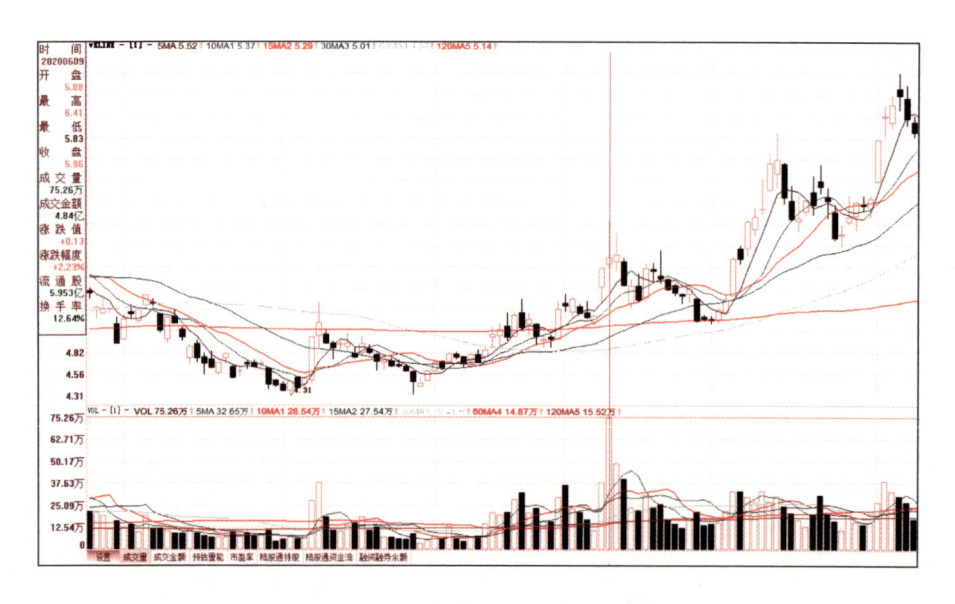

图 4-1　突破时急剧放大的成交量

价格为9.8元。10元为其历史最高价格,当该股票在10元的时候,当日成交量为500万股。那么我们怎么判断10元是顶,还是能够突破呢?这一直是困扰广大散户的一个"瓶颈"。我告诉大家,其实很简单。技术指标可以骗线,但是成交量不能,就算对倒出来的成交量也是真实的。那么在熊市和平衡市中,只要当时上冲前期高点的时候成交量超过历史高点那天成交量的60%,也就是按照例子中500万股的60%,即300万股以上,就具备突破的能力。而在牛市中,由于场外资金充沛,加上很多散户持股做长线不怎么卖出,那么50%以上的成交,即上例500万股中的250万股以上就能突破。因此想突破历史高点,必须有相当于历史高点当日成交量的50%以上成交才能形成突破,这是先决条件。如果不具备如此的成交量,根本无法突破。当然,如果该股突然出现利好,没人愿意卖出或者价格被低估得相当厉害,在较少成交的情况下也能完成突破。

另外,要注意,突破时的成交量如果释放得过大也不是什么好现象。一般超过历史高点成交 1.5 倍的情况下，有主力出货的可能，要多加提防。

因此，如果主力想要突破历史高点，必须具备我说的 50% 以上的成交量。但是不代表到达如此量能，就能 100% 突破。依据我这些年的经验，90% 会突破的，误差应该算很小了。

突破后能涨多少？

一般情况下，一旦某只股票突破历史高点后，其上涨幅度牛市中为 20%～25%，熊市为 10%，但是首先要确定是真突破还是假突破。所谓"真突破"，是指突破历史高点后，不回踩直接上攻，或者回踩该前期高点，支撑有效，一般 2 个交易日依然站在前高点以上就是真突破。而"假突破"一般是过了前高点，次日就跌回，而且成交量极度放大，这样明显有拉高出货的嫌疑，且回踩后无法再站上前期高点，这就是假突破了。

很多时候朋友们问我："王老师，某只股票已经过前期高点了，能涨到哪里？"我很干脆地回答能到哪个位置。实际就是算了一下是 20%～25% 还是 10% 后给的答案。所以实际上很多东西并不复杂，技术提供了支持，再加上些经验就 OK 了。

第五章　量比指标的应用

一、量比指标的解释

量比是衡量相对成交量的指标(见图5－1)。它是指股市开市后平均每分钟的成交量与过去5个交易日平均每分钟成交量之比。其计算公式为：量比＝现成交总手/[(过去5个交易日平均每分钟成交量)×当日累计开市时间(分)]，简化之则为：量比＝现成交总手/[过去5日平均每分钟成交量×当日累计开市时间(分)]。

最新	3342.01	昨收	3350.13
涨跌	-8.12	开盘	3319.61
涨幅	-0.24%	最高	3358.43
振幅	1.16%	最低	3319.61
现手	47.63万	量比	0.97
总手	4.01亿	金额	4865亿

图5－1　右侧下数第五个即为量比

量比在观察成交量方面，是卓有成效的分析工具，它将某只股票在某个时点上的成交量与一段时间的成交量平均值进行比较，排除了因股本不同造成的不可比情况，是发现成交量异动的重要指标。在时间参数上，多使用

10日平均值,也有使用5日平均值的。在大盘处于活跃的情况下,适宜用较短期的时间参数,而在大盘处于熊市或缩量调整阶段宜用稍长的时间参数。

量比这个指标所反映出来的是当前盘口的成交力度与最近5天的成交力度的差别,这个差别的值越大,表明盘口成交越趋活跃,从某种意义上讲,越能体现主力即时做盘准备随时展开攻击前蠢蠢欲动的盘口特征。因此,量比资料可以说是盘口语言的翻译器,它是超级短线临盘实战洞察主力短时间动向的秘密武器之一。

量比反映出的主力行为,从计算公式中可以看出,量比的数值越大,表明当日该股流入的资金越多,市场活跃度越高;反之,量比值越小,说明资金的流入越少,市场活跃度越低。我们可以从量比曲线的数值与曲线看出主流资金的市场行为,如主力的突发性建仓,建仓完后的洗盘,洗盘结束后的拉升,这些行为可以让我们一目了然!

一般来说:

量比为0.8～1.5倍,说明成交量处于正常水平。

量比在1.5～2.5倍则为温和放量,如果股价也处于温和缓升状态,则升势相对健康,可继续持股;若股价下跌,则可认定跌势难以在短期内结束,从量的方面判断应可考虑停损退出。

量比在2.5～5倍,则为明显放量。若股价相应地突破重要支撑或阻力位置,则突破有效的概率颇高,可以相应地采取行动。

量比达5～10倍,则为剧烈放量。如果是在个股处于长期低位后出现剧烈放量突破,涨势的后续空间巨大,是"钱"途无量的象征。但是,如果在个股已有巨大涨幅的情况下出现如此剧烈的放量,则值得高度警惕。

量比达到10倍以上的股票,一般可以考虑反向操作。在涨势中出现这种情形,说明见顶的可能性压倒一切,即使不是彻底反转,至少涨势会休整相当长一段时间。在股票处于绵绵阴跌的后期,突然出现的巨大量比,说明该股在目前位置彻底释放了下跌动能。

量比达到20倍以上的情形基本上每天都有一两单,是极端放量的一种表现,这种情况的反转意义特别强烈,如果在连续上涨之后,成交量极端放大,但股价出现"滞涨"现象,则是涨势行将死亡的强烈信号。当某只股票在跌势中出现极端放量,则是建仓的大好时机。

量比在0.5倍以下的缩量情形也值得认真关注,其实严重缩量不仅显示了交易不活跃的表象,同时也暗藏着一定的市场机会。缩量创新高的股票多数是长庄股,缩量能创出新高,说明庄家控盘程度相当高,而且可以排除拉高出货的可能。缩量调整的股票,特别是放量突破某个重要阻力位之后缩量回调的个股,常常是不可多得的买入对象。

涨停板时量比在1倍以下的股票,上涨空间无可限量,第二天开盘即封涨停的可能性极高。在跌停板的情况下,量比越小则说明杀跌动能未能得到有效宣泄,后市仍有巨大下跌空间。

当量比大于1时,说明当日每分钟的平均成交量大于过去5日的平均值,交易比过去5日火爆;当量比小于1时,说明当日成交量小于过去5日的平均水平。

二、综合运用

在即时盘口分析中,股民较多使用的是走势图和成交量,实际上量比及量比指标也是一种比较好的工具。一般散户提到量比这一概念,往往想到量比排行榜。

实际使用中,当股票出现在量比排行榜上时,一般已有相当大的涨幅,盘中的最早起涨点已经错过。因此,从盘口的动态分析角度讲,光考虑量比数值大小无疑有一定缺陷。

所以进一步引进量比指标,帮助我们更好地分析市场动态。

1. 介绍量比及量比指标曲线的原理和使用方法

(1)量比反映的是分时线上的即时量相对近段时期平均量的变化,一般默认为当日场内每分钟平均成交量与过去 5 日每分钟平均成交量之比。显然,量比大于 1,表明目前场内交投活跃,成交量较过去几日增加。

(2)把当日每分钟不同的量比数值描绘在一个坐标中,就形成了量比指标。通过量比指标可以得知当日量比如何变化,同时也能得知当日盘口成交量的变化,进而知道当日的量能相对近段时期量能的变化。

(3)需要注意的是,经过一夜休整后,市场情绪和投资者心理在新交易日开盘时往往会发生较大变化,导致股价及开盘成交量波动剧烈。这种不稳定性会直接反映在量比数值上,使得开盘时量比指标波动较大。因此,我们应耐心等待量比指标趋于稳定后再采取行动。

(4)使用中,当量比指标在分时图上沿着一种大趋势单边运行时突然出现量比急速翘头的迹象,我们认为不必急于采取行动,因为这仅仅是改变原来单一趋势的一种可能,我们可以等待量比曲线明显反向运行后的再一次走平,进一步修正后,再依据量价的更进一步变化采取行动。

最后,在平时的使用中可多结合形态理论,往往会取得更好的研判效果。

2. 量比与量比曲线

量比是分时线上的即时量相对近段时期平均量的变化。把当日每分钟不同的量比数值不断用点描绘在一个坐标中,就形成了量比曲线。

一般来说,通过一夜市场信息及人们心理上的变化,新的一个交易日开盘的时候,股价及开盘成交量的变化反差极大。反映在量比数值上,就是很多股票开盘时的量比数值高达数十倍甚至上百倍,随后量比数值又急速下跌。从量比曲线上看,就像我们提到的股价变化有时显得唐突和怪异一样。大多数股票在新的一个交易日开盘时显得很不稳定,因此在通常行情背景下,我们应该静待量比曲线有所稳定后再采取行动。

另外,一般证券书籍提到量比这一概念时,都指的是量比数值,并且认为短线个股应在涨幅榜及量比排行榜上去找。殊不知大多数股票等你在量比排行榜上(至少会大于1.5)发现它时,早已错过了第一买入时间点。比如潜江制药,当年在18.35元起涨时的量比数值是0.65,而当等到量比数值达到13时07分的1.5左右时,该股此波分时线已经上涨至18.65元,此时再去买入,笔者认为这种追涨不可取。虽然对于该股,当日此时追涨买进后仍然有较大上涨空间,但在大多数情况下,这种分时线上的惯性追涨行为,是买进后当日被套的主要原因之一。

补充一点:还要关注整体的走势,如大多数个股或指数。

3. 短线机会

在实战操作中,如果过早买进底部个股,由于大机构没有吸好货之前并不会拉升,有时可能还要打压,搞得不好就会被套。至于刚突破整理平台的个股,若碰上大机构制造假突破现象,有时也会无功而返。因此,市场中的一些短线高手,如果在个股启动的第一波没有及时介入,他们宁可失去强势股连续上涨的机会,也不会一味地追涨,从而把风险控制在尽可能小的范围内。一般来说,个股放量且有一定升幅后,机构就会清洗短线浮筹和获利盘,并让看好该股的投资者介入,以垫高市场的平均持股成本,减少再次上涨时的阻力。由于主力是看好后市的,是有计划地回落整理,因此下跌时成交量无法连续放大,在重要的支撑点位会缩量盘稳,盘面浮筹越来越少,表明筹码大部分已经锁定,这时候再次拉升股价的条件就具备了。如果成交量再次放大，并推动股价上涨，此时就是介入的好时机。由于介入缩量回调，再次放量上攻的个股短线收益颇高，而且风险比追涨要小很多，因此是短线客常用的操作手法。那么，如何把握这种良机呢？在平时看盘中，投资者可通过股票软件中的量比排行榜，翻看近期量比小的个股，剔除冷门股和下降通道的个股，选择那些曾经持续放量上涨，近日缩量回调的个股进行跟踪。待股价企稳重新放量，且 5 日均线翘头和 10 日线形成金叉时，就可果断介入。通常，机构在股价连续放量上涨后，若没有特殊情况，不会放弃既定战略方针，去破坏良好的均线和个股走势。若机构洗盘特别凶狠的话，投资者还可以更低的价格买进筹码。需要注意的是，此类股票的 30 日平均线必须仍维持向上的趋势。

4. 量比数值与换手率

量比数值是一种比值，所以说起量比是以倍为单位的，而量比与换手率并没有直接关系，从量比的计算公式中也可以看出，所以量比与换手率是一个相对的概念，也就是如果近期换手率处于很低迷的状态——"地量"状态时，即使量比达到几十倍或上百倍，全天收盘结束后当天的换手率也可能不是很高；若近期换手率很高，即使几倍的量比也可能比较大，在全天收盘结束后，换手率也会很大。

三、本人操作系统关于量比的观点

（1）量比指的就是当前时间的成交量与前 5 个交易日同一时间成交量平均值的比。例如现在量比为 1.5，指的就是当前成交量是前 5 个交易日同一时间均量的 1.5 倍。量比的每一天每一时间都是波动的，随着成交量的变化而变化。

(2)在盘中要时刻注意,正常情况下,在本人的操作系统中,熊市中量比超过0.8就要注意,说明资金有向上攻击的欲望;而牛市中,超过1.5才开始有向上快速冲击的意图。请大家注意,量比不是越大越好,因为下跌中,量比也是同步放大的。正常情况下,熊市量比在0.8~2,牛市在1.5~2.5比较合理,具备向上攻击的潜力。如果量比一直萎缩在0.6~0.9,突然放量到1.5附近,这个位置就比较适合买进。当达到2.3以上的时候,可以认为很多人都开始买进了。当然在卖的时候也一样,量比同步放大。

(3)一天之内的量比会一直变化,因此需要在盘中观察。实际外面的所谓狙击涨停板,就是利用量比的突然放大进行的,并不是什么多神奇的技术。当尾盘临近收盘前1~5分钟,量比突然超过2.5的时候,有资金快速进入上拉,有些资金也快速跟进,就形成了涨停。但是次日的走势有很大的不确定性。因此奉劝大家别迷信什么狙击涨停板。毕竟场外资金利用的是主力5分钟之内无法快速调集筹码砸盘造成的涨停,后市有极大的不稳定性。

(4)利用量比在盘中选择股票我已经在第(2)点中阐述了,那么收盘后利用量比找股票,我再教给大家一些窍门。收盘后,我们进入量比排名。找收盘时量比在0.95~1.25的股票。同时该股票必须是当日上涨的,涨幅在0.5%~2%的最好。因为当天没出现大涨,但是涨了,就证明主力有向上攻击的欲望,因此相对安全。同时参照RSI、宝塔线和成交量以及压力支撑线后做出买进的判断,基本上符合以上全部指标的股票不会超过10只。

(5)量比指标有一定操作性,但是单一使用风险也比较大,对于权证该指标参考意义不大,是短线操作指标。

第六章　随机指标 KDJ 的运用

KDJ 指标的中文名称是随机指标，最早起源于期货市场。随机指标是由乔治·莱恩首创的，它通过当日或最近几日最高价、最低价及收盘价等价格波动的波幅，反映价格趋势的强弱（见图 6－1 至图 6－3）。

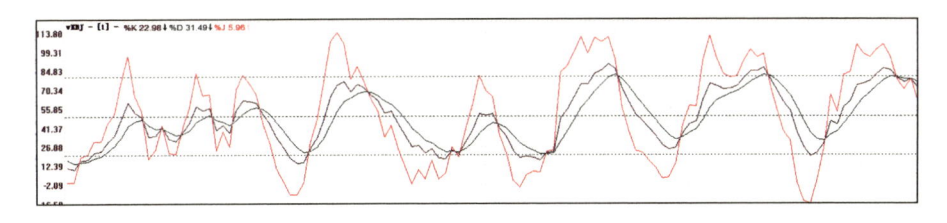

图 6－1　KDJ 指标

随机指标在图上共有三根线：K 线、D 线和 J 线。随机指标在计算中考虑了计算周期内的最高价、最低价，兼顾了股价波动中的随机振幅，因而人们认为随机指标更真实地反映股价的波动，其提示作用更加明显。随机指标 KD 线的意义：KD 线称之为随机指标，K 为快速指标，D 为慢速指标，当 K 线向上突破 D 线时，表示为上升趋势，可以买进；当 K 线向下突破 D 线时，可以卖出；当 KD 值升到 90 以上时表示偏高，跌到 20 以下时表示偏低。太高就有下跌的可能，而太低就有上涨的机会。

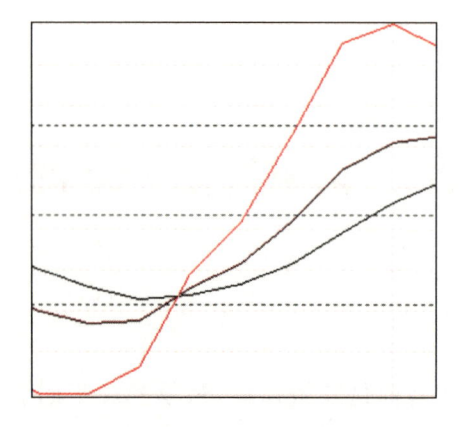

图 6－2　KDJ 金叉

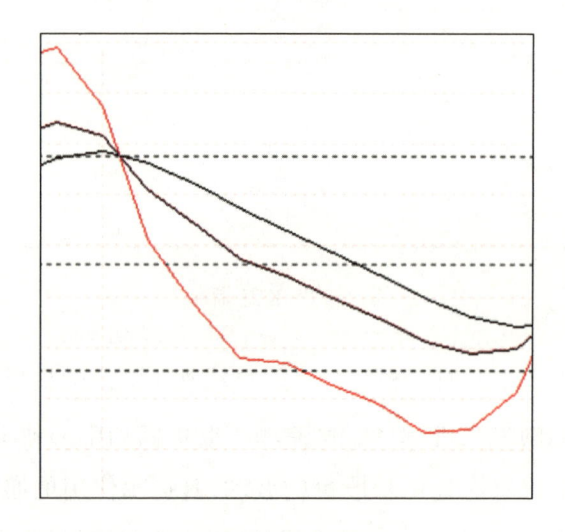

图 6－3　KDJ 死叉

一、KDJ 的计算

（N 日收盘价－N 日内最低价）÷（N 日内最高价－N 日内最低价）× 100＝N 日 RSV

当日 K 值＝2/3 前 1 日 K 值＋1/3 当日 RSV

当日 D 值＝2/3 前 1 日 D 值＋1/3 当日 K 值

当日 J 值＝3 当日 K 值－2 当日 D 值

若无前一日 K 值与 D 值，则可分别用 50 来代替。

以 9 日为周期的 KD 线为例，首先须计算出最近 9 日的 RSV 值，即未成熟随机值，计算公式为：

9 日 RSV＝(9 日的收盘价－9 日内的最低价)÷(9 日内的最高价－9 日内的最低价)×100(计算出来的数值为当日的 RSV)

K 值＝2/3×前一日 K 值＋1/3×当日 RSV

D 值＝2/3×前一日 D 值＋1/3×当日的 K 值

若无前一日 K 值与 D 值，则可以分别用 50 代替。

J 值＝3×当日 K 值－2×当日 D 值

公式函数：

$$RSV = (CLOSE - LLV(LOW, N)) / (HHV(HIGH, N) - LLV(LOW, N)) \times 100$$

K＝SMA(RSV,M1,1)

D＝SMA(K,M2,1)

J＝3×K－2×D

二、KDJ 的原理

(1)KDJ 以今日收盘价(也即 N 日以来多空双方的最终言和价格)作为买力与卖力的平衡点，收盘价以下至最低价的价格距离表征买力的大小，而最高价以下至最低价的价格距离表征买卖力的总力。这样，RSV 的买力与总力之比，正是用以表征 N 日以来市场买力的大小比例，反映了市场的多空形势。

(2)KDJ 指标的后来修正者，放弃把 RSV 直接作为 K 值，而只把 RSV 作为新 K 值里面的 1/3 比例的内容。这是一种权值处理手法，表明更重视（2/3 重视）近期趋势的作用。

(3)在乔治·莱恩的发现里，D 值原来是 N 日 K 值的平滑平均值。现直接从算式上可见，D 值只把 K 值作 1/3 的权重加以考虑，同样表明对近期趋势的重视。同时，D 值的变化率也就小于 K 值的变化率，因此，K 线成为随机指标中较敏感的快速线，D 线则为较沉稳的慢速线。

(4)J 值本意为 D 值与 K 值之乖离，系数 3 和 2 也表现了权值的处理，表明在 KD 指标中，D 指标应被更重视一些，这与趋势分析中认为慢速线较具趋势的示向性原理是一致的。

三、KDJ 的应用

(1)一般而言，D 线由下转上为买入信号，由上转下为卖出信号。

(2)KD 都在 0~100 的区间内波动，50 为多空均衡线。如果处在多方市场，50 是回档的支持线；如果处在空方市场，50 是反弹的压力线。

(3)K 线在低位上穿 D 线为买入信号，K 线在高位下穿 D 线为卖出信号。

(4)K 线进入 90 以上为超买区，10 以下为超卖区；D 线进入 80 以上为超买区，20 以下为超卖区。宜注意把握买卖时机。

(5)高档区 D 线的 M 形走向是常见的顶部形态，第二头部出现时及 K 线二次下穿 D 线时是卖出信号。低档区 D 线的 W 形走向是常见的底部形态，第二底部出现时及 K 线二次上穿 D 线时是买入信号。M 形或 W 形的

第二部出现时,若与价格走向发生背离,分别称为"顶背驰"和"底背驰",买卖信号可信度极高。

(6)J值可以大于100或小于0,J指标为依据KD买卖信号是否可以采取行动提供可信判断。通常当J值大于100或小于10时,被视为采取买卖行动的时机。

(7)KDJ本质上是一个随机性的波动指标,故计算式中的N值通常取值较小,以5~14为宜,可以根据市场或商品的特点选用。不过,将KDJ应用于周线图或月线图上,也可以作为中长期预测的工具。

四、KDJ与布林线的综合运用

KDJ指标是超买超卖指标,布林线则是支撑压力类指标。两者结合在一起的好处是:可以使KDJ指标的信号更为精准,同时,由于价格日K线指标体系中的布林线指标往往反映的是价格的中期运行趋势,因此利用这两个指标来判定价格到底是短期波动还是中期波动具有一定作用,尤其适用于判断价格到底是短期见顶(底),还是进入了中期上涨(下跌),具有比较好的效果。

我们知道,布林线中的上轨有压力作用,中轨和下轨有支撑(压力)作用,因此当价格下跌到布林线中轨或者下档时,可以不理会KDJ指标所发出的信号而采取操作。当然,如果KDJ指标也走到了低位,那么应视作短期趋势与中期趋势相互验证的结果,采取更积极的操作策略。

但要注意的是,当价格下跌到布林线下轨时,即使受到支撑而出现回稳,KDJ指标也同步上升,可趋势转向的信号已经发出,所以至多只能抢一次反弹。而当KDJ指标走上80高位时,采取卖出行动就较为稳妥,因为当股价跌破布林线中轨后将引发布林线开口变窄,此时要修复指标至少需要进行较长时间的盘整,所以说无论从防范下跌风险,还是从考虑持有的机会成本来看,都不宜继续持有。

最后,总结一下综合运用 KDJ 指标和布林线指标的原则:以布林线为主,对价格走势进行中线判断,以 KDJ 指标为辅,对价格进行短期走势的判断,KDJ 指标发出的买卖信号需要用布林线来验证配合,如果两者均发出同一指令,则买卖准确率较高。

五、技术指标小结

许多投资者往往会在指标运用过程中产生这样的疑惑:有时指标严重超买,价格却继续上涨;有时指标在超卖区钝化十几周而价格仍未止跌企稳。实际上,投资者在这里混淆了指标与价格的关系。指标不能决定市场的走向,价格本身才决定指标的运行状况。价格是因,指标是果,由因可推出果,由果来溯因则是本末倒置。事实上,最能有效体现市场行为的是形态,投资者首先应当从技术形态中分析市场参与者的心理变化并服从市场。在涨跌趋势未改变之前,不要试图运用指标的超买、超卖或钝化等来盲目断定市场该反弹、该回调了。我们应当灵活地运用技术指标,充分发挥其辅助参考作用。

六、KDJ 选股方法

日线 KDJ 是一个敏感指标,变化快,随机性强,经常发生虚假的买、卖信号,使投资者根据其发出的买卖信号进行买卖时无所适从。运用周线 KDJ 与日线 KDJ 共同金叉选股法,就可以过滤掉虚假的买入信号,找到高质量的买入信号。

周线 KDJ 与日线 KDJ 共同金叉选股法的买点选择可有以下几种：

第一种买入法：打提前量买入法。

在实际操作时，往往会碰到这样的问题：由于日线 KDJ 的变化速度比周线 KDJ 快，当周线 KDJ 金叉时，日线 KDJ 已提前金叉几天，股价也上升了一段，买入成本已抬高。激进型的投资者可打提前量买入，以求降低成本。

打提前量买入法要满足的条件：(1)收周阳线，周线 K、J 两线勾头上行将要金叉(未金叉)。(2)日线 KDJ 在这一周内发展金叉，金叉日收放量阳线(若日线 KDJ 金叉当天，当天成交量大于 5 日均量更好)。

第二种买入法：周线 KDJ 刚金叉、日线 KDJ 已金叉买入法。

第三种买入法：周线 K、D 两线"将死不死"买入法。

这两种方法要满足的条件：(1)周线 KDJ 金叉后，股价回档收周阴线，然后重新放量上行。(2)周线 K、D 两线将要死叉，但没有真正发生死叉，K 线重新张口上行。(3)日线 KDJ 金叉。用此方法买入股票，可捕捉到快速强劲上升的行情。

以前我们讨论的都是对价格短期波动的技术指标的参数设置，尚未涉及最应该讨论的话题：对价格中期及长期波动的技术指标需不需要重新设置参数呢？回答是肯定的，因为越成熟的市场，越需要对价格的中长期走势进行跟踪分析。

我国股票市场从 1998 年初开始，出现了一个非常明显的改变，那就是机构资金对股票的运行时间大为延长，市场操作理念也随之发生了很大的变化。我们不难发现，市场中涌现出的大牛股其牛市行情往往持续一年，甚至两年的时间，这就表明，我们需要着重对价格的中长期走势进行研判。现在许多分析软件提供的价格变动周期主要包括：日线(5～60 分钟 K 线)、周线、月线。月线虽然最能反映价格的中长期走势，但由于我国股市成立时间相对较短，不少股票尤其是次新股价格月线能提供的信息就非常少了，而周线则是一个非常好的工具。下面我们就切入到本节的话题,即周线 KDJ 指标的设置。

一般的分析软件往往把周 K 线 KDJ 指标的参数设为 9,这是不是最优的选择呢?记得我们在讨论日线指标参数设置时曾将该指标的参数由 9 改为 19,这一次如法炮制情况会怎样?

通过对两个参数设置的对比观察,我们可以发现一个共有的特点,即能够走出大牛市行情的股票,其周 K 线 KDJ 指标都曾在 20 超卖区以下(一般是在 10 至 15 的位置)发生过黄金交叉,但与以 9 为参数的 KDJ 指标相比,以 19 为参数的 KDJ 指标更为精准,具体表现在以一些大牛股在 9 为参数的 KDJ 指标中,往往在该指标还没有回落到 20 超卖区以下就出现行情,有的甚至在 50 中轴区附近就直接展开行情,如果我们按照 KDJ 指标的应用原则来进行操作,可能会错失良机。但以 19 为参数的周 K 线 KDJ 指标来看,绝大多数走势强劲的股票,该指标一般会在价格尚未启动前于 20 以下区域出现黄金交叉,有的会出现两次交叉,而一旦发生黄金交叉,基本上都会形成可观的涨幅,在 20 以下周 K 线 KDJ 指标发生交叉,几乎构成了股票产生牛市行情的必要条件。同样,出现在 80 超买区以上的死叉,对价格走势来讲也是致命的。

但从另一方面来看,以 9 为参数的周 KDJ 指标也有其优势,那就是它的灵敏度相对较高。一般来说,当价格在高位时判断趋势是否已经转向,我们需要借助这一参数设置的指标,因为以 19 为参数的周线 KDJ 指标的主要特点是信号比较可靠,但逃顶信号稍显滞后。所以大家在使用周线 KDJ 指标时,一是要注意对参数的设置;二是要灵活掌握,在不同的时期,不同的股票上应当尝试多设几个参数来验证它的可靠性。这里讨论的两种设置方法只不过是许多种设置方法中的一部分而已,并不适用于所有的股票和任何一个时期。另外,对于刚刚除过权的股票,周线 KDJ 指标会有指标失真的情况产生,这也是众多技术指标的固有缺陷。

七、KDJ 指标在实战中的应用经验

在实际操作中,一些做短平快的短线客常用分钟指标来判断后市决定买卖时机,在"T+0"时代常用 15 分钟和 30 分钟 KDJ 指标,在"T+1"时代多用 30 分钟和 60 分钟 KDJ 来指导进出,几条经验规律总结如下:

(1)如果 30 分钟 KDJ 在 20 以下盘整较长时间,60 分钟 KDJ 也是如此,则一旦 30 分钟 K 值上穿 D 值并越过 20,可能引发一轮持续在 2 天以上的反弹行情;若日线 KDJ 指标也在低位发生金叉,则可能是一轮中级行情。但需注意 K 值与 D 值金叉后只有 K 值大于 D 值 20%以上,这种交叉才有效。

(2)如果 30 分钟 KDJ 在 80 以上向下掉头,K 值下穿 D 值并跌破 80,而 60 分钟 KDJ 才刚刚越过 20 不到 50,则说明行情会出现回档,30 分钟 KDJ 探底后,可能继续向上。

(3)如果 30 分钟和 60 分钟 KDJ 在 80 以上,盘整较长时间后 K 值同时向下死叉 D 值,则表明要开始至少 2 天的下跌调整行情。

(4)如果 30 分钟 KDJ 跌至 20 以下掉头向上,而 60 分钟 KDJ 还在 50 以上,则要观察 60 分钟 K 值是否会有效穿过 D 值(K 值大于 D 值 20%),若有效表明将开始一轮新的上攻;若无效则表明仅是下跌过程中的反弹,反弹过后仍要继续下跌。

(5)如果 30 分钟 KDJ 在 50 之前止跌,而 60 分钟 KDJ 才刚刚向上交叉,说明行情可能会再持续向上,目前仅属于回档。

(6)30 分钟或 60 分钟 KDJ 出现背离现象,也可作为研判大市顶底的依据,详见日线背离的论述。

(7)在超强市场中,30 分钟 KDJ 可以达到 90 以上,而且在高位屡次发

生无效交叉,此时重点看 60 分钟 KDJ,当 60 分钟 KDJ 出现向下交叉时,可能引发短线较深的回档。

(8)在暴跌过程中,30 分钟 KDJ 可以接近 0 值,而大势依然跌势不止,此时也应看 60 分钟 KDJ,当 60 分钟 KDJ 向上发生有效交叉时,会引发极强的反弹。

八、本人操作系统关于 KDJ 的观点

(1)单独使用准确率比较低,必须配合多项指标同时使用。指标运行速率过快,对未来股价反映具有很大的不确定性。

(2)在牛市中 KDJ 中的 J 值 100 以上才注意风险,一般到达 120 的时候必然进行调整。而在平衡市一般到达 85 以上就要考虑卖出,熊市中 80 以上就该卖出了。死叉的时候注意 RSI 的表现,KDJ 只能配合 RSI 使用(见图 6—4 和图 6—5)。

(3)KDJ 适用于大盘和个股。

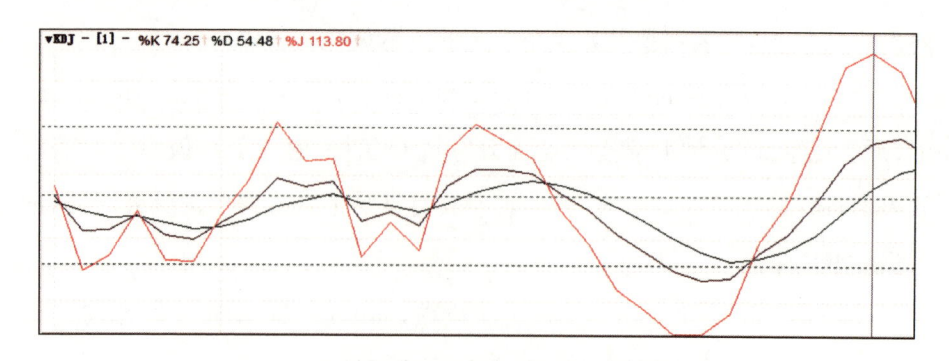

图 6—4 处于危险区的,J 值超过 110 的 KDJ 图形

第六章 随机指标 KDJ 的运用

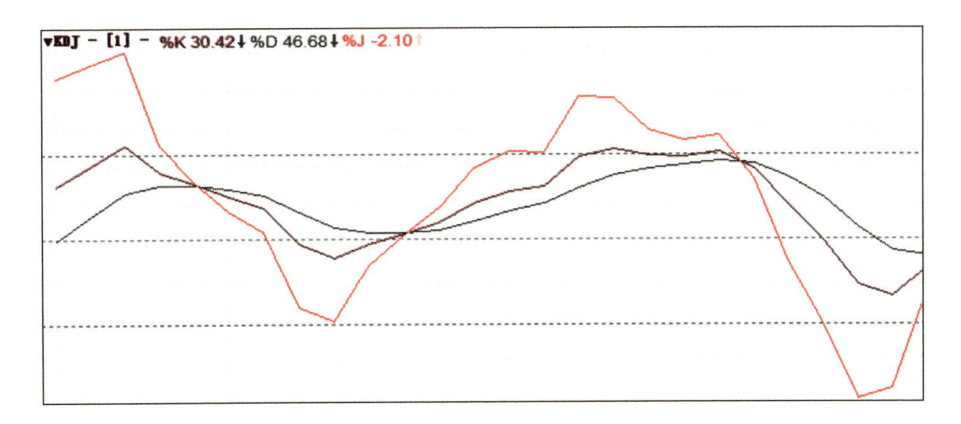

图 6—5 处于严重超卖, J 值已经为负数的 KDJ 图形

045

第七章　20日均线与盘中跌幅的重要性

一、20日均线运用

一般我们看到的大盘以及个股设置的均线为5日、10日、20日、30日和60日。这些均线中我认为最重要的是20日均线。当5日和10日线被击穿时，实际不必那么恐慌，那都属于正常的洗盘。但是一旦20日线被击穿，大家就要非常注意了。

20日线历来是主力的生命线。我进入这个市场很多年了，也亲自操盘过一些股票。可以说对20日线得失非常注意。20日线是20个交易日的平均值，由于我们每周只有5个交易日，基本上可以认为20日线体现了主力1个月内的操作思路。牛市中一旦20日线被击穿（指的是收盘价格被击穿），并且被击穿后连续3个交易日无法收回，被称为有效击穿，可以判断该股票已经走弱，就该清仓。在熊市中，2个交易日无法回收，就该卖出。由于在牛市中，整个市场是向上的，包括个股也是如此，因此存在骗线的情况，所以牛市以3个交易日为准。

20日线对于大盘也是非常重要的，操作方法跟个股相同。由于20日线基本也是主力的成本线，因此被击穿的情形不多。但是一般被有效击穿，必须选择卖出。另外，熊市中大盘基本是长时间在20日线下运行的。

二、盘中跌幅的控制

正常情况下牛市盘中下跌3.5%~4.5%,属于正常范畴,但是一旦击穿4.5%位置,就该考虑卖出。而熊市中只要盘中下跌3.5%以上,就该卖出。前提是大盘没有大的波动。盘中主力洗盘也很注意3.5%这个位置,因为一旦洗盘过猛,会让众多获利盘涌出,对主力的操作不利。而3.5%~4.5%位置一般是散户最犹豫的位置。权证的震荡幅度为6%~8.5%,因为是"T+0"交易,震荡幅度自然大些。

综上所述,一旦大盘或者个股有效击穿20日线就该卖出,盘中个股一旦跌幅超过3.5%就该卖出。

第八章　基本面分析

谈基本面之前首先要了解中国股票市场的性质，其次要掌握宏观经济指标变化对股票市场的影响。

一、分析股票的基本面要看宏观经济、行业变化

我们常说"股市有风险，入市需谨慎"，最起码要了解宏观经济的几个重要指标：

(1)国内生产总值(GDP)，是指在一定时期内(一般按年计算)一国领土范围内所产生的产品和劳动的价值。稳定增长是政府着意追求的目标。

(2)通货膨胀，是指整体物价水平普遍而持续的上升，通货膨胀对股票市场的影响机制是，在通货膨胀初期，股指逐步回升，趋势向上，持续通货膨胀开始对股市产生负面效应，直至恶性，股价由涨到跌，最后导致疯狂。

(3)利率的变化。简单地说利率下跌，降低准备金比率，贷款能力扩大，这可促进经济发展，又可使部分资金流入市场，从而推动股价上涨。最明显的例子是股市曾经跌到1664点的时候国家拿出4万亿投入各个行业导致从1664点反弹到3400点。反之，缩紧贷款，上调准备金利率，银根抽紧不利于游资进入市场，导致股价下跌。

二、宏观经济政策对股市的影响

什么是宏观经济政策？简言之，就是国家对股市规范与发展的具体政策。我个人认为就是政策因素。例如，2010年5月20日，新疆股票整体上升的原因是国家要建设新疆，这就是政策因素起的效应。

1. 货币政策与股市的关系

货币政策主要通过货币供给、利率、准备金率、公开市场业务等工具实现。

通常松动货币政策可促进股价上扬，一般有增加货币供应量（扩大央行对金融机构放松贷款）、降低利率、降低准备金利率、放松贷款、回收政府债券等。

紧缩货币政策与松动货币政策刚好相反，对股市影响也相反。

2. 财政政策

财政政策的手段包括：国家预算、税收、国债、财政补贴、财政管理体制、转移支付。财政政策的种类与经济效应及其对证券市场的影响，包括：减少税收、降低税率、扩大减免税范围、扩大财政支出、加大财政赤字、减少国债发行、增加财政补贴。

3. 国际金融市场动荡对我国证券市场的影响

国际金融市场动荡通过人民币汇率预期影响证券市场，国际金融市场动荡通过宏观面和政策面间接影响我国证券市场。

三、行业分析

1. 经济分析的局限性与行业分析的必要性

经济分析主要分析了社会经济的总体状况,但没有对社会经济的各组成部分进行具体分析。社会经济的发展水平和增长速度反映了各组成部分的平均水平和速度,但各部门的发展并非都和总体水平保持一致。在宏观经济运行态势良好、速度增长、效益提高的情况下,有些部门的增长与国民生产总值、国内生产总值增长同步,有些部门高于或是低于国民生产总值、国内生产总值的增长。因此,经济分析为证券投资提供了背景条件,但没有为投资者解决如何投资的问题,要对具体投资对象加以选择,还需要进行行业分析和公司分析。

2. 经济周期与行业分析

增长型行业:增长型行业的运动状态与经济活动总水平的周期及其震幅无关。这些行业收入增长的速率相对于经济周期的变动来说,并未出现同步影响,因为它们主要依靠技术进步、新产品推出及更优质的服务,从而使其经常呈现出增长形态。

周期型行业:周期型行业的运动状态直接与经济周期相关。当经济处于上升时期,这些行业会紧随其扩张;当经济衰退时,这些行业也相应衰落。产生这种现象的原因是,当经济上升时,对这些行业相关产品的购买相应增加。例如,消费品业、耐用品制造业及其他需求的收入弹性较高的行业,就属于典型的周期型行业。

防御型行业:还有一些行业被称为防御型行业。这些行业运动形态的存在是因为其产业的产品需求相对稳定,并不受经济周期处于衰退阶段的影响。正是因为这个原因,对其投资便属于收入投资,而非资本利得投资。有时候,当经济衰退时,防御型行业或许会有实际增长。例如,食品业和公用事业属于防御型行业,因为需求的收入弹性较小,所以这些公司的收入相对稳定。

3. 行业的经济结构分析

行业的经济结构随该行业中企业的数量、产品的性质、价格的制定和其他一些因素的变化而变化。由于经济结构不同,行业基本上可分为4种市场类型:完全竞争、不完全竞争或垄断竞争、寡头垄断、完全垄断。

四、个股基本面

不管你买的是什么股票,最起码得看看自己手中的股票属于什么行业、财务如何、什么概念、证券类别、哪个地方的……下面一一介绍关于个股基本面的知识。

1. 流通盘(总股本)

按F10就能看到一只股票的流通盘的大小,要注意是否有H股,实际流通多少,限售流通多少,在做一只股票估值的时候一般按照实际流通多少计算,我个人认为一般总股本在5亿以下较好。为什么这么说?大家可以看一下以往的历史牛股几乎都是小盘股,大家常说的庄或者主力如果操控一只流通盘比较小的股票,比较容易收集筹码,拉升的时候比较容易。我们可以看新和成(002001)在2001年的牛市中从最低点4.69元一直拉升到60.78元,将近15倍的利润,如果拿住,收益十分惊人。当然也需要对这只股票的估值有正确的判断,如何对股票估值后述会进行讲解,这里只是举例说明。

2. 每股收益

每股收益是公司每股股票所得的净利润,在价值投资中,是一个重级指标,公司的每股收益越多,其股票价格越高,在投资领域中,价格最终会走向价值,我们看到的每股收益是3月、6月(半年报)、9月以及12月(年报)。想知道公司的每股收益,我们将公司的净利润总额除以公司流通股数即可得到。炒股票就是炒未来,一定关注手中股票公司的动态。举个例子,湖北金环(000615)在2009年6月份业绩报中有一次业绩修正,没修正之前的业绩估计是0.33~0.47,而后湖北金环在报业绩之前把公司持有的长江证券出售12627493股,扣除成本及相关税费后产生的收益为1.89亿元,公司业绩突然猛增,继而湖北金环的股价从8.14元上升到14.8元。

3. 每股净资产

每股净资产是指股东权益与总股数的比率。其计算公式为:每股净资产=股东权益÷总股数。这一指标反映每股股票所拥有的资产现值。每股净资产越高,股东拥有的资产现值越多;每股净资产越少,股东拥有的资产现值越少。通常每股净资产越高越好。在公司性质相同、股票价格相近的条件下,某一公司的每股净资产越高,则公司发展潜力与其股票的投资价值越大。

4. 每股公积金(不稀释业绩)、每股未分配利润(稀释业绩)

看一只股票的时候,我们总去猜测到了年底报业绩的时候能不能送股(除权),能有多大的概率。很简单啊,打开交易软件,按F10就能看到每股公积金、每股未分配利润,这两项都很多的话,送配的概率要高一些;反之每项都很少,何来送配？一般每股公积金为1元以上的话,就具备转赠10股的能力,而未分配利润为1元以上的话,就具备送10股的能力或者送现金的能力。

5. 流动比率

流动比率是流动资产对流动负债的比率,用来衡量企业流动资产在短期债务到期以前,可以变为现金用于偿还负债的能力。流动比率在2以下比较安全。

6. 市盈率

市盈率(PE)是股票价格除以每股盈利的比率。市盈率反映了在每股盈利不变、派息率为100%、所得股息没有进行再投资的情况下,需要经过多少年才可以通过股息全部收回投资。

怎样用PE去对股票进行一个合理的估值？举个简单的例子：

(1)现在手中的股票是水泥股,在交易软件中找出所有水泥行业的股票,假如同行业的PE平均为20倍,手中股票是10倍,就说明手中股票的价值被低估。一般情况下应该与同行业的平均PE相差不会太多。

(2)用PE对股票进行估值的时候要跟每股收益结合,例如,荣盛发展(002146)这只股票,2008年底业绩是0.46元,而2009年同行业的PE平均在20倍,用PE乘上年底的业绩(20×0.46=9.2),荣盛发展在2009年12月之前应该走到9.2元,如果市场的形势较好,那么估值也在增加,价格自然上升。

五、概念股

概念股是指具有某种特别内涵的股票,而这一内涵通常会被当作一种选股和炒作题材,成为股市的热点。简单来说,概念股就是对股票所在行业经营业绩增长的提前炒作。重点注意前面已经提到过炒股票是炒未来,概念也是一样,比如奥运概念,在2008年之前奥运概念的股票很火爆,但在奥运期间已经日落西山了。怎样去寻找概念股?简单地说,就要关注国家政策、国际形势、社会环境等。

六、行业板块

行业是从事同性质的经济活动的公司组成的体系,一般将同行业的公司股票放在一起比较。所谓"板块",就是同行业有相似背景的一类股票。

为什么在一轮牛市中,有的人手中的资金翻了10倍、20倍甚至30倍,而有的人却只翻了1~3倍?为此,我们要了解在大盘开始上涨时几个重要行业(有色金属、钢铁、医药、房地产、建筑材料、工程机械、食品、电力、公用设施等)的龙头企业。

1. 板块的轮动性

我们可以看一下以往大盘的上涨历史,全是不同的板块轮流上升刺激大盘向上运行。打个简单的比方,大盘上涨就像攻城一样,不同兵种干不同的事情,但都是为了一个共同的目标,必须拿下城池!股票市场也是一样。在大盘形成底部进行新一轮上升时,不同板块在不同阶段支撑着大盘的上涨。举个例子,2008年上证指数在跌到1664低点后进行了一轮反弹,这个时候上海本地的股票率先开始上涨,接着是地产、医药股等,再到后期是蓝筹股,简单地说,板块的轮动就是资金运行的方向。

2. 行业龙头

在每个行业的股票中,都有一个龙头股票,但以前的龙头股票不代表现在。不但每个行业有龙头股票,在每个地域也有自己的龙头企业,像亚泰集团(600881),在东北就是水泥行业的龙头企业,但不一定在整个同行业中是龙头股票。不同的领域有着不同的行业龙头,要熟悉股票的基本面信息才能知道,行业龙头大多是垄断性质的。

行业和股票价格的关系是什么?如果一个行业的龙头企业开始上涨,跟它相同行业的股票大多数也会跟着上涨,那么在牛市中,一个行业的龙头开始走进上升通道很可能引领一个板块的上涨。从经验来看,黄金的龙头是山东黄金,铜的龙头是江西铜业,消费类的龙头是茅台,等等。

3. 板块的连带性

一个板块的上涨会带动另一个板块。打个比方,医药板块上涨,药卖得火爆,那制药的行业也会受到刺激,那制药上涨了,制药的原材料也会受到刺激,一旦某个板块开始进入上升通道,也要关注和它相关的行业,炒股票一定要多想想,脑袋一定要灵活多变。

想抓住市场的热点就要关注国家的政策,比如对行业的刺激或者国家对行业的预期投入(2010年5月24日,国家发布举全国之力建设新疆,新疆本地股迅速拉升,注意这个时候的市场处于熊市)、自然灾害后对当地的刺激(汶川地震后,四川本地股的迅速拉升)、国际期货对应的行业(国际金价上涨,山东黄金也会跟着上涨)等。举个例子,三鹿奶粉查出三聚氰胺后,没有问题的奶粉销售企业,股价自然是要上涨的,像三元股份(600429)连续涨停。还要注意行业的周期性，比如 2009 年 11 月 24 日大盘到了次高点从而阶段性下跌，而酒类行业却一直在走强，2010 年农耕的时候，农业股的拉升等。

4. 相同行业的股票不可能有很大的差别

例如，南宁糖业和贵糖股份，两个都是糖，如果南糖现在 30 倍市盈率而且继续呈现上涨的趋势，贵糖如果不足 15 倍，那么贵糖必然被上拉。当然前提是要看流通盘是否接近。又如，白酒类股票平均市盈率为 30 倍，而现在有 1 只白酒股流通盘不大，市盈率却不足 20 倍，那么自然该股就会上涨，起码涨到接近平均市盈率的位置。我见过单一股票向平均市盈率靠拢的，还没见过整体市盈率被同行业中某只股票拉下来的。

5. 注意大盘不同时期股票的特点

首先，这里所说的大盘都是指上证指数，在大盘跌到极致也就是我们所说的绝对底部的时候，上海本地的股票率先向上攻击，代表者界龙实业（600836）、浪潮信息（000977）、浪潮软件（600756），我们可以看一下历史每次在大盘处于最低点然后向上上涨的时候，这几个股票都是率先开始向上的。例如，2008 年大盘在 1664 点的时候，界龙实业最低点 6.01，短短 20 个交易日内最高点到达 12.94，资金收益翻倍。再看浪潮软件在大盘冲 3400 点的时候从最低的 5.25 元，经过 33 个交易日内到最高点 12.88 元，如果你手中的资金以 5 万元来计算，我们以收盘的价格去买这两只股票，手中资金也变成 10 万元了。要注意这个时候的大盘才到 2559 点，如果在大牛市中大盘还会继续向上，以上次牛市的顶点 6124 点计算，2559 点到 6124 点还有将近 3600 点的上涨空间，怎么也能把资金再翻一倍吧。

在大盘下跌的时候有些股票是逆市的，不管市场在什么时候都有牛股或者是抗跌股,例如,飞乐音响(600651),可以看大盘在2010年4月16日开始下跌,飞乐音响几乎没怎么跌,后期还创出新高。

牛市的时候,股票除权之前拉升得较多,大家可以看一下在上一轮牛市中甚至1664到3400点的时候,大多数股票在除权之前拉升股价,反观2010年的行市却不是如此,很多家企业年底的业绩非常好,在除权之前股票的价格却没有想象中的迅速拉升,这就说明在好的行市下股票除权之前股价迅速拉升的概率较高;反之概率较低。这里有个小技巧,在半年报或年报的时候,大家应该多注意业绩较好有送配的企业,其股价有迅速上涨的机会,一般迅速拉升的时间在除权登记日出来之前,登记出来后一般情况下不要再参与了。

非公开发行的股票通常由对公司前景看好的股东或机构认购,一般伴有资金支持。由于参与方多为大股东,公司往往具备较强的业绩基础或成长预期,因此亏损概率相对较低。此外,非公开发行可能伴随一定的套利机会,但需结合市场环境、发行条款及公司基本面综合评估。

七、实战案例

我2006年就在2.9元买过亚泰集团(见图8-1和图8-2),翻倍后卖出。而2007年我对该股依然很有兴趣,该股有五大题材支撑其长期走高。

图8-1 股票软件中的F10基本面

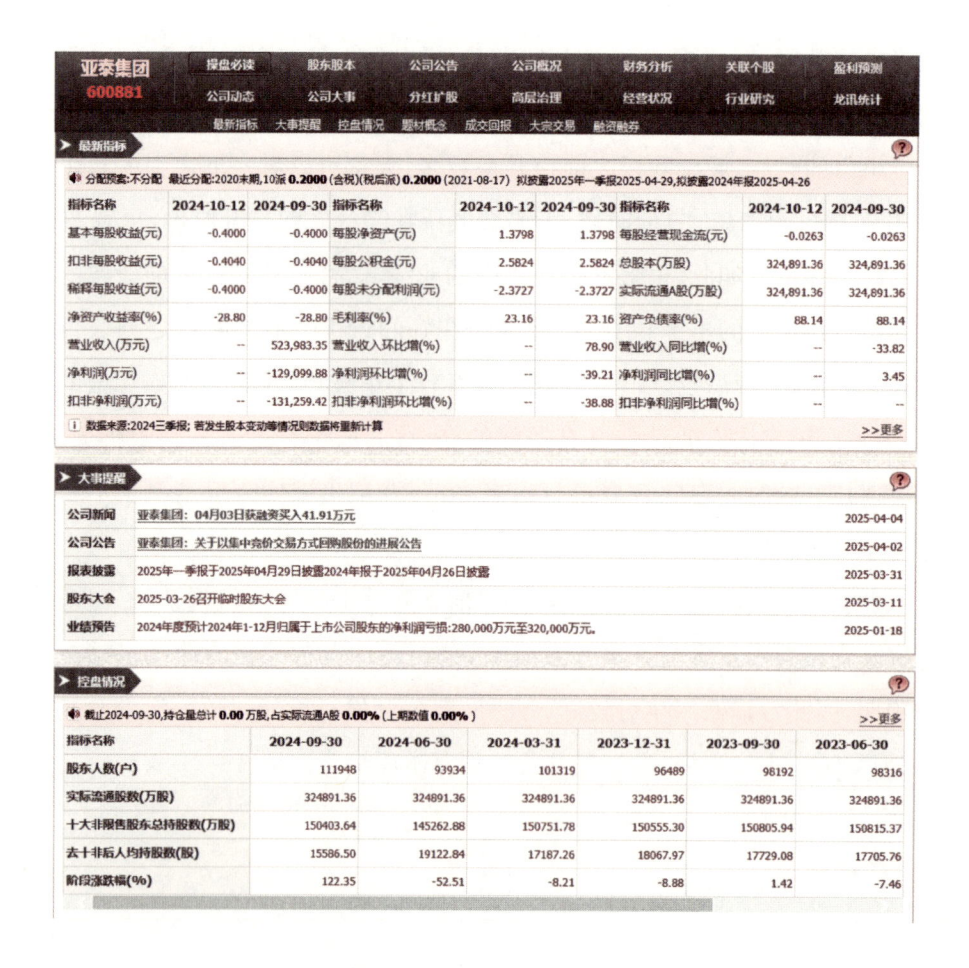

图8－2　亚泰集团基本面

1.券商受益概念

由于东北证券借壳锦州六陆上市已成定局,而亚泰集团是东北证券第一大股东,持有东北证券40%的股份。要知道当时一年大涨6倍的吉林敖东不过才占有广发证券的27%左右的股份。那么占有东北证券40%股份的亚泰怎么可能只值区区7元多的价格呢?看看敖东坚挺的33元价格,再看看亚泰便宜的7元多价格,各位有何感想?

2. 国际巨头收购产生的合资概念

亚泰在 2005 年将哈尔滨水泥厂兼并后,成为东北地区最大的水泥生产和销售企业。当时排名世界第三的建材集团巨头爱尔兰 CRH 公司已经草签了收购亚泰水泥公司 26％的股份,一旦转让成功,会获得超过 4 亿的利润,变相为亚泰集团增加了每股 0.4 元的业绩。另外,由于亚泰拥有东北最大的两个高品位石灰石矿山,因此就算合资,依然牢牢掌握了水泥的定价权。亚泰集团被国家定为全国 12 家重点扶持水泥企业之一。其生产的亚泰牌水泥已经占据全国 9％的市场份额,在东北市场的占有率为 85％,属于完全垄断了。

3. 生物制药概念

该公司与某权威医学科学院共同研制和开发的新型抗癌生物导弹药物在 2005 年进入临床试验。在 2007 年批量生产并进入市场。作为最新型的抗癌药物,市场前景相当乐观。

4. 东北地产"领头羊"

亚泰集团是吉林省当时最大的房地产开发企业,持有长春市未开发土地使用权的一半以上,是标准的东北"地王"。其开发的亚泰富苑成为样板工程。随着长春市逐步的开发,市场会相当广阔。要知道当时长春作为省会城市,房价平均只有 2500 元/平方米,在全国排名倒数第 4,这本身就相当不正常。作为第一汽车制造厂所在地的汽车城,长春电影制片厂所在的电影城,亚洲最大森林公园净月坛所在地的森林城,2500 元/平方米的房价有多大的升值空间就不言而喻了。而最大开发商可以从中获得的收益自然是以亿来计算的。

5. 收购概念

该股股本结构存在被收购的潜在因素。经过股改后该股第一大股东长春国资委只持有总股本的 17% 左右,加上其他股东也没超过 20%,作为流通盘 9.4 亿股,而限售股 2.18 亿股的该企业,二级市场随时会出现被收购的可能。如果亚泰集团想继续控股,必须从二级市场进行增持,其价格也会水涨船高。

另外,该股具备东北振兴概念,还被国家发展改革委授予第一批国家循环经济试点企业,这也是全国上市公司中唯一的一家。同时该企业一直享受税务、工商等优惠。

我想问大家,券商概念该值多少钱?合资概念该值多少钱?生物制药概念该值多少钱?地产巨头该值多少钱?收购概念该值多少钱?怎么也不该是个位数的价格吧?10 元只是最基本到达的位置,该股就是演绎两年翻 10 倍的行情也不会让人很吃惊的。

下面是本人用基本面和历史走势分析 2010 年大暴跌开始日期,原文发表在新浪博客(2010 年 3 月 29 日),也可以作为一个例子供大家参考:

对于 2010 年的行情我不看好。我在 2009 年预测过当年的最高点,事实也再次证明我是正确的。而 2010 年会是大跌的一年。跌到大家无法想象,也无法忍受。个人认为起码跌破 2000 点,如果破掉 2000 点依然没有政策面支持,大盘会跌破 1664 点这个 2008 年的低点。如果跌破 1500 点大家也别感觉奇怪。我能基本确认的是大盘会在 2010 年的 10 月—2011 年 4 月之间跌破 2000 点。而 2010 年的高点就是 4 月 15 日前后 5 天,点位是 3300～3380 点。3400 点应该是看不见的。

原因如下:

(1) 大盘经过 2006—2007 年的大涨后本身需要一个修复的时间,从

第八章 基本面分析

2007年10月26日的6124点到2008年10月28日的1664点,虽然点位调整得很充足,可是时间明显不足,大盘基本没有经历一个低位徘徊的时间。大盘跌幅为74%,而只调整了12个月。从历史上看根本没有出现筑底部的迹象,也就是说调整的时间不足。当时由于政策的原因大盘才展开为期一年多的反弹,可以说是政策改变了市场的运行轨迹。但是请大家注意,技术就是技术,虽然短线会被扭曲,但是最终一定被纠正过来。2009年8月4日,大盘走到3478点,基本已经完成了政策式的反弹。现在大盘实际已经步入了下降通道。正常推算,大盘在2007年10月见顶,而且是从998点走上来的时间大约为两年半,那么按照历史熊多牛少的大盘运行看,综合上涨和下跌的时间经过复杂运算,起码要调整2年10个月至3年10个月,也就是说,起码大盘要在2010年的8月—2011年4月才真正到达本次下跌的低点。因此到现在为止,大盘只是下跌中继。

(2)从个股看,中小板和创业板股票表现抢眼。但是现在中小板实际已经运行到历史大盘5600点以上位置了,可以说被高估得相当厉害。平均市盈率为58倍,这还没计算新上了多少只股票所占据的市值。全部计算完,市盈率为68倍左右。如果计算后,中小板指数实际已经站在6000点以上了。而2007年大盘6000点以上整个市场的市盈率为73倍,就是顶部特征。创业板更不必说了,平均市盈率81倍,完全是泡沫式炒作。业绩再好,也不能掩盖其透支数年未来业绩的本质。而很多朋友说,大蓝筹没涨,市场就没走完。我们就拿中国石油和中国石化做例子,中国石油过去最高时动态市盈率为60倍,最低为14倍,当时是22倍。而中国石化过去最高时动态市盈率为40倍,最低为9倍,当时为17倍。中石化的流通盘从2006年的35.8亿到当时的699亿。中石油的流通盘从2007年的30亿到当时的40亿,而且面临巨大的减持压力。正常情况下,流通盘增加10倍左右,股票价格起码下跌2/3,那么当时中石化的17倍市盈率已经相当于其在35亿流通盘价

061

格的30元一线了。实际基本上也是历史高位了,而中石油更是如此。可以说大蓝筹股不是没涨,而是涨得相当到位了。另外,很多人说股指期货会有机构大量吸纳"石化双熊",实际现在盘面显示得很清晰,没有资金介入。本人经历过中国股市的整个变迁。从历史上看,拉抬指数的时候不是买进大蓝筹股,而是选择性买入大蓝筹股。买的是那种流通盘小,但是代表指数高的股票。例如1993年的氯碱化工。其流通盘1643万股,总股本当时为8.3亿。那么只要少许资金就可以带动指数,完全的"四两拨千斤"。而当时类似的股票就是000776广发证券,流通盘9096万股,总股本25亿股。大家要买蓝筹股的话,该选择的是这样的股票,而不是中石油和中石化。

(3)历史上看,如果1天内同时有4只新股上市就是顶部的特征,而我们从2个月前就已经出现过1天上4只新股的情况,可以说顶部距离我们越来越近了。另外,新股出现破发也是顶部的一个特征。历史上中小板的所谓新8股,基本上都是1个月后破发,而后的股票出现当日破发,大约3个月后,大盘开始下跌,下跌持续了1年。而当时市场在3个月前新股就开始破发。随后多只新股开盘就破发,历史就是如此相似。那么也变相印证了大盘大约会调整到2010年8—12月的判断了。另外,一旦钢铁开始出现大面积连续2天的上涨情况,大盘也是见顶的特征,毕竟钢铁业绩不好,根本不足以发动真正的行情,就是炒作末期轮动的产物。

我记得2005年底我的两篇文章《论大牛市的到来》《行单影孤过千三,横刀立马指千五,逼空后面是轧空,终极目标1800》震惊中国股市。要知道当时大盘只有区区1000点,我看多3年。中国股市基本是按照我说得,大盘走到了19600点(深圳)、6124点(上海)。没有人比我判断得更准确。

而现在我看空,一直看空到破2000点。2010年的4月15日前,或者大盘到达3300~3380点位置,就是我全仓出货的时候。然后我会空仓6~15个月,等待最低的位置介入。

第九章　RSI、KDJ、TOW、SSL 混合使用

不管你用的是什么指标，都要有一个是中心点，所谓"一山不容二虎"，下面以 RSI 指标为主，KDJ、TOW、SSL 为辅，为大家讲解在实战中的应用。

前面已经讲解了各种指标单一的用法，这里不再重复，主要以实战为准。

一、实战案例：荣盛发展

荣盛发展(002146)2009 年 3 月 16 日 RSI 数值 52.55，出现金叉，这个时候要关注，前面已经讲解过在牛市中 RSI 在 40～50 属于正常，KDJ 也很配合呈金叉向上攻击的状态，SSL 压力支撑在 6.5 附近得到支撑，当时出现缩量调整的形态，均线粘合，那么我们再看 TOW 分别在 3 月 12 日、13 日、16 日出现 3 平的形态(对应的数值分别是 7.39、7.39、7.4，符合 3 平相差的数值)，而后 3 月 17 日该股涨停，形成 3 平翻红的形态。在涨停的时候我们买不了，在第二天以收盘价格为准 8.51 买进，那么根据在牛市中 3 平翻红对股票的计算，半年之内应该有 60% 的上涨空间，那么 7.41×1.6＝11.85，以 3 月 17 日买进的时间计算，到 5 月 4 日，我们看到荣盛发展的收盘价格 11.59 已经到达预期的价位，这个例子同时符合 4 个指标买入的信号。

下面再举个在 5～10 个交易日内 4 个指标同时出现买入的信号的例子。

二、实战案例:联化科技

联化科技(002250)2009年9月3日RSI出现金叉,9月4日买进,这是单一指标给出的买入信号;KDJ在9月4日也出现金叉,第二个也已经符合;前面已经说过以RSI为主其他指标辅助,而后TOW在9日、10日、11日出现三平底,数值分别是22.48、22.48、22.56,符合TOW误差的数值,在14日TOW的数值为23.45,第三个指标也符合;SSL为21.37在两个交易日内得到支撑,如果当时持有这只股票,在半年之内就应该达到60%的上涨。可以看一下联化科技在2009年12月2日收盘的价格在36.26元。

三、实战案例:中润投资

中润投资(000506)流通盘2.589亿,所属地产行业。正在向矿产类股票转型。公积金和未分配利润基本可以忽略不计。前3季度业绩为0.2576元。预计全年业绩为0.5元,动态市盈率不足30倍。

笔者现在从2011年3月4日的14.41元收盘开始分析。图9-1是中润投资的6月内的支撑压力线,很清晰地显示短期最大的一根支撑线为13.78~14.05元。按照3月3日的收盘价看,正好站在重要支撑线上。同时缩量站上10日均线。2月25日的最低价格正好是13.78元,如果周一收盘中润投资继续在14.4元以上的话,可以认为日线小双底形成,确认13.78~14.05元重要支撑有效。2月28日中润投资创出历史新高后,连续调整3天,主要是因为无论从1年内最低点5.1元涨到现在的15.7元,还是从2011年1月21日再次启动的低点9.8元到现在的15.7元,都该进行一次调整了。从底部运行到现在,上涨了2倍,从9.8元运行到现在涨了50%,都该进行一次调

第九章 RSI、KDJ、TOW、SSL 混合使用

整。调整的目的是继续上涨。实际仔细观察一下，虽然连续跌了 3 天，跌幅不过 9%，而且呈现缩量下跌。另外，10 日线都没有有效失去，这就是强势调整，类似于强庄股。晋亿实业（601002）在 2010 年 12 月 22 日—12 月 28 日的走势。可以说，只要周一中润投资放量上涨，新的一轮大涨又开始了。图 9－2 和图 9－3 别为中润投资的 RSI 和 KDJ，都显示开始反弹。而图 9－4 示的是最近 4 个月的主力成本，4 个月主力成本为 11.74 元。实际当中润投资跌到 10.5 元的时候主力成本为 11.3 元，这也是为什么我在 10.5 元看好它的原因。可以判断出主力现在的成本大约为 12 元。那么起码要再拉 50%才能进行出局。那么就是 18 元以上了。

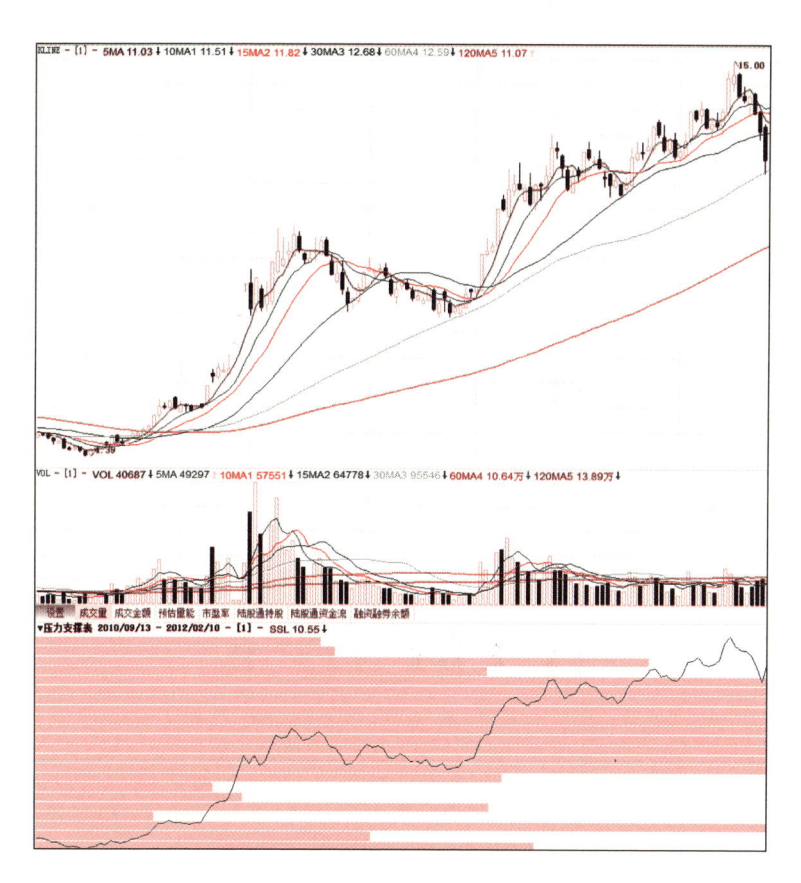

图 9－1 中润投资 2010—2011 年走势图

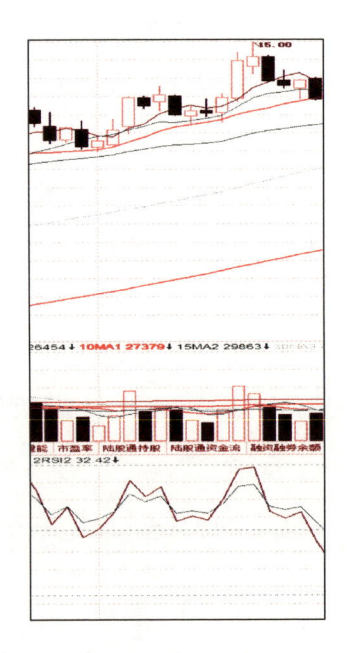

图 9－2 中润投资 2010—2011 年 RSI 指标图

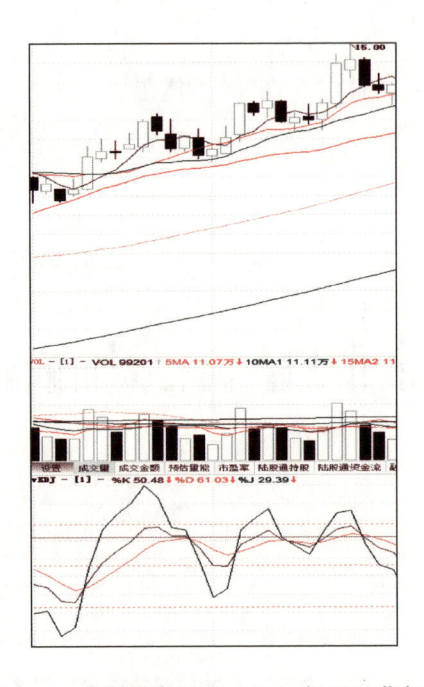

图 9－3 中润投资 2010—2011 年 KDJ 指标图

第九章 RSI、KDJ、TOW、SSL 混合使用

个股区间统计结果：		基本行情	主力资金	
起始日 ◀20101108▶	结束日 ◀20110304▶	共	69	个交易单位
最高 13.02	最低 5.77	总量 1196.1万	总额 140.4亿	
天量 62.3万	地量 20935	上涨 44天	下跌 25天	
幅度 108.92%	振幅 125.65%	阳线 45根	阴线 24根	
均价 11.74	换手 462.03%	阳量 798.9万	阴量 397.2万	

图 9-4　中润股份 2010—2011 年相关指标统计图

我的技术书写得很清楚，一旦突破历史高点，就会继续向上涨 20%～25%，那么 15.7 元就是历史新高。中润投资起码要涨到 18.8～20 元才合理，前面 12 元成本，能出局的位置为 18 元是契合的。而从周线上看中润投资的周线 RSI 为 88，属于比较高了。KDJ 很正常，J 值为 90。从历史周线看，最高为近期的 95.73，如果中润投资继续向上，那么就该是下周了。技术上周线最多能支持 2 周。那么就可以确定到达 18 元以上，就该短线出局一次，等待修复指标，但是还有一种情况就是突然发布利好消息，也就是买到矿了，中润投资的股价会连续涨停，甚至上到 20～22 元区间。我们现在不去看未来中润投资到底走到哪里。我们现在只要判断它能到 18 元以上就可以了。如果下周进入调整的话，最多也就是调整一周，然后继续向上，这样的走势最理想，因为周线指标会下到 RSI75 左右，那么还能上升 2 周。

中润投资定位应该在 25～30 元，但是我们现在技术所能到达的准确位置就是 18 元以上。

四、大盘的判断

举例说，2006 年市场处于牛市，在 10 月 26 日、27 日、30 日出现三平底，10 月 31 日翻红，数值分别是 1810.65、1810.65、1809.66、1837.99，按照牛市

中的计算规则，1810×1.6＝2896，至于后面到没到这个点数不用我多说。那么同时RSI和KDJ也在30日和31日出现金叉，SSL在1804点也得到支撑，这个时候可以大胆放心地买进。当年我能在1000点看1800点，在2500点看4500点，都是这样运用的。只是当时是大牛市，都按照1.8倍计算。

我们总说做股票是做趋势，那么4个不同指标都指向同一个方向，失误的概率几乎是没有的，无论是大盘还是个股，一般情况下，使用单一的RSI或者KDJ误差自然不小。而一旦KDJ、RSI、TOW和SSL都指向一个买点，基本就是稳赚。可以这样说，单一指标准确率不足65％，而且用的还必须是RSI；2个指标同时指向买进，准确率大概为70％；3个指标指向买进，准确率为80％以上；如果4个指标全部指向买进的话，准确率就超过90％了。当然，如果盘面感觉很好或者在这个市场摔打久了，可能当2个指标出现买进信号的时候，就已经可以进场了。毕竟4个指标同时出现的概率也并不高，但是一般涨幅超过2倍的大牛股，起码会是3个指标指向买进，大家可以多看看是不是这样的。

大家现在存在一个误区，认为所有指标都有固定的结论，实际不是这样的，我已经把85％以上的东西都定式了，这个比例在业界已经非常高了。在综合运用上，需要寻找多点契合，这样才安全，就是说4个指标指向买进，买是完全对的，单一指标指向买进，错误率也高。另外，技术与你进入市场的时间有一定关系。经验多些的人或者有些研究的人会进步快些，而基础比较弱的会稍微慢些。要活学活用，不能都把这些指标变成死的。对于初学者可以当定式用，因为他们操作起来不熟悉，而对于有基础的一定要灵活运用。

最后，就是"师傅领进门，修行在个人"了。

第十章　全部技术汇总的综合运用

以下是本人 2007 年 6 月 26 日至 7 月 23 日对金岭矿业(000655)所作的分析汇总,可以作为技术指标混合运用的绝好例子(见图 10—1 至图 10—5)。

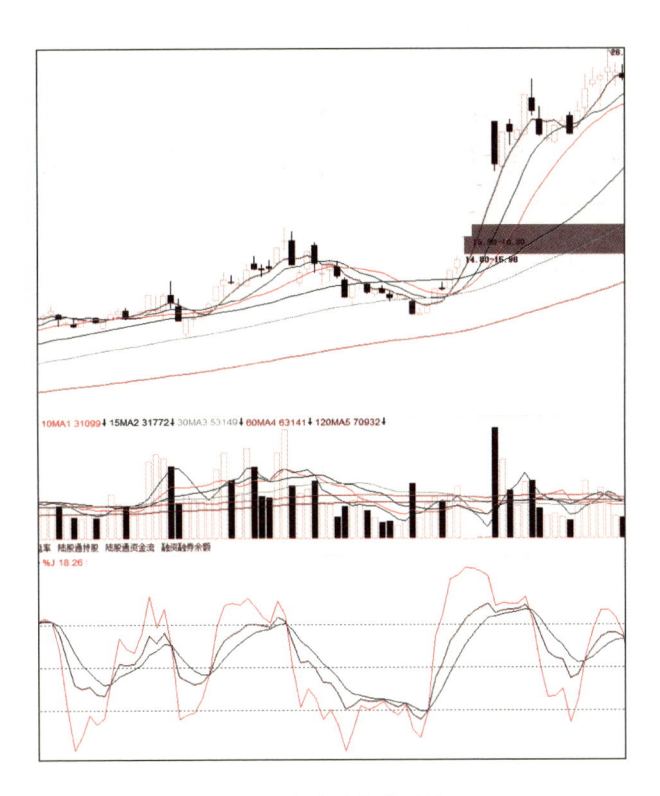

图 10—1　金岭矿业当时的 KDJ

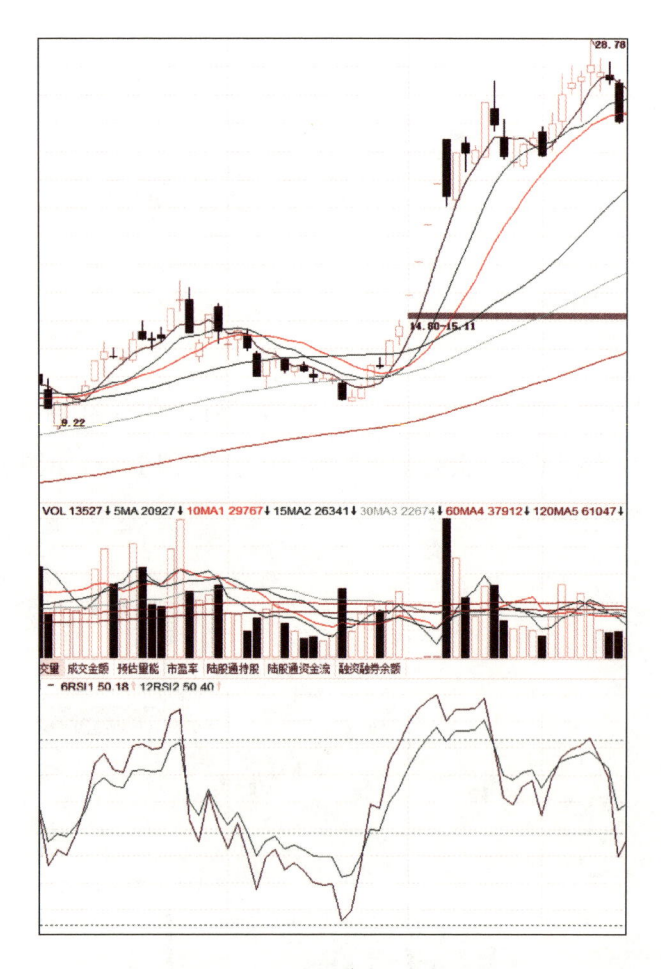

图 10—2　金岭矿业当时的 RSI

第十章 全部技术汇总的综合运用

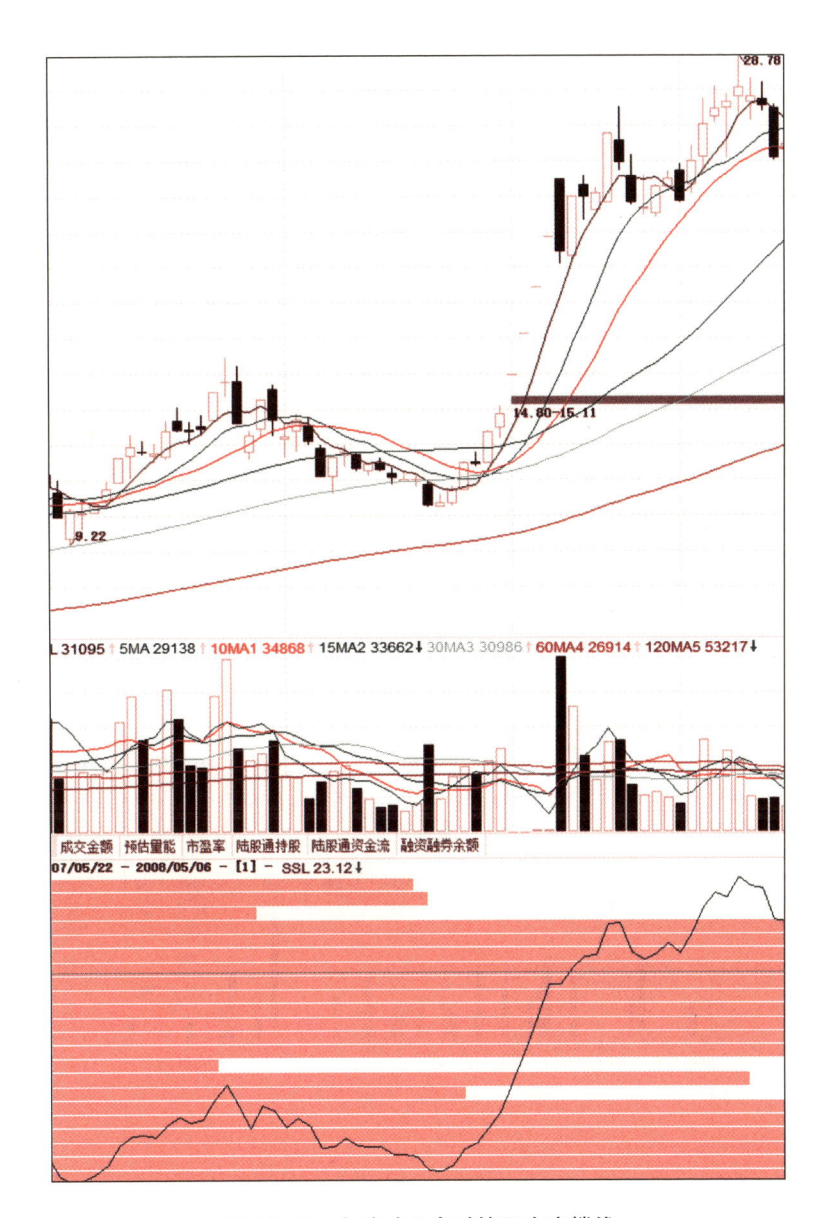

图 10-3 金岭矿业当时的压力支撑线

图10－4　金岭矿业当时的区间统计

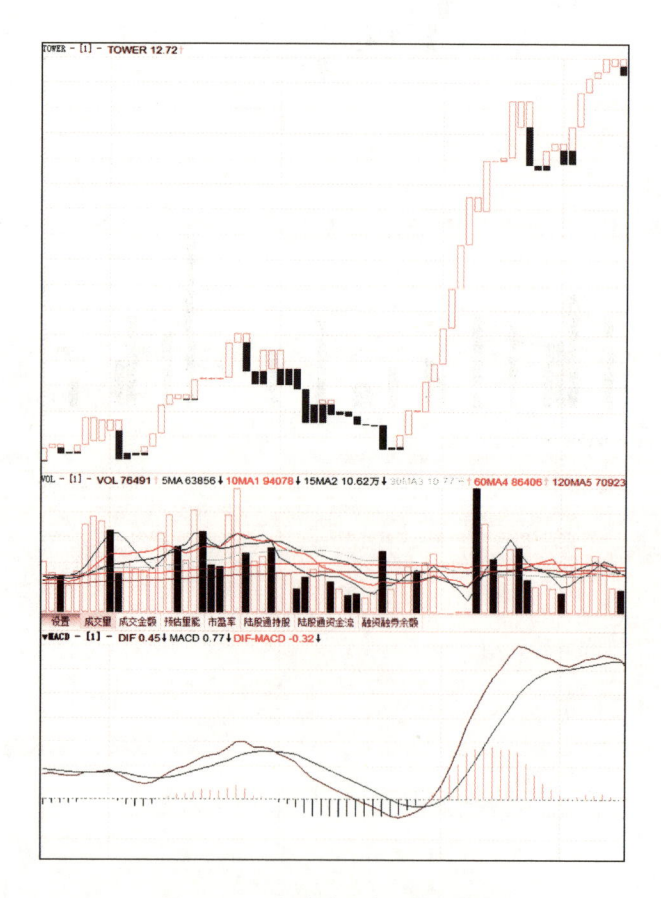

图10－5　金岭矿业当时的宝塔线

一、盘面分析

金岭矿业日线上看6月18—20日明显在做三平底。量缩得比较厉害，主力明显在进行再次拉升的前期准备工作。我在20日推荐后，21日有部分散户介入，主力控制得相当好，很完美地做出三平底。按照这种控制看，主力持有金岭矿业的筹码不低于60%，否则无法强行做出三平底图形。21日主力进入拉升，早盘由于散户进入得比较多，直接被买盘推高到24.1元开盘，3分钟内散户把价格推高到25.5元，随后由于买盘不足逐渐回落。这就是为什么我说散户无法把股票推高到涨停的原因。随后该股主力一直没动，任由散户自己买卖，盘面基本是散单。下午大盘开始下跌，该股主力在下午2点挂上三笔8.5万股、9.4万股和11万股的卖单，股价应声而落，调整到24.6位置主力开始回补。到下午2点55分，两大笔17分笔合计12万股和40万股的买单把股价推上涨停，主力控制能力可见一斑。日线走出三平底翻红。短期30元以上没问题。而22日全天主力基本没异常动作，只是在跌破25.8元的位置进行了一个小护盘，由于盘面比较轻，因此很容易上行，收盘收出十字星，日线完全没被破坏，后市会新高不断。6个月内目标为41元，短期目标30～35元。

二、技术配合分析

该股在2007年6月12日至15日TOW出现三平底翻红，值分别为22.35、22.35、22.35、23.36，完全符合三平翻红，那么在牛市中可以上涨80%，按照22.35计算，22.35×1.8＝40.23（元）。而且会在6个月内完成，那么预计在2007年12月12日前将走到40.23元。而最后的结果是10月

15日已经走到47元以上。RSI在7月23日向上形成金叉，KDJ同时也在7月23日形成金叉。同时SSL支撑压力线显示已经攻击并且站上重压力线21元。可以说4大指标全部指向上涨，因此可以毫不犹豫地介入。果然两个月过后该股翻倍。

三、基本面分析

金岭矿业是当时铁矿石唯一上市公司，而且母公司资产正在注入中。上市以来，公司铁精粉的毛利率一直不低于40%，而行业的平均利润率水平则基本维持在25%左右。公司的资源储量大幅增长，后续发展较有保障。此外，从矿石品位来看，除金刚矿区外，公司其他三处矿区的矿石品位均在50%以上。由于国内铁矿石多属于贫矿，平均品位只有33%左右，因此公司矿区的资质禀赋在国内来说属于上乘，优势明显。由于公司后续有资产注入预期，而金刚矿业也有超预期的可能，在资源为王的背景下，公司仍然值得高看一眼。彼时国内钢铁产量连年增长，我国的铁矿石需求也与日俱增。那些年，无论是国内的原矿产量，还是进口铁矿石量均是逐年递增。按照业绩推算，2007年起码在0.6~0.95元，那么现在不到30元的价格就是被低估的。可以逢低介入，持有到35元以上，中线目标为41元。

第十一章 基本面加技术面选股案例

一、案例一：为何选出中金黄金

本人从基本面和技术面上对中金黄金(600489,见图11-1)做出分析：

(1)基本面：中金黄金是我国最大的黄金生产企业之一，在上海黄金交易所的黄金生产企业交易量中一直排在前列。公司的大股东中国黄金集团总资产102亿元，是国务院批准的我国唯一一家能在国际上以"借金还金"的形式进行黄金贷款的试点企业，亦是中国在当时世界黄金协会的唯一会员单位。集团年产黄金约占全国黄金总产量的20%，控制的黄金储量占全国黄金总储量的30%以上。大股东的资源优势为上市公司今后的发展提供了巨大的空间。流通盘1亿，总股本2.8亿。业绩：第三季度0.2元/股。

(2)技术面：该股从11元一线跌到6元附近。由于基本面良好，彼时开始回升。2005年底该股收盘价格为7.57元。盘中从6元开始一直有大资金不断收集，但是涨幅并不大。从筹码成本上看，其主力的成本在8.2~8.35元一线。而控盘率不低于35%，从其股东变化上看，安德盛、花旗、社保104组合、汉盛、天华等多家基金都隐藏其中。各家机构合计持有中金黄金流通筹码大约10%，那么从6元到7.57元的涨幅不过25%，明显与其业绩不断上涨相背离。要知道中金黄金第三季度比去年同期增长了400%多，而且全年业绩将达到0.35元左右。按照国际市场黄金类股票平均30倍的市盈率看,该股起码该涨到10元以上才算完成价值回归。

(3)消息面:该股2004年收购了湖北三鑫金铜股份有限公司以及山东烟台鑫泰。

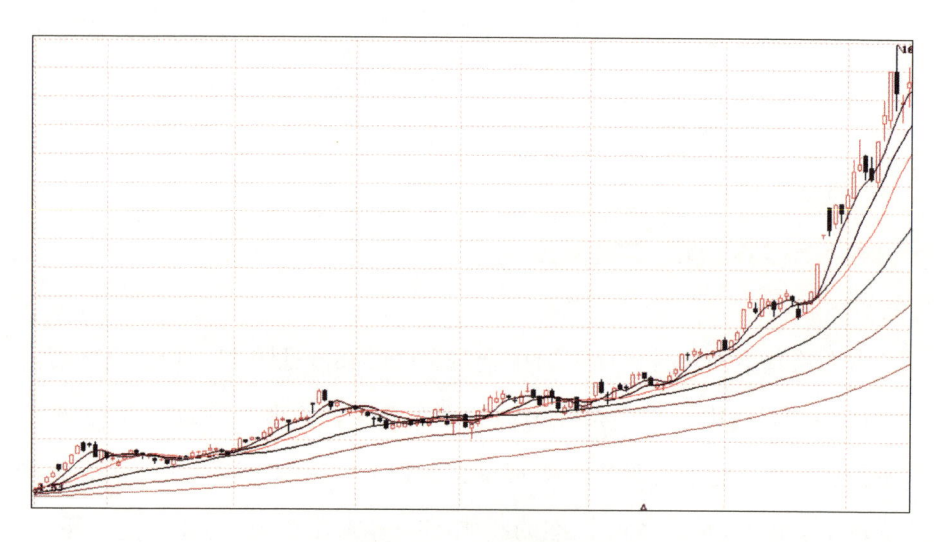

图11-1 中金黄金

二、案例二:为何选出江西铜业

江西铜业(600362,见图11-2),总股本28.9亿股。其中含A股2.3亿股、H股13.8亿股。H股在香港和美国上市。2005年第三季度业绩为0.464元,标准的绩优股。本人在2006年2月16日做出基本面和技术面分析:

该股题材丰富,业绩优良,后市价格想象力巨大。

(1)该股主要从事铜的采掘、加工和精炼。铜产量为全国第一,占据全国36%的市场份额。同时2005年生产黄金5.5吨,白银75吨,并且是当时中国唯一可以在国际金属市场进行期货操作的国有企业。

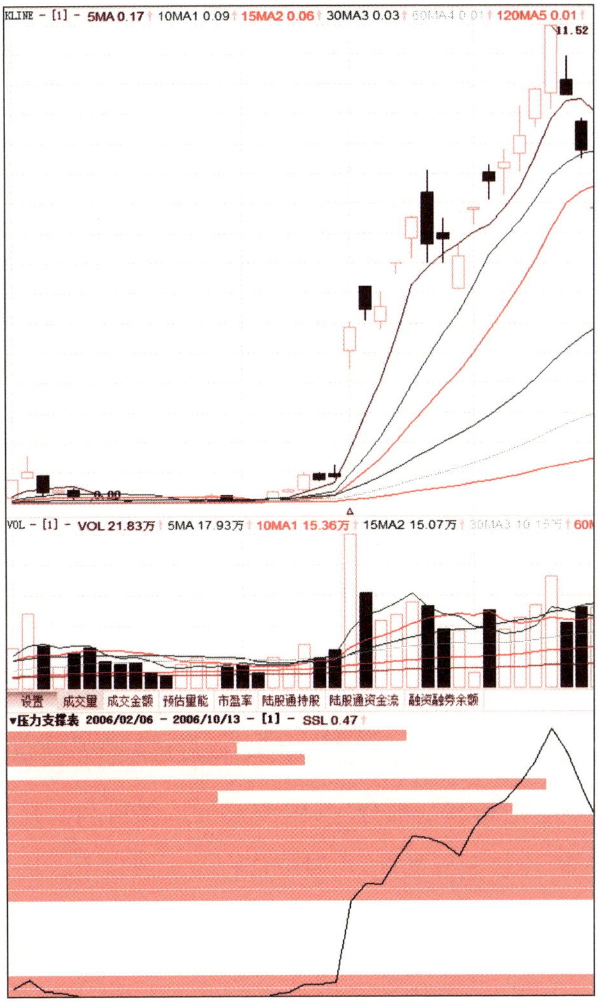

图 11-2 江西铜业

(2) 该股 2005 年业绩预计增长 50% 以上, 那么 2004 年为 0.43 元, 就是按照最保守的估计也是 0.65 元了, 实际上由于铜的价格 2005 年从 3500 美元/吨一直涨到 5100 美元/吨。其业绩最少应该在 0.8 元附近, 但是由于该公司在期货市场有套保操作,可能会损失2.5亿左右,那么业绩会下降0.1元,因此该股票业绩为0.68～0.72元每股。那么其静态市盈率按照2月15日收盘价格6.72元计算,连10倍都不到。而2006年国际市场铜的缺口为6万吨左右,而国际上的库存不过25万吨。那么铜的价格在2006年起码可以稳4500美元/吨。这就给江西铜业带来相当高的利润,因为其生产的阴极铜市场缺口更大。某公司给江西铜业的市场评级是"推荐－2级",预计其2006年的业绩为0.85元,那么单从业绩上看江西铜业明显被低估了很多。有色金属行业中国际平均市盈率为21倍,而国内为19倍。那么现在江西铜业的动态市盈率为不到8倍,而静态市盈率不到10倍。后市起码应该有大涨100%的走势出现才算完成价值发现。

（3）请大家注意江西铜业的兄弟——在香港上市的江西铜业（HK00358）,也就是其H股的价格,到2月15日其价格为4.75元,那么一旦江西铜业进入股改,按照10送3计算,2月15日其A股收盘为6.72元,那么对价后的价格为5.16元,实际上和H股相当接近,但是别忘记了当时其H股的流通盘为13.8亿股,实际进行流通盘换算后其A股价值应该在4元以下了,这明显是不合理的,别忘记了H股不参加对价。另外,有H股的A股一般在股改前把利润全部分完,因为对价后保留利润是损失的。实际上前面含H股的A股全部如此,送股全部在3.5股以上。因此就算按照正常对价进行比较江西铜业的下跌空间已经完全被封堵了。

（4）该股有潜在的收购题材,其大股东持有总股本的47.8%,而H股占43%,而且还是全流通的,如果对价的话,大股东的持有率还会降低大概5个百分点,股权降低到43%以下了,那么国际资金就很可能进行收购。毕竟江西铜业的业绩和其下属的铜矿以及其国际先进的技术和地位都值得境外资金的介入。

（5）从技术面看,该股前期进行了拉升,其主力的成本在5.5元附近,由于是短线资金介入,因此在 8.28 元做出短期头部,但是 4000 多万的成交量相对于 2.3 亿的盘子,根本不会是行情的结束。更换主力的可能性最大。这几天新主力一直在洗盘,但是并不想击穿 20 日均线。别忘记了 2005 年不过区区 0.43 元的业绩该股就曾经涨到 9.45 元,那么 2005 年的业绩 0.7 元,起码要见到 14 元附近的位置。因此该股我当时认为可以大胆介入。

(6)该股业绩将在 3 月 29 日公布,而其股改也将进行,那么股改前后的抢权动作会出现,现在位置进行洗盘是最合理的。在业绩和题材的支撑下不走出大行情才是没道理的事情。

总之该股题材上佳,业绩优良,新多进场。上涨只是迟早的问题。对该股我只有一句话:"问世间铜为何物,只让人生死相许。"

三、案例三:为何选择精工科技

精工科技(002006),流通盘 4050 万股,总股本 8000 万,为精工系一员。大股东精功集团控制 39.94%,主营工程机械。本人在 2006 年 4 月 5 日利用本人操盘系统对其做出的技术分析如下:

1. 随时面临外资收购

该公司与芬兰 SINTECH 公司在多次互访基础上,正式签订合作协议,与德国 GERGEN 公司、新西兰 HAYES、美国 BRAD-BURY 以及意大利 SAIP 等国际知名公司合作多年。而外资并购的企业需要是第 1 控股,第 2 必须是龙头企业,第 3 年收益超过 15%。这些精工科技都完全符合。全球最大的机械设备制造商——美国卡特彼勒公司正在中国展开一场并购扩张风暴,中国机械制造业的龙头企业几乎都被列入其并购计划中,包括厦门工程机械股份有限公司、广西柳工机械股份有限公司、河北宣化工程机械有限公司、潍柴动力股份有限公司等。而精工科技也在其收购名单之中。目前，精工科技已经基本具备城市化发展必需的专用装备的开发和生产能力，将形成未来新的增长动力。在亚太地区，公司是国际知名机电集成制造商德国 GERGEN 公司、美国 BRAD-BURY 集团、意大利 SAIP 公司等在专用设备领域中唯一进行技术及制造合作伙伴。该股流通市值仅有 2.4 亿元，在同行业市值自然是最小的，外资并购的成本完全可以称得上是低廉，极容易引爆外资并购风暴。

2. 价格低估严重

该股自除权后一直贴权运行，换手率却一直不低。除权后累计换手达到 350％，绝对不是散户行为，这几天震荡洗盘，盘面相当的轻，估计一旦冲破 6.6～6.7 元颈线，必然大涨到 8 元以上。

3. 三大基金开始增仓

到 2005 年 6 月的时候没有一家基金进入，而到了 9 月东方证券、长江证券、景博基金开始介入。那么它们的成本也就是彼时的位置。可见该股当时位置具备很高的投资价值。

4. 主力成本区内洗盘

从当时看其主力成本就在 6.1～6.2 元，已经洗盘相当久了，如此大规模洗盘必然有题材在后面跟着，当时预计 2007 年其业绩为 0.35 元，那么就按 20 倍市盈率计算，也该在 7 元以上了。

该股盘小、绩优、有收购概念。无论把它归类在中小板还是归类在工程机械类或者是收购类板块都是被低估了起码 20％ 的。因此买入是几乎没有任何风险的。

四、案例四：为何选马钢股份及其权证

马钢股份(600808)的总股本为64.55亿股,流通盘8.04亿股,H股17.33亿股。为当时钢铁类上市公司的第三大企业。2006年第三季度收益为0.26元,每股净资产3.03元,市盈率10倍。该股具有五大概念,本人2006年12月27日分析如下：

(1)火车轮概念。公司拥有全亚洲最大的火车轮生产线,国内市场占有率为90%以上,属于拥有绝对的行业统治力。从财务报表分析,火车轮的效益虽然只占公司主营收入的7.26%,但是占了利润总额的25.8%,可见其毛利率之高了。由于国民生活水平的提高,以及火车数量以及运能的提高,马钢生产的火车轮现在属于供不应求,而到2007年底公司将建成第二条火车轮生产线,生产能力起码提升50%,因此该股未来的上涨空间相当广阔。

(2)公司主营业务中最大的H型钢,在美国胜诉,因此其出口美国以及欧洲采用的是零关税。这是全国钢铁类公司唯一的一个,公司出口到西方的钢材是不受任何约束的。从其财务数据显示,该公司出口比例逐年增加,以每年40%的增长速度抢占国际市场,这是个相当好的现象。

(3)该股涉及整体上市以及被收购题材。由于该公司的规模毕竟不能和当时的宝钢、武钢两大巨头直接对抗,因此为了避免被外资全面收购,整体上市将成为可能。毕竟在外资全面入侵的前提下,做大自己最安全。因此马钢的母公司马鞍山钢铁集团一直有整体上市的打算。但是由于该股有H股存在,所以时间被延后了。另外宝钢一直持有560万股马钢股份,也为未来进行全面收购埋下了伏笔。

(4)铁矿石定价权牢牢掌握在自己手中。该公司除了已经和巴西最大

铁矿石公司签署协议外,其母公司已经将其手中的铁矿石部门置入了该上市公司。因此困扰众多钢铁企业的铁矿石涨价问题,该公司早就解决了,也更能使其轻装上阵。

(5)基金大量持有,股指期货必备品种。中国人寿基金、平安人寿基金、建信优选、国际金融渣打基金等大量持有该股流通筹码。已经占据总流通盘的 8.57%,而且还在持续买进。由于其总市值高达 64 亿,而流通盘不过区区 8 个亿,可见对指数贡献的能力了。机构出于股指期货的考虑,对该股只能买进而不会卖出。

按照国际市盈率 12～15 倍计算,马钢股份已经被严重低估。按照其当年收益 0.43 元的预测,如果达到国际市盈率下限,那么该股也该站上 5.2 元左右,如果按照上限计算起码该值 6 元以上。而炒股票本身就是炒它的未来,那么马钢股份的火车轮概念和 2007 年业绩到达 0.54 元计算,该股定位在 6 元以上依然处于低估中,本人给马钢股份的评级为:坚决买进。1 个月内目标 5.5 元,6 个月目标 7 元。

马钢权证(580010),该权证 12.65 亿份,不能创设。开盘定价 0.708 元,为认股权证。行权价格 3.4 元,到当天收盘实际价值 1.02 元,由于该权证是 2 年存续期,而该权证今日收盘 1.776 元,只溢价 16.83%,属于被低估。按照正常计算,马钢权证的正股马钢股份会上涨到 5.5 元以上,那么就是不计算到期时间的溢价,该权证起码该定位在 2.1 元。如果加上 20%左右的溢价,该权证起码可以走到 2.5 元以上,那么现在 1.8 元不到的价格是很好的投资机会。另外,当时公告显示 580002 和 580003 分别会在 2007 年的 3—4 月间行权,那么上海市场上到明年 4 月后只有一只钢铁认购权证了,它的稀缺性就会显露出来。而到时候深圳的钢铁认股中也只有新钢矾一只了。由于新钢矾正股现在市盈率是接近 14 倍。而其权证溢价高达 35.4%,被大幅炒作的概率偏低。那么实际上到明年能支撑起钢铁权证一片蓝天的只有马钢权证了。另外该权证的杠杆比例最高,为3.1,而580002和580003分别为2.1和2.3,那么当马钢权证的正股马钢股份每涨停一次,马钢权证就可以上涨31%,投机属性最好。因此马钢权证是个中短线都适合的品种,投资和投机都最有价值的一只钢铁权证。

第十二章　大盘的历史重演规律和个股特性

股票市场一直是个历史重演的地方。很多时候,某段行情和以前发生过的某段行情基本是一致的,甚至是完全一样的。例如,2010年我预测7月2日的当天大盘,就是完全借鉴了2010年5月10日的大盘走势。从图12—1至图12—3中我们可以看出,5月10日大盘高开低走,尾盘上涨10个点左右,盘中最大跌幅为1.56%,而我当时预测7月2日的跌幅为1.5%~2.3%。原因有两个:

(1)5月10日的前1个交易日RSI值为10.62,而5月10日反弹后值为14.69。前日成交量为1110亿元,5月10日成交量为977亿元。而7月1日的RSI值为14.09,成交量只有475亿元。5月10日的反弹基础是绝对超卖。必须反弹上去后再跌,但是当时的量很足。而7月2日不同。由于7月1日的成交量只有475亿元,而且是从RSI 14.09开始反弹。毕竟要多跌一些才能引来反弹。从技术角度看,5月10日和7月2日的反弹很相似,只是RSI值和成交量有差异。由于成交量无法有效放大,因此杀跌能力就强,而为什么跌到2.3%位置就有支撑了呢?是因为一旦大盘跌到2.3%的位置,RSI的值基本就在10左右了。再下跌的概率很低,因此我可以很肯定跌幅在1.5%~2.3%,7月2日也的确在2.3%的位置止跌向上了。

(2)由于跌幅过大了,所以当天低开后跟风抛盘跌到2.3%位置后,必然引起强烈的反弹。而前面已经判断出是弱市反弹,那么反弹的高度就不会超过 7 月 1 日的高点 2410 点，只能反弹到大约 7 月 1 日的跌幅的一半，正常计算下来就是 12 点左右。而我担心由于连续跌了 5 个交易日，一旦上冲会有割肉盘出来。所以我认为也就能反弹 8～10 个点，所以我判断涨幅不超过 10 个点。那么一旦大盘按照我说的走，当日的图形必然是带下影线的小阳线了。

以前对大盘的预测我也经常这么做，我记得 2006 年我预测大盘每天走势的时候，基本在参考历史走势，甚至出现过一周的走势和历史上一周的走势都雷同的事情。大家不信的话，可以对照一下我写过的文章，然后对照图形就能明白了。

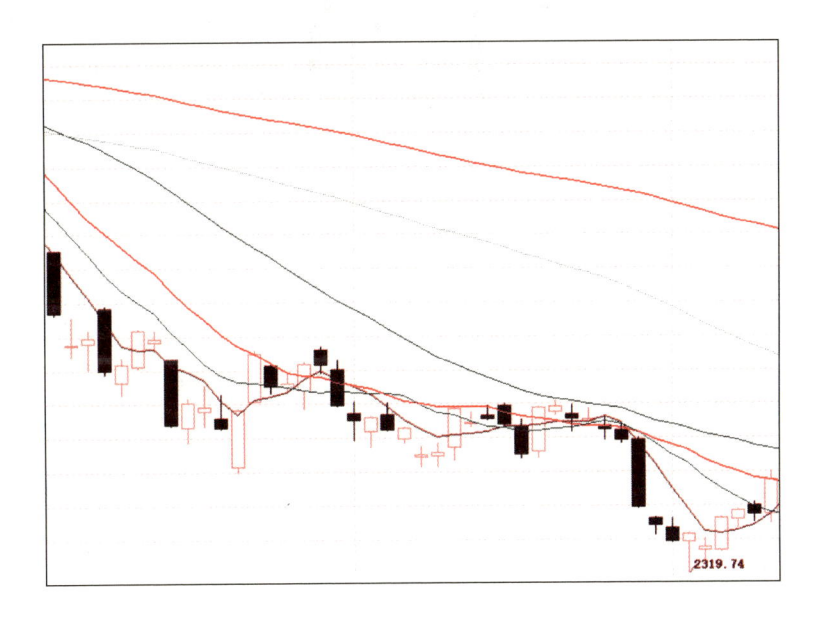

图 12－1　大盘 2010 年 5 月 6 日至 7 月 6 日日线

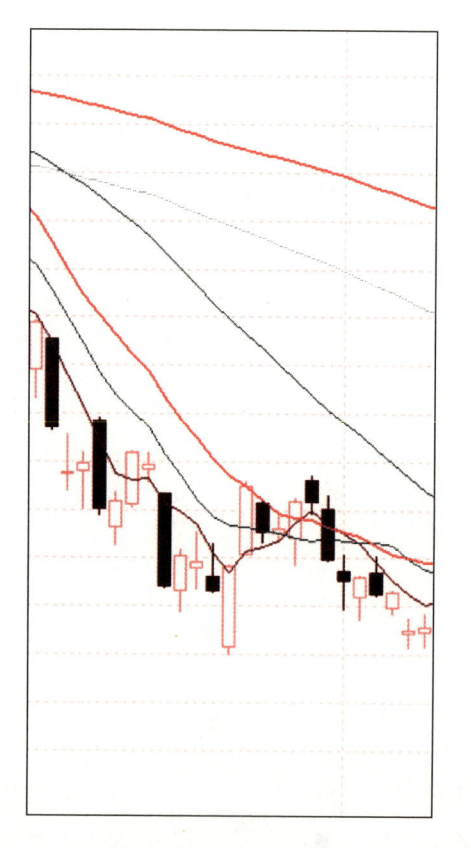

图 12-2　大盘 2010 年 5 月 6 日至 6 月 4 日日线

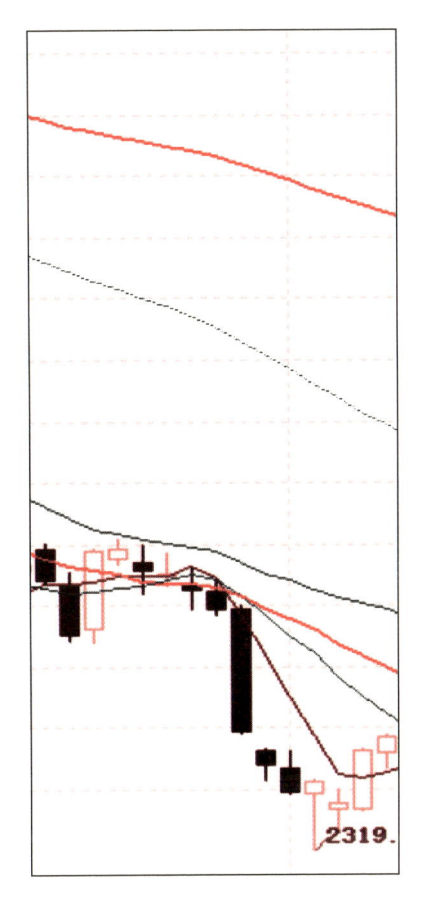

图 12—3　大盘 2010 年 6 月 17 日至 7 月 6 日日线

而个股也有很多特性。例如,600743(以前的幸福实业,现在的华远地产),该股一般除权后都会猛烈填权,1996 年至 1998 年一直如此,到 1999 年由于业绩开始下滑,加上遇到大熊市才走软,而 2006—2007 年大盘走牛,它又恢复了它的本性,猛烈上涨。估计 2011 年如果是大牛市该股还会再上 20 元的,只是由于盘子大了,速度会慢些。再如飞乐音响是每年都会有表现的股票,只要启动就有一倍以上的涨幅,而浪潮软件也如此,界龙实业无论市场多么不好,都会最先启动,然后上涨 1～2 倍后休息。这就是每只股票的性格。实际上每只股票的历史走势都与它上市时的操盘手有极大的关系。如果开盘的时候就表现凶猛，那么未来几年这只股票都不会是什么平凡之辈。而开盘就走得很肉的股票，后面也只是个碌碌无为者。还有以前的厦新股份，经常是从很便宜的价格狂涨几倍，出货的时候都是业绩增长巨大，而涨到位就开始猛烈下跌打回原形，主力再进场的时候业绩可能就是亏损的。等再拉上去几倍后，业绩又变得无限美丽了，该股一直这么玩着，也很有趣。

第十三章　大盘下跌的计算方法

　　大盘的下跌实际是可以计算的。比如说，上海大盘6124点、深圳大盘19600点的时候，计算下跌并不困难，完全可以用技术来计算，很多人只是不知道如何计算而已。关于深圳大盘19960点的计算，我当时算的最准确，我计算的结果是19550点，只有50点的误差，误差率为0.25%。

　　实际当时是深圳大盘先到达我计算的数字后，深圳的资金去了上海，把上海股指从5771点拉上6124点，深圳于2007年10月10日见顶，而上海在2007年10月16日见顶。当时市场的市盈率为76倍，为历史最高，那么在19550点以上出货是完全正确的，就是顶部。因为大牛市呈现的是深强沪弱，所以深圳先见顶部，然后是上海。

　　那么当时下跌的计算方法我现在就给大家算一下。下跌和上涨不同，计算上涨我会看TOW指标，而计算下跌只需要用黄金分割和历史数据就可以了。我的黄金分割和大家常用的不太相同，我的数值为0.818、0.618、0.5和0.318。由于大盘是从998点涨到6124点的，那么前面2个数值都不必看了，只从0.5和0.318计算就可以了。那么6124点的0.5和0.318的结果分别为3062点和1947点。历史上2001—2005年的时候大盘曾经跌了55%，那么（6124×0.45）得出的数值为2755点，另外，大盘从998点攻击到6124点的时候，在2600～2760点一线曾经有6万亿的成交。那么我们能看到下跌的趋势为3062点、2600～2755点、1947点，按照我的技术理论，3062

点被有效击穿的话，目标就是2600～2755点，此位置再被有效击穿，目标就是1947点了。1947点被击穿后，历史数据告诉我，1992年5月29日那周为1429点，而到1992年11月20日那周为386点，当时跌了73%，我们再把[6124×(100－73)%]也就是(6124×0.27)，得出的数值为1653点，和2008年的最低点1663点基本一致。而一旦1653点被破，下面只剩下1500点整数关口。而大盘到了1700点以下的时候，市盈率只有12倍了，而如果跌到1500点，大盘市盈率就只有9.7倍，是历史上从来没见过的。我可以很肯定的是1653点就是从6124点跌下后的底部。

我的朋友在2008年11月4日进场操作，而操作的就是我看好的利欧股份(002131，见图13－1)，当时的价格为4.85元。而卖出的时间为2009年的2月11日，卖出价格为12.8元，利欧股份完全跑赢了大盘。该投资者在2009年3月2日进入荣盛发展，价格6.8元，因为我看好当时的地产板块，加上荣盛发展是地产股中业绩较好、盘子很小的。2009年7月6日，17.95元卖出荣盛发展，第2日买进湖北金环，价格8.45元，之后快速上涨到11.30元。

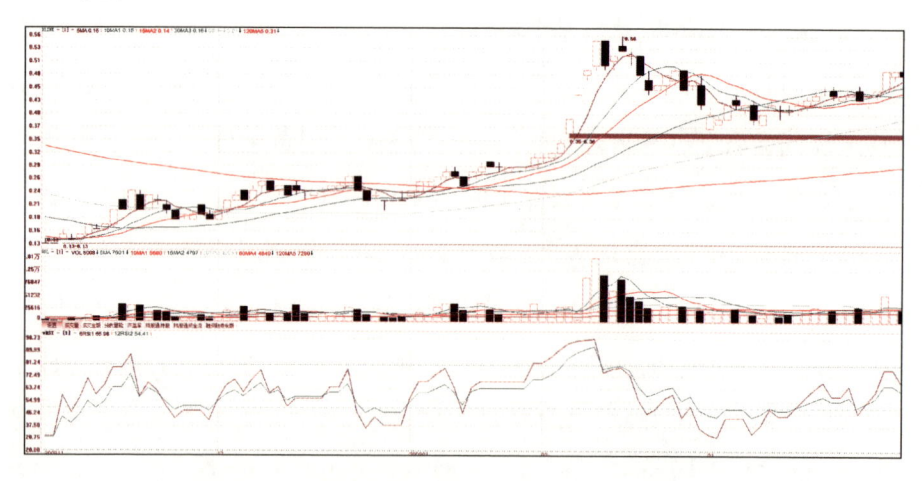

图13－1　利欧股份在2008年11月4日开始的走势图

他的启动资金为 5 万元,最开始买了 1 万股的利欧股份,变成了 12.8 万元,然后买进 18000 股的荣盛发展,卖出后为 32.4 万元,然后买了 38000 股的湖北金环,市值为 44.95 万元。从 5 万元起步,时间不到 8 个月,盈利为 900%,的确非常不错。

第十四章 计算主力成本

如何计算主力成本？实际这个问题很简单。如果计算1年的主力成本，只需要把这一年内的股票最低价格加上一年内的股票最高价，然后除以2就可以了。如果再精确些的话，就把突然放量那天的最低价格加上年内的最高价格除以2就可以了。例如，2010年6月要计算七匹狼(002029，见图14—1)一年内的主力成本，取2009年7月2日15.6元加上2010年6月11日34.17元，得出的结果为49.77元，再除2等于24.89元，可以说该股一年内主力成本为25元左右，再精确点的话就用突然放量的7月9日16.25元加上34.17元再除2，得出的结果为25.21元。

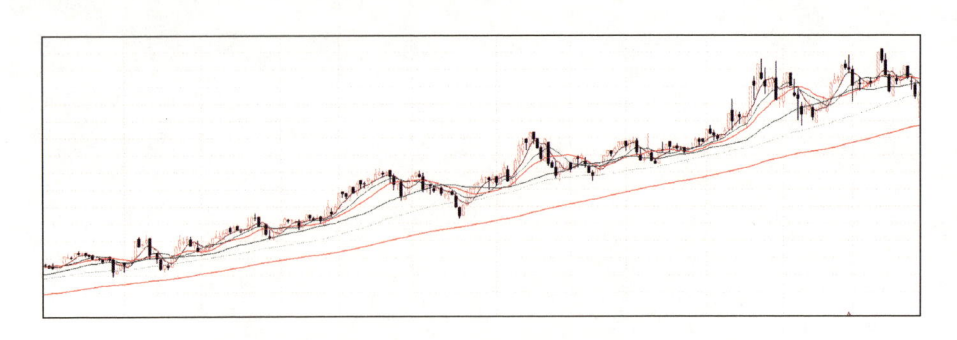

图14—1　七匹狼从2009年7月到2010年6月走势

短期成本也是这样计算的。一般需要计算近3个月的成本，因为一个月的成本计算会有误差。还是以七匹狼为例，2010年6月要计算短期成本，取2010年4月2日的27元,加上6月11日的34.17元再除以2,结果是30.59元。那么,按照28.75元的2010年7月2日收盘价格看,已经跌破了主力的短期成本,而从中线成本25元看,七匹狼的下跌空间已经很小了。

从3个月的区间统计看,上涨了31天,阳线32根。下跌29天,阴线28根,3个月累计换手20.64%,涨幅为5.31%,根据数据分析的结果是,该股主力控盘明显,无出逃迹象。因为95%的股票在3个月内基本是下跌的,幅度最大的超过50%,平均跌幅为25%,而该股是上涨的。换手很不活跃,主力控盘起码在70%以上。

第十五章　我的操盘圣经

一、江恩理论是伪理论

　　本人目睹为众多炒手所不屑的江恩理论竟然被抬到了前所未有的高度，更有什么周易、八卦等看股票涨跌的经典笑话。长此以往，被蒙蔽的人将越来越多，因此写下此文，严厉斥责江恩理论。如果真有明白此理论的大师尽管来维护你的理论，但是前提是有理有据，别说什么"你不懂是因为你不了解"。下面就详细阐述一下江恩理论。

　　从相关著作中可以看出，江恩理论是把以前的道氏理论和波浪理论结合在一起的产物，并不是什么江恩先生独创的理论。因此，江恩理论在接受了以上两个理论的优点的同时，也吸收了其缺点。

　　道氏理论最大的缺点就是首先其无法对中期趋势做出判断，其次该理论不会告诉你买进什么股票和什么时间买进最合适。最重要的是该理论计算结果的误差率为60%以上，因此该理论借鉴意义很有限。

　　而艾略特先生的波浪理论则有更大的欺骗性。其中最著名的也是后来江恩理论最核心的东西就是上升5浪和下跌3浪了。因为该理论从来没给出所谓的上升5浪的起点和所谓下跌3浪的起点，因此市场中1万个人能数出1万种浪来。另外，艾略特先生当时所谓的数浪的跨度是200年，而后来江恩对上升 5 浪和下跌 3 浪细化了很多,但是依然无法改变数浪的起点问题。既然无法给出数浪的起点,那么所谓的上升 5 浪和下跌 3 浪根本就是无源之水的东西了。

下面再说说江恩理论,在下曾经拜读过江恩先生的全部著作,但是有 5 条到现在都是无法解释的。

(1)江恩先生认为市场是属于波动范畴的东西,也就是所谓的波浪理论,但是书上都没记录其所谓的波动起点,这怎么理解呢?没有论据的论点具有指导意义吗?

(2)当大盘调整的时候,一般江恩会给出 15~20 个预测值,概括了黄金分割理论中的所有值,并超过该理论的数值,这属于相当无赖的玩法了,从 0.018 到 0.0818 全部预测进来。无论大盘怎么跌他说的都是对的,因为他给出了将近 20 个预测结果,可见江恩理论根本不是什么高明的东西。

(3)江恩一直强调止损,但是从其波浪理论如此精通的情况下,怎么可能不停地止损呢?很明显他运用自己理论的时候还是没有 100% 把握的。既然创始人都无法把握自己创造的东西,我们怎么可能操作得更好呢?

(4)江恩理论从其意义上看,追求的是中线甚至是长线的收益,但是其本人,即 1909 年 10 月的 25 个交易日中,江恩在有人在场的情况下,在各种股票中做了 286 次交易,既做多又做空,结果,盈利 264 次,亏损 22 次。这说明他本人是个很优秀的即市炒家,上述交易中,平均每次买卖只相差 20 分钟。在某个交易日,共进行了 16 次买卖。那么按照江恩理论所罗列的东西是无法进行这么频繁的操作的,因为江恩理论给出的都是中线指示。那么只有两种解释:一是江恩本人或者写书的人在说谎;二是江恩是短线高手,但是他的理论是伪理论。

(5)江恩强调最多的是时间,其名言:时间决定一切。而且他认为在投机中输赢不重要。但是他从来没提到过股票的价格变化,因为他根本无法也没有任何能力真正地控制股价。

因此，我认为江恩理论根本就是伪科学、假理论，甚至不如黄金分割理论以及随机漫步理论。

二、我的实战理论

投机市场没有常胜将军，也没有所谓的权威。但是在这个市场浸淫久了，就会有一种感觉。很多时候我一直按照感觉买进和卖出。下面我把这些感觉整理出来，希望大家能够从中受益，也希望各位高手和老行尊指教、更正。

1. 要敢于买进

很多时候大家都在寻找市场的底部，实际上能完全捕捉到绝对底部的人凤毛麟角。当市场很低迷的时候就是底部出现的时候。另外，投机市场永远要遵循"人弃我取"的基本规律。例如，我2006年元旦前期对市场的理解存在偏差，完全用技术形态对市场进行测量，但是从政策面进行分析后得出的结论却完全相反。考虑我国一直是政策市场，因此我选择2006年元旦前满仓操作。当时黄金股已经有了一定的涨幅，但是考虑到国际市场的价格，山东黄金（600547）和中金黄金（600489）我还是感觉涨得不多，所以我打了个满仓。其实从当时这两只股的走势上看，大多数人是不会也不敢买进的。这也给了我顺利进入的时间和相对的低价格。当自己看明白的时候就要敢于下手，毕竟有相当大的依据对我的操作进行辅助。

因此，敢于买进不应该是个口号，而应该是实际的行动。但是这个行动的基础是要参考政策和市场走向制定出来的。大胆介入，大胆求证才是明智的决策。

2. 更要敢于卖出

很多朋友都想自己手里的东西大涨特涨，能一夜暴富才好。每轮行情中，"坐电梯"的人比比皆是。其实原因很简单，就是因为你贪心造成的。实际上做投机和吃鱼一样，本人只吃中间的那段，吃完擦嘴就溜。而大部分人想从鱼头吃到鱼尾，最后被哽住，留下来买单。这个市场很现实，永远是少数人赚钱，多数人亏钱，大家全赚钱的市场是没有的。我也是散户，但是我遵循的一个原则就是，上升中坚决出局。我不贪心，但是很多人都想买到最低、卖到最高，不亏都没天理。我认为我的观点没什么问题，大家都赚钱只能是个梦想。跑得快的、不贪心的能在市场上多活很久，贪心的自然死得快，这就是投机市场的残酷。投机市场讲究知足常乐，没有一口能吃成胖子的，就算你真的吃成了，也会被噎死的。同样也是山东黄金和中金黄金，前者我卖到了16.2元附近，后者我卖到了9.65元附近，到2006年1月的价格分别在18.7元和11.8元。但是我并不后悔，因为我已经赚到30%以上的利润了，再跟下去风险已经大于收益了。

因此，当买盘如潮的时候，就是你撤退的时候。把剩余的利润留给别人，同时也把所有的风险留给别人，而你自己留下的是利润和资金的安全。

3. 资金的安全

这个问题我多次重复过了，但是我今天依然要再说一次。很多人认为我操盘的风格很保守，属于安全第一的那种，这个我不否认。但是我要说明的是进入投机市场的第一个要求就是资金安全，第二个要求还是资金安全，第三个要求还是资金安全。我对资金安全性要求极高，我的口号是"宁可不做，也不做错"。因为投机市场潮来潮往，被洗刷掉的英雄好汉不计其数。如果想在这个市场生存，资金就是我的命脉。我绝对不容许对资金安全的冷漠。没了资金,就算在投机市场中你会飞也不行,因为你没了翅膀。

投机市场中赌博没错误,但是要看怎么赌。100%会输的我不赌,50%会输的我也不赌,30%以下会输的我才赌。总之,我有三个体验:第一,资金安全最重要,输了并不可怕,可怕的是你没有了资金。没有了资金就好像士兵没了枪,没了枪你怎么复仇呢?第二,投机市场要适可而止,不能得陇望蜀。第三,要熟悉投机市场的规律,在股票市场中最要注意的是知足常乐。

因此,保持资金的安全就是保证了你还能在这个市场搏杀的基本条件,资金是命,利润是血。如果连命都保不住,那血也就无从谈起。

三、五条"军规"

1. 不要看到一些股票涨了几倍就认为不能再涨了,也不要看很多股票从几十元跌到几元就认为不能再跌了

实际股票的上涨和下跌必然与其基本面有相当大的联系,那么我们的思维要转变,例如,某只股票从2元涨到6元,看起来涨了3倍,但是可能该股票涉及重大收购题材,那么后面再从6元涨到60元都不奇怪,不是涨得多就危险,关键要看它的基本面能不能支持股价就行。我最近经常听到类似的问题,我认为是提问者的思维被框架化了,应该把思路放开些。同样也是一个道理,某只股票可能从30元跌到3元,看起来跌了很多,但是如果该企业被停止上市了呢?你可能血本无归。那么这只股票即使3元买也是风险巨大的。

2. 当你买的是被低估的股票,就要坚定地持有

很多时候,大家都能骑上一匹好马,但95%的人会在马还没开始狂奔之

前就被摔下去,因为他们经不起折磨。例如,某行业的平均市盈率是 30 倍,那么其中 1 只股票只有 20 倍,很明显被低估了,我们买上就应该耐心地等它到达 30 倍。因为不可能大家处于同行业,市盈率标准有那么大的差异。我没见过 1 只股票能把同行业全部股票市盈率拉下来的,只见过被拉上去的。

3. 什么是好股票

很多人认为,大盘大涨时它大涨、大盘大跌时它不跌的股票就是好股票。我认为不完全是这样的。这个市场中强大的主力的确厉害,但是如果大盘跌了 8%,而某只股票在没有任何利好消息的支撑下继续大涨就是个"傻"主力,因为太引人注目不是好事,会出现为散户"举杠铃"的事情。实际上,好股票的定义是:首先被低估,只有这样才有上涨的动力。然后大盘如果从 3000 点跌到 2700 点,它也可以跌停。而大盘反弹,它坚守 20 日均线。当大盘重回 3000 点的时候它已经比跌的时候涨了不少,就是跑赢大盘。这样的庄才是最厉害的,股票才是好股票。反弹中强出头的股票我不是很看好。大盘涨它涨,大盘跌它跌,完全追随大盘的股票并不好。好股票要走得稳当,同时具备自己的个性,这才是真正的好股票。

4. 要坚持自己的判断

任何股票书和股评,都只能作为参考,毕竟最终下单的是你自己。因此,你要对自己的资金负责。当消息漫天飞的时候可以多听,但是千万不要全信。大家什么时候看我根据消息买股票了?

5. 赢得起也要输得起

这是投机市场,输赢都很正常,保持好的心态比什么都重要,顺势而为才是上选。无论输赢都要保持微笑,因为心态好就等于你赚了,运气没了可以,技术没了可以,但是不能输人。大盘不论一年跌多少次,我从没冲出来丧失理智地去骂大盘,去把失败推诿给别人和市场。在这个市场中,你越放松,你的机会就越多,记住,股票市场最大的希望就是下一次。

四、给散户的建议

(1)首先,作为一个合格的投资人,你要有很强的综合能力,起码你要具备些会计、历史、政治知识,能做简单的市场评估,会些英文最好。学得越杂越好。因为这样可以使你的思维更活跃,反应更迅速。例如2007年2月27日大跌,当跌了40点的时候我头脑中马上反映出来是香港在大跌,因为当天跌幅居前的是含H股的A股,翻到恒生指数一看,果然香港大盘跌了600多点。这就是平时积累的东西在发挥作用。

(2)永远要记住,想在投机市场里赚钱必须和大多数人的思路背道而驰,因为这个市场赚钱的永远是少数人。别人越恐慌了你就越敢于进货;别人越狂热,你就越冷静,随时准备出货。这条法则适用于全部的投机市场。

(3)牛市要能忍受住寂寞。很多时候看着别的股票大涨自己的却不涨,总想换。如果你持有的是好股票,别怕它不涨,风水轮流转,今天到我家,牛市中好股票最多亏时间,绝对不亏钱的。

(4)别总把自己放在散户的位置上。我常对朋友说,你们是主力不是散户。人就要霸道一点,尤其在股票市场上,为什么总把自己打扮成个受气的小媳妇?记得以前看《三国演义》,有段攻城的话:"能战则战,不能战则守,不能守则降,不能降则死。"我认为在股票市场也一样,根本不该害怕主力。主力也是人,只要技术过硬就不该怕他们。我也希望大家面对市场主力的时候,能说出《三国演义》里攻城时那么牛气的话。

五、谈谈技术问题

1. 大盘是可以预测的

很多人说大盘不能预测,我认为是错误的,大盘实际是可以预测的。预测大盘并不难,尤其是预测其中线目标位置,而每天预测是比较难的。中期目标用一些技术指标计算出其高点完全可以做到。例如,2006 年我在 1160 点预测大盘会冲上 1800 点,就是完全用技术指标预测的,后来大盘到 1800 点的时候我再次预测大盘会过历史高点 2245 点也是计算出来的。2007 年我说大盘 3000 点依然是用技术指标计算出来的。相当简单的技术方法。而每天预测是很难的,因为现在的市场受利好和利空左右过大,完全用技术指标预测无疑有缺陷。一个高开或者低开都影响 K 线是阴还是阳,甚至几个点就影响前一天的预测。这对预测者实际很不公平。但是我还要继续坚持预测,因为现在敢于每天预测的高手基本绝迹了,可以说和我相同或者稍微逊色些的技术派高手都不敢出来预测了。而技术太差的预测出来的结果误差率太高,对散户百害而无一利。

2. 选股就能看出谁是高手,哪只股票是好股

很多所谓的高手专门找被市场极度低估的股票,实际这种人不配叫高手,因为任何一个散户都能找得到这类股票。大盘走牛那么久,到现在还被低估得厉害的股票明显是主力的能力差。这样的股票属于拿上一年没问题,但是磨死散户也没问题。别的股票一个月涨 30% 甚至更多,而这样的股票一直趴着不动。你说闹心不闹心?这种股票大多数人是拿不住的。

还有一种就是狙击涨停板,这种方法的确短期很见效,但是缺点也很突

出,就是错误一次,把前面利润全部吞噬。狙击涨停板的技术也并不高难。只要计算好量比和成交量,任何人都有这个能力,在熊市中这么玩有点意思,在牛市中这么玩一旦出现失误就会连续失误。另外,很多股票买不到、卖不出去也是这种玩法的一个缺点。

高手推荐的股票可以跑赢大盘,而且下跌中相对抗跌。买上踏实,卖了高兴还不后悔。

3. 心理问题

做股票实际就是做心理,只要你的心理素质好,赚钱就容易些,牛市中最忌讳的就是无法忍耐寂寞,还有贪得无厌。吃鱼要吃中段,如果从头吃到尾,最后买单的一定是你。而吃完中间段就溜的,无疑是胜利者。投机市场永远要清醒,要设定止赢止损。

第十六章　股指期货和融资融券对市场的杀伤力

关于股指期货和融资融券,大家可能不熟悉,也不清楚它们对股票市场有多大的杀伤力。我会用最简单的语言给大家讲清楚。

股指期货和融资融券可以称为"双子魔鬼"。历史上日本就曾经被这两位玩得崩了盘。我们和日本当时的经济形势有相同的地方,但是也有很多不同的地方。共同点我不再陈述,我说一下不同的地方。日本是个全开放的市场,而我们国家现在证券业没有完全开放。可以说等同的风险,我们的承受能力就高得多,另外,人民币和国际主要货币没有形成自由兑换。这也是我们的优势所在。

如果我们全线开放证券市场,2010年上海大盘跌破1500点甚至跌破1000点都是可能的,就因为我们是半封闭市场,因此我只能看到大盘跌破2000点或1664点。跌破1500点的可能存在,但是难度比较大。

股指期货现在被炒家玩得得心应手,原因就是有融资融券支持。步骤是:先在某些大市值股票上融券,例如,在2010年4月16日11.5元融券中石化,换得10000股中石化,然后股指期货买跌,在数天后9元还回中石化。指数上赚了500点,而融资融券上赚了2.5元。就因为如此,全部的股指期货都在买跌,可以说空单明显是多单的几倍。路线是融券—股指期货买跌—还券,两边都获得利润。结果是大盘下跌,猛烈下跌,散户被套牢。

如果买多的话,散户会在高位减持股票,只能选择融资,那么对机构很不利。因为有的机构赢,有的机构输,如果买跌,全部是赢家。所以大盘被助跌。

从技术面看,大盘2010年就该跌到2000点下,因为估值偏高,伴随着股指期货和融资融券,大盘跌破1664点也不奇怪。因此2000点上反弹是极其有限的。2600点和1920点由于是历史筹码堆积最大的,因此具备反弹的条件,但是时间会很短,也就2～3个交易日。实际不是为了反弹,而是为了修复指标后继续跌。

我记得2010年3月有位朋友说中国石化和中国石油估值是合理的,不会被减持,我当时并没做过多解释,回头看是没被减持。可是价格呢?都跌了快30％了。

第十七章　大盘底部判断方法

本章讲解判断大盘底部的几个方法,这些方法的实战有效性是非常高的,比如本人在 2010 年 4 月 15 日让大家出局。然后写文章告诉大家在 2600 点一线有反弹,只能反弹 2 个交易日,然后跌破 2600 点。回头看是完全正确的。

当时我是这样看未来走势的。首先我们要看一下在 2600 点下能运行几个交易日。如果跌破 2600 点后 3 个交易日不能收回,就是向下突破有效,下个支撑位置为 2200 点。5 月 17 日是第一天跌破,如果 5 月 19 日收盘前不能收回 2600 点,请大家注意,是收盘指数不能收回 2600 点的话,大盘会来一个快速杀跌。几天内再跌 350 点左右,到达 2200～2235 点一线。5 月底前,大概在 5 月 25 日至 28 日,会有一天长阳,涨大约 100～150 点。

我实际很不想看到这样的走势,但是没办法,技术给出的结果,我们都无法改变。如果大盘能在周三前收在 2600 点上,那么大盘还能有 2 天的反弹机会,但是没出局的朋友尽量选择出局,因为大盘远没跌到位。

实际上大盘应该一直跌到 8 月至 12 月,才完成一次合理的下跌。但是由于股指期货的原因,下跌的速率加快了很多。2010 年 4 月处于熊市的中末段,风险依然很大。

当时很多朋友说整个市场的市盈率已经很低了。那我告诉你们,现在的市场没有最低,只有更低。市场就这样,大牛市的时候没有最高,只有更高;大熊市反之。大盘绝对不会在一个大家都认为合理的位置止跌的。涨会涨过头,跌会跌得毫无理性,否则就不是投机市场了。告诉大家三个看底部的方法:

(1)当100元以上的股票全部跌破100元,这是一个市场见底的迹象,只要有1只股票还站在100元上,大盘都不是底部。

(2)中小板股票80%跌到净资产附近,例如,某只股票5000多万的流通盘,每股净资产为4.8元,业绩为全年0.5元左右。股票价格应该在4.5~5元。也就是说,中小板股票的市盈率大约为10倍,市净率在1.5倍以下。可能有朋友不理解,中小板都跌到10倍市盈率了,那么大蓝筹不得跌5倍啊?大家说得没错,大熊市中蓝筹也就值3.5~7倍,而支撑市场市盈率的是亏损股以及ST类的股票以及重组题材的股票。它们高昂的市盈率才使整个市场的市盈率维持在15倍以上。

(3)当整个市场的市盈率跌到15倍以下,就是绝对底部了。正常情况下12~15倍大盘止跌。而现在我们整个市场的市盈率大约为22倍。那么一旦跌到12倍以下,就是要跌破1664点的前期低点。

很多人总拿些股神的理论谈中国市场。例如,巴菲特说:"市场是不可预测的。"这句话在美国行,在中国就不行。我预测了这么多年,基本就没预测错过。我向来敬畏这个给我无穷财富的市场,但是不代表它高不可攀。只要技术好,战胜它不难。我一直在证明我说的这些话。

很多人说你那么厉害,你拿100万,按照每年赚3~5倍,10年不到你就世界首富了。这么说的人不少,赞同他说法的人更多。这话看起来很有道理,实际说这话的人根本不懂股票。我一年正常赚3~5倍的确不难,但是一旦资金到了2000万以上,再翻倍就很难。超过5000万就难上加难。当资金超过1亿,每年有50%的利润都是顶级高手了。巴菲特之所以被称为股神,就是因为他每年能把上百亿资金增值10%~20%,这是很了不起的。

我曾经把5万资金用7年做到2100万,也把500万用9个交易日做到1000万。但是给我1个亿,一年我也不见得能翻倍,除非碰上极端的大牛市。

第十八章 大盘重要关口分析案例

一、案例一:2006 年 1300 点分析

对于 2005 年 9 月 20 日以来的调整(见图 18－1 和图 18－2),当时有些机构和分析者很悲观,甚至看空到 800 点。对此我当时提到三点:第一,只要股改不结束,大盘就不会跌破 1100 点。第二,密切关注股改个股和 G 股(股权分置改革试点股票)。当时判断起码有 15％的涨幅,现在看我是低估了这些股票的能力了。第三,蓝筹股在大盘危险的时候一定会全力护盘。以上分析被大盘走势完全验证。

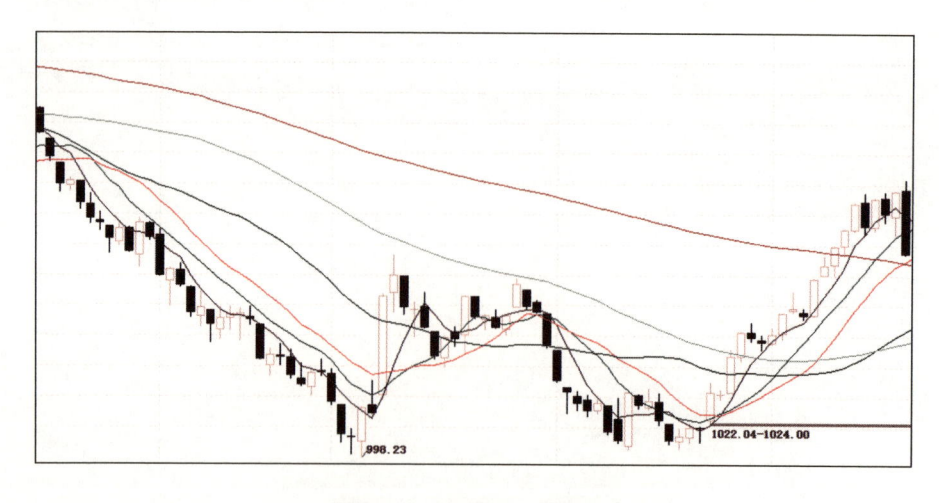

图 18－1　2005 年大盘见底

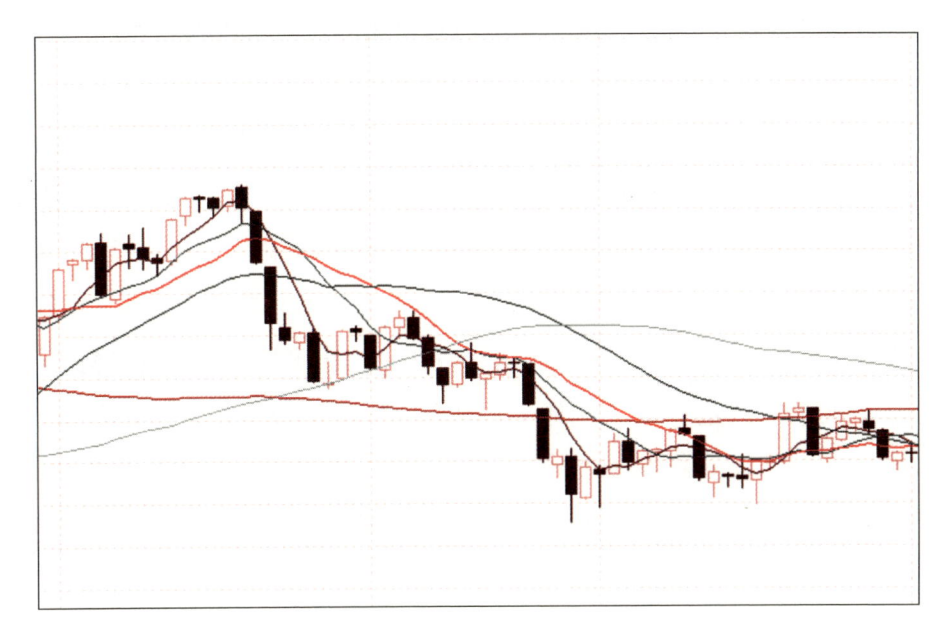

图 18—2　2005 年 9 月 20 日大盘调整

而本人当时看好后市有三点原因：

(1)G 股和准 G 股会继续呈现强势,很多 G 股的股票价格实际是落后于大盘的,因为这些股票中很多在大盘上涨中处于停盘,因此短线补涨也合情合理。另外很多股票由于是对价除权,实际上并没有摊薄每股的利润,因此除权缺口被完全回补也是很正常的。例如,新和成(002001)中期已经是 0.3 元的业绩了,正常推算年收益也应该在 0.6 元了,那么前期除权的 10.24 元明显价值被低估了。现在涨回到 12 元只能算是价值回归,并不是涨幅较大。其余的中小板中伟星股份(002003)、传化智联(002010)、永新股份(002014)等都在稳步上涨,而没停牌的在前期世荣兆业(002016)等准 G 股的示范下都进行着如火如荼的抢权过程。另外,苏宁电器(002024)和天威保变(600550)等更是出现大幅度上涨和翻倍的走势。而当日的准 G 股华西村(000936)、康缘药业(600557)、北方国际(000065)等更是开盘就涨停。可见股改的赚钱效应了。因此请大家多注意市场的走向,起码到 2007 年 2 月前股改个股机会多多,盈利多多。

(2)大盘从 9 月 20 日受消息面影响开始回落,但是到达 60 日线附近止跌反弹,其中大蓝筹股的企稳起到关键作用。从政策面现在的消息看,准 G 股的对价都大幅度地提高。我以前也提醒过大家,要树立弱化大盘点位的思维,坚决把股改个股的盈利操作进行到底。要知道只要股改继续,市场的热点就不会散,大幅度的下跌也不会出现。别忘记了境外的投资机构等也是在 1100 点一线建仓的,它们那么大的资金都不怕,我们有什么可害怕的。

(3)从技术面分析,大盘将继续在 1128～1185 点运行,由于量能无法有效放大,因此大盘上攻的能力不足。大蓝筹股票都没有进入试点中,那么期望大盘报复性上涨也是很不理智的。但是一旦量能超过每天 110 亿(上海),那么大盘将再次站上 1200 点。而一旦大蓝筹全部进入股改,大盘指数将出现快速上涨,而且上涨幅度会超过大家的想象。现在的下跌空间已经相当狭小了,在 1100 点以上盲目看空的机构和个人风险收益比不高。股票市场一旦上涨的趋势被确立,那么任何人都是大海里的一叶小舟,不可能和整个趋势做对的。所以现在大家应该多了解和倾听来自政策面的声音,因为我们的股市有政策市的特点。

当时很多人认为 1200 点将出现一个双头的下跌,但是本人不这样认为,我认为 1200 点只是一个机构之间换手的过程(见图 18-3)。

(1)到 2006 年 1 月 25 日为止,大盘已经是第 3 次攻击 1200 点了,但都是一上即溃败。不能说空方不强大,但是多方的实力也并不弱。当时呈现的趋势是多空胶着状态,并没有一方有把握完全胜出。但是从技术上和政策上都注定了多方将会取得胜利。1200 点将是一个不设防的防线(见图 18-4)。

(2)从盘面看,本轮上攻是相当有力的。因为到现在为止多方虽然进展

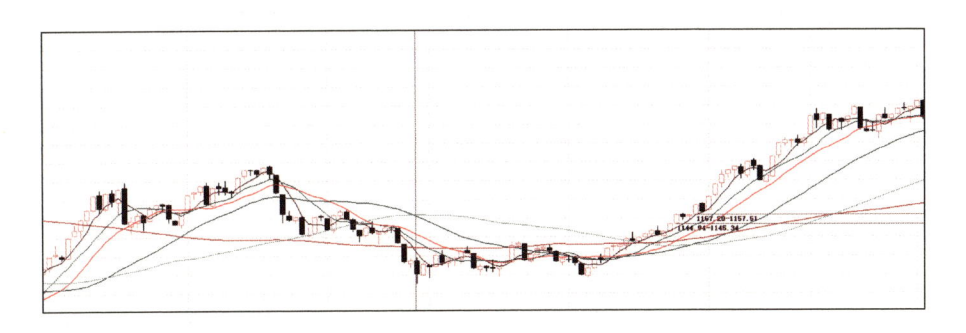

图 18—3 1200 点的双头猜想

不利,但是并没有全力拉抬大盘蓝筹股,这从资金的分布来看是相当理性的。

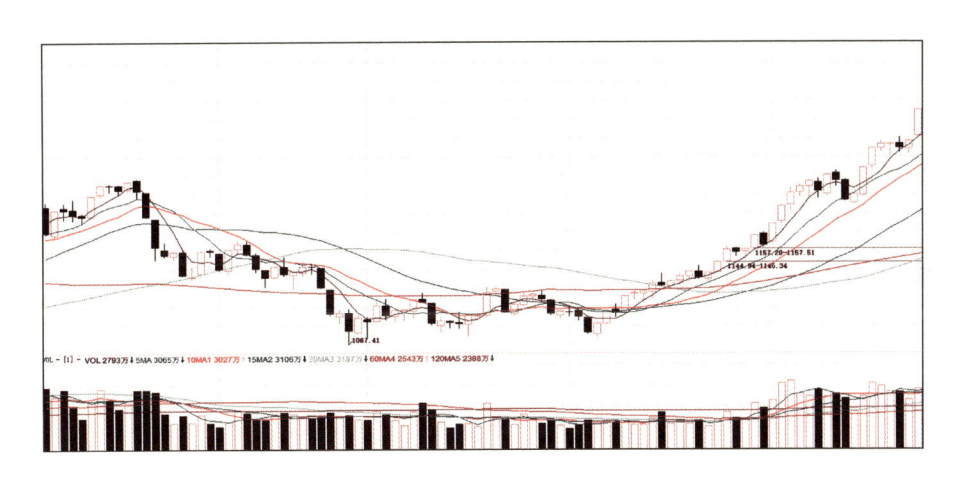

图 18—4 大盘从 2005 年 9 月至 2006 年 1 月走势

如果拉抬大蓝筹,大盘会很快突破 1200 点,但是主力引而不发就变相说明 1200 点根本不需要借助资金虚构点位。

(3)国内的基金开始从蓝筹股上撤退。前期长电复盘的时候,国内基金出货,境外基金买进,成交巨大。以现在的点位,境外资金选择进入就相当值得研究。要知道 2003 年境外资金高举价值投资的大旗,得到国内基金的响应，但是操作上却是一个天上、一个地下。境外资金在深中集、深赤湾、马钢股份等众多大蓝筹股上盈利多多，国内资金却后知后觉，接了境外资金的获利盘。2003年后国内基金大举介入股票市场，而境外资金却去买进长期国债和赌人民币升值。造成的后果是境外资金不但规避了1780点到998点的大跌，而且在人民币和国债市场上盈利巨大，而国内基金被套。那么在1200点境外资金加仓，国内资金减仓，所以当时我准确地指出1200点不会是头部区域。

（4）从技术指标上看，大盘周线有点处于高位了，但是月线显示大盘依然处于低位的修复时段，大盘在1170～1220点位置形成了一个50点的大震荡区域。从技术上看只有1220点附近才有比较大的压力，而1200点实际上并没有什么压力可言，那么主力在此位置三起三落就可以认为是多空双方都认可的换手区间。所以1200点的得失并没有大家想象得那么重要。只要时机到了，1200点将一蹴而就，到达1220点才是大家该小心的。

（5）另外，2005年8月18日的那根墓碑式的大阴线正被一点一点蚕食着，在不知不觉中已经将空方杀得毫无力量，杀得毫无防备。要知道这样一点点的侵犯远比把点位用资金打上1200点牢靠得多。

后来，2006年初大盘在众人一片惊呼中逼空上行，踏空者不计其数。2006年1月25日大盘站在1255点高地，短短31个交易日，竟然大涨了184点，逼空神话再现。2006年伊始，大盘出现5连阳，调整后再接4连阳，13个交易日竟然出现10根阳线。查遍历史数据，走势之强悍前所未见。本人在1月26日发表《形单影只过千三，横刀立马指千五，逼空后面是轧空，终极目标1800》，轰动市场。

从当时的大盘和个股情况看（见图18-5和图18-6），有以下几个特点：

（1）大盘从2006年开始就进入逼空状态，在大多数人看不懂的情况下轧空强势上行,10阳3阴后竟然涨了整整100点。中石化等作为中流砥柱顽强上攻,稀有金属板块一马当先。2006年初的时候本人预测春节后大盘上攻1300点,很多朋友都嘲笑我是不是精神有问题。此时看来好像精神有问题的不是在下。要知道外资进入A股市场是最实质的利好,但是很多朋友竟然无动于衷。请大家思考一个问题,筹码最后会到谁的手中?答案是散户。那么现在筹码明显在机构手中,而众多散户是踏空者,那么1100点的筹码想出局,起码要拉上1500点才有出去的机会。如果该观点成立,越过1300点简直如探囊取物一般。因此,1300点下必然是连续逼空的。

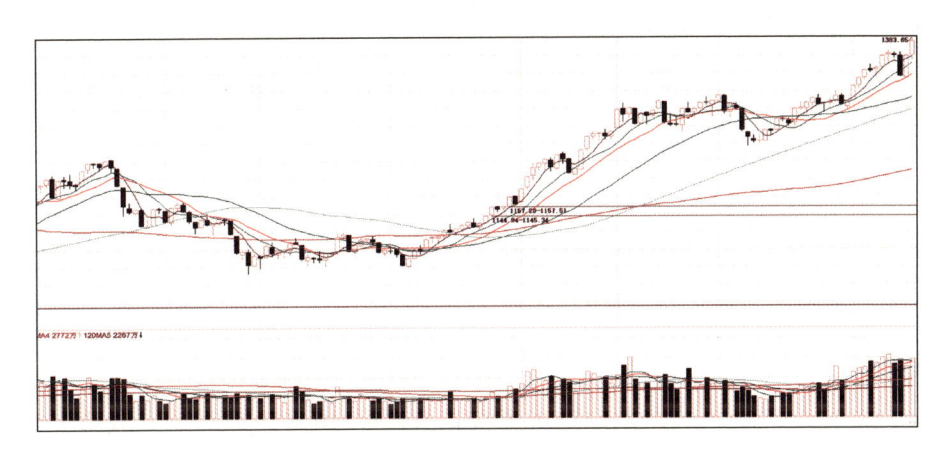

图18-5 大盘走势

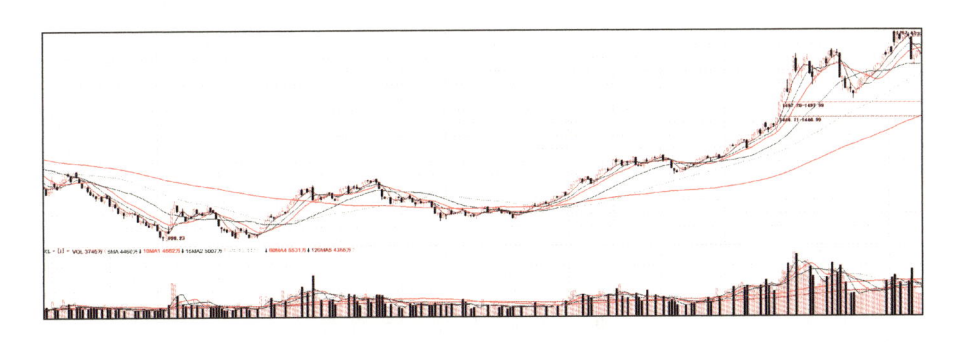

图18-6 2006年强势上行

(2) 个人感觉大盘当时有被强大资金部分控制的可能性，大盘好像是个大庄股。而且以在下的经验看，此次介入的资金超过 3500 亿，绝对不是前面护盘的神秘资金，而是久经沙场的职业选手所为。大盘走得酣畅淋漓，而且洗盘干净利索，拉升有力，下跌快速。从其成本计算是在 1050～1200 点一线介入的，那么大盘 2006 年可能站上 1800 点了，我们现在看到的 1300 点只是山脚，1500 点则是山腰。从主力的操作思路看，启动板块路线应该是绩优股-蓝筹股-低价股-封闭基金-ST。其中蓝筹股和低价股将持续活跃。因此现在 1300 点下要大胆介入，目标为没启动的蓝筹股和低价股，但是要选择有行业龙头属性的低价股。

(3) 短线有见顶的趋势。有色金属板块在上周五的疯狂表现，有末路狂奔的嫌疑，因此短线要注意了，落袋为安。毕竟没有只涨不跌的股票，一旦主力完成阶段出货，价格必然会下挫。

总之，我当时的分析是大盘会继续上涨，强势通过 1300 点，虽然不排除上涨过程中的整理，但是调整只能是一部交响曲中的音符，对整个市场的上涨不会构成太大的影响。

那么回头来看，当时的唱空者大行其道，感觉相当好笑。1300 点被大家完全妖魔化了，什么 1300 点不可逾越了，什么过了 1300 点也是诱多了等，好像头一次观点这么统一，而且这些人看调整位置的观点惊人的相似，就是 1150 点一线。

1. 到底是谁在 1300 点下唱空

回答相当肯定，就是前期的踏空者。2006 年初的这轮行情一直让大家看不懂，也基本是一路从 1150 点轧空上到 1250 点的，进入 2 月以后，大多数人亏损或者盈利低于 10%，那么可以认为大多数人到 2 月为止都还是持怀疑的眼光看这轮行情，因此出现不敢于买进是很正常的。

很多踏空者看着股票飞速上涨,后悔的心情不必说了。因此他们最希望大盘调整,而他们认可的位置就是大盘年初的起始点1150点。可是大盘已经进入快车道,怎么可能再回到1150点呢?

2. 继续上涨的信心来自政策面的鼓励做多

2006年2月6日一开盘,境外的资金就可以进入我们国家的股票市场了。加上当时美元和人民币的比价开始向市场化靠拢,那么一旦人民币继续升值,必然刺激市场再次上涨。而且从政策面的消息看,国家的3500亿资金陆续进场,股改继续深入,那么下跌空间能有多大呢?

在1300点下我们应该抛弃恐慌情绪和悲观预期。从政策导向来看,当前资本市场处于股权分置改革关键阶段,国家不仅投入3500亿元资金提振市场信心,还逐步放开境外资金准入,将股改列为资本市场发展的核心任务,这都说明国家对未来的中国股市充满了信心。

1300点下唱空的人就是别有用心。大盘就算调整,连1200点都不会触及的。大家现在不必被任何唱空言论所迷惑,坚定地拿住自己的筹码才是最好的选择。

随后,2月7日大盘开始调整,最高见1297.4点,距离1300点只有不到3个点了。收盘下跌5点,小阴。

盘中看到,主力打压科技类个股,但是成交并没有明显放大。感觉洗盘的迹象很明显。而黄金类个股都有放量,从出货角度看中金黄金和山东黄金要小心了。从当天的盘面看,铜锌类股票单向买进的单子明显高出卖单几倍。毕竟国际铜价和锌价都创出新高,而且国内市场中这类股票的市盈率不足15倍。

2月8日大盘虽然红盘报收,但是稀有金属全线下挫。从盘口看,黄金有短线客以及基金出局的迹象。而铜锌类股票借国际期货铜的价格下跌趁机打压。从盘口看,就是震仓洗盘。很多前期进入铜锌类股票的资金完全是期货手法进行操作。由于资金充足,上拉凶悍,杀跌猛烈,一般投资者难以适应。尤其今日很多此类股票基本杀跌到跌停位置,心态不好者一律交出手中筹码,我估计最多调整一个交易日,铜锌类股票会再次大涨。毕竟此类股票有良好的业绩支持,而且市盈率低于12倍,就是以中线心态介入也是大有可为的,别忘记它们2005年的业绩不是按照2006年国际市场价格计算的,2005年底国际铜价还在5050美元/吨呢。因此这轮下跌只是前后主力轮换的表现,有色金属板块远远没有走完。

大盘主力在8日试图启动其余板块进行攻击,但是人气明显不足。因此估计在上攻1300点的时候还会拉动有色金属和电信科技股,毕竟只有这两个板块的成长性和业绩才能引起投资者的共鸣。这轮上涨主力紧紧抓住价值回归的主线进行操作,不可能不知道一旦放弃,将对大盘有多么大的影响。那么如果连12倍都不到的有色金属都不能上涨,1300点也就没有过去的意义了。而当时3G概念股从当年的下半年就开始进入盈利期间,那么价值发现只是迟早的问题。

8日是一次彻底的洗盘,从盘面看光依靠中石化等蓝筹股想过1300点压力太大,主力8日砸有色金属,我个人认为其意图非常明确:通过板块轮动清洗浮筹,为后续突破积蓄充足动能,而非出货信号。

之后,大盘在1300点下调整有一个月的时间。

到3月7日、8日,股市大跌。连续两天,哀鸿遍野。看空声音此起彼伏,煞是好看。一时间关于行情已经结束的猜测又泛滥起来。

7日大盘大跌31点,图形显示断头铡形态(见图18－7)。由于尾盘出现恐慌性抛售更加剧了大盘下跌的速度,空方占据绝对的上风。8日和9日继续维持跌势,主力有跳水出现,散户极度恐慌。

技术面:实际从技术图形上一直呈现背离状态,尤其周线RSI在80以

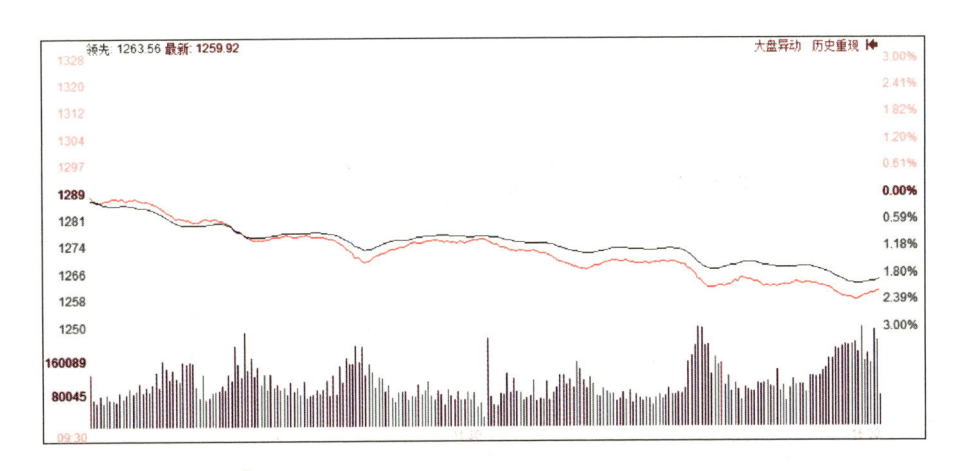

图 18－7　大盘 7 日盘口

上连续运行 4 周,历史上看都会面临一次 200 点的大跌,但是大跌前却全部创出新高。由于本轮行情一直是政策做支持,因此技术指标一直背离并不奇怪。所以 1308 点绝对不是本轮的最高点,我估计大盘会在 1238 点上企稳继续向 1300 点上攻击。估计在本月 25 日前后 2 天到达 1360~1400 点一线后才会出现大跌,因此现在位置根本没必要恐慌。很多时候历史一直就是在重演的,只是看得明白的人不多而已。

资金面:从 9 日游资疯狂炒作权证看,资金热情没有任何减退,只是由于政策面一直混沌才不敢进场操作。而其余资金一直在收购题材上毫无畏惧地搏杀。由于重组股一旦完成重组业绩会跳跃性提升,所以这些资金敢于操作手中股票逆市大涨,有恃无恐的心态跃然纸上。因此只要给出明确的政策,资金就会再度进场的,现在缺少的不是资金而是信心。

因此这个位置是调整的极限位置(见图 18－8),个股都呈现跌无可跌的状态,资金也是子弹上膛就等政策,一旦明朗就进场了。从 998 点到 1308 点,其中没有一次像样的调整,这几天的调整就是为再次攻击 1300 点储备弹药,因此没必要恐慌。因为股改不完,大盘不会死掉。

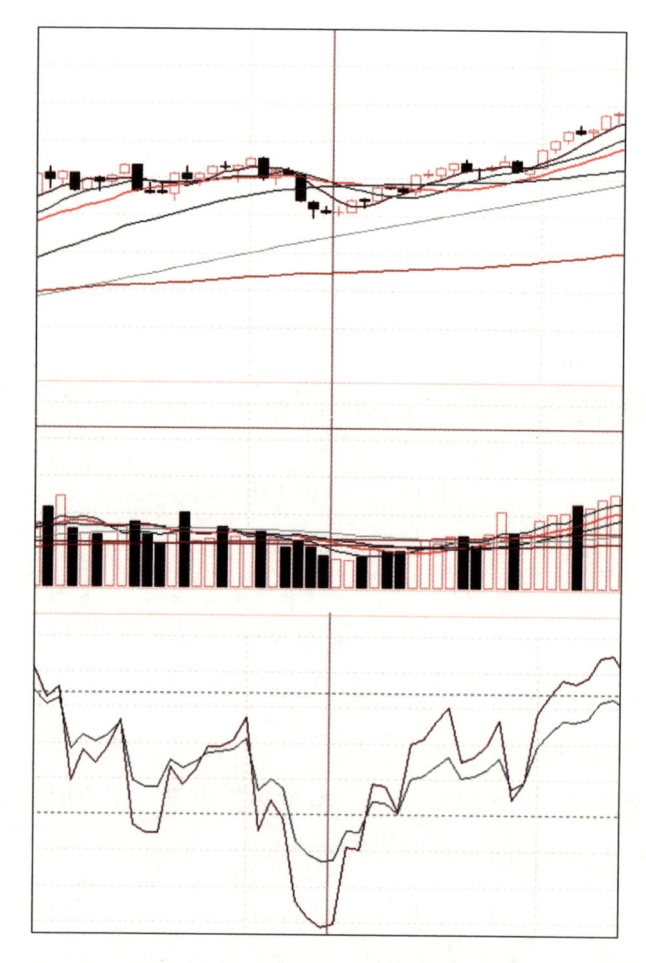

图 18-8 9日大盘已达到调整极限位置

二、案例二：确认大牛市

从 2006 年 5 月前的走势看，场外资金以鲸吞股票的形式进场，从以下几点可以判断五一节后大盘的走势相当乐观，大盘牛市可以确立（见图 18-9）。

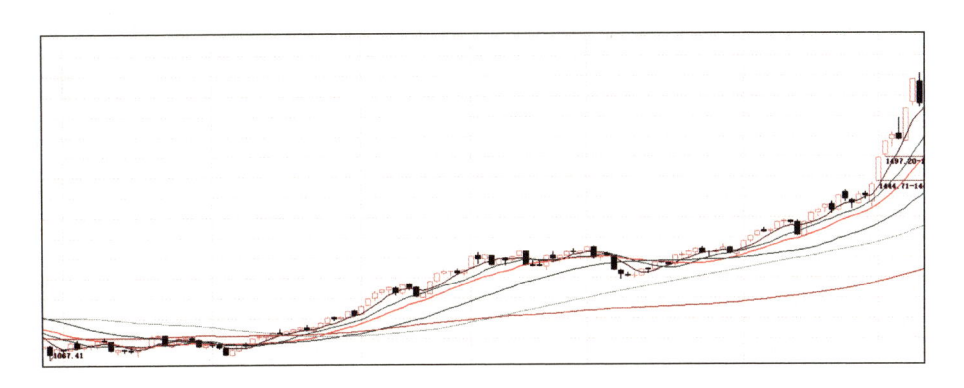

图18—9　大盘走到2006年5月确认大牛市

1. 政策面

（1）彼时国家刚刚提高贷款利率，为的就是让投资地产、实业等资金流入股市。实际上现在市场中搏杀的，50％以上是贷款资金。原因就是获得的利润非常高，所以很多资金选择进入股市。一旦股市出现大波动，最受冲击的无疑是国有资产。

（2）当时马上将公布央行将于5月8日启动股票质押融资，这对市场是个绝对的利好，因为这是一种变相增加机构和散户手中资金的行为。如果是1比0.5的融资，那么散户和机构的钱就增加到现有资金的1.5倍，对于大盘的指数同样会有向上牵引的作用，而且是很有效的方法。

2. 基本面

既然牛市能确定了，那么现在的股票是否有投资价值呢？回答是肯定的。历史上每次大牛市含权的股票市盈率可以炒高到50～100倍，而现在大多数的含权股票在不到30倍的位置徘徊，这本身就有相当大的上升空间存在。别忘记了这个市场一旦疯狂起来就不会完全按照价值投资的体系来进行,而是价格投机占据主导地位了。既然我们经历了从 2001 年底到 2005 年底的 4 年大熊市,跌可以跌得过了头,那么一旦进入牛市,涨也就会涨得相当离谱。

3. 技术面

从现在个股的表现看,趴在底部的股票相当多,因为从 2200 多点下跌以来,市值损失超过 90％的股票都占据相当大的比例,那么上涨 1 倍都不算过分。破净地回到面值将不是什么困难的事情了,而大盘在年初我预计的是 1800 点,现在看恐怕今年连 2000 点都挡不住了。要知道 2007 年也只是向市场投放大约总股本 5％的市值,对大盘冲击也不大,而新股出来就是全流通的,我们当时可以说 2006—2007 年将是一个崭新的市场。

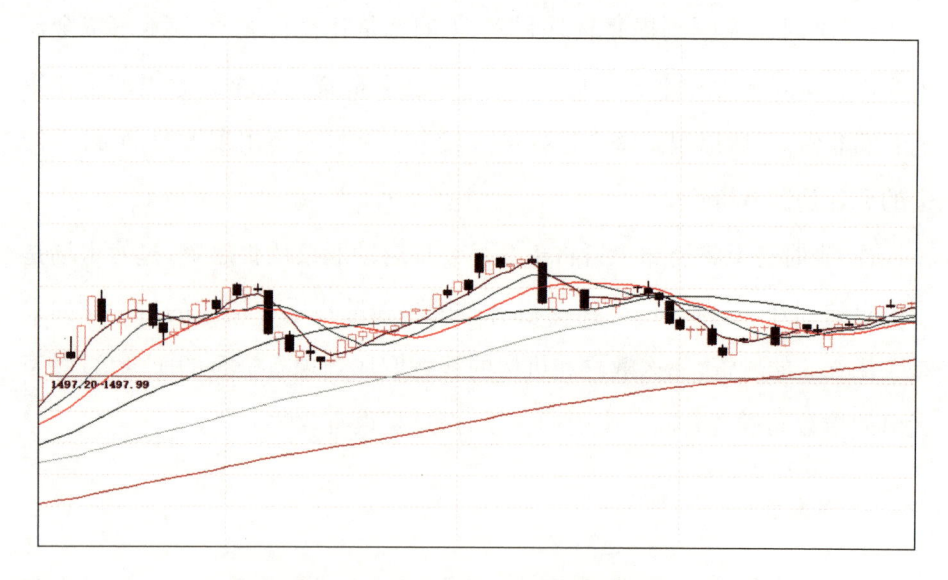

图 18-10 6 月 7 日的下跌拉开调整的序幕

然而,到了 6 月,随着 6 月 7 日的一根大阴线,大盘下跌 5.33％(见图 18-10),很多人又开始迷惑了。因为大多数人认为已经到达顶部了,起码认为1678点是阶段的顶部了。每到关键点位,我都会写篇博文来表达自己的看法。在6月7日这次大跌之后,我同样发表了自己的分析(仅代表个人观点):

1.大盘现在不是顶部区域

从技术面上看,到现在中国石化(600028)没有走出头部迹象。短期看中国石化跌了大概10%,但是请大家注意,它是从3.7元启动的,到达7.52元,基本涨了100%了,而其中没有任何大幅度的调整。那么就算其调整20%,也不过是调整到6元附近,是标准的调整范畴。而中国联通(600050)除权后一直没有动作,完全趴在底部区域,加上市值巨大的钢铁大部分涨幅也在10%左右,那么这些指标股基本没有轮动过,说大盘见顶就是没常识的表现了。大盘周线正在做平台,而月线的确有些超买了。那么很可能6月收出阴线,这样更利于指标的修正。可以认为6月的一整个月大盘都会震荡,然后以阴线收盘。但是盘中应该突破前期高点1678点,而在1600~1750点震荡。

2.现在可以抛弃大盘关注个股了

我认为重点板块包括"十一五"规划受益板块、电力能源板块、钢铁板块、新能源环保概念板块等,因为这些在当时都是受政策扶持的。三峡工程概念也该注意,毕竟这是我国迄今为止最大的工程项目,周期长、耗费高,对上市来说机会多多,因此湖北的股票会面临相当大的机遇。而钢铁板块由于面临来自国际资金的收购,因此机会也相当大。电力和能源板块一直处于被低估的状态,参照国际15倍的市盈率看,我国的不过才8~12倍,因此起码有30%的升值空间。而新能源环保概念,作为国家大力支持和发展的行业,有做大做强的必要和机会。

3. 出逃的资金和进入的资金

这阶段的确有资金在出逃,其中外资介入的金属股有一定的兑现,而这些资金没有离开市场,他们在发掘被低估的股票。而国内基金本轮行情属于"丢了西瓜捡了芝麻",总体盈利不多,因此这些资金也一直伺机再进。真正处于出逃的资金是赎回类基金和机构资金。前者是无奈的选择,而后者进场点位过高,属于见利就走的。票据贴现资金也开始抽离,因为一般承兑汇票的兑现期为3～6个月,因此资金不可能一直停留在股市中。但是这些资金比较有社会背景,因此再次杀进股市是很可能的。我做过国有银行4年的信贷科长,接触过很多做承兑汇票的,因此我很了解他们的行为方式,我认为他们一定还会进来的。而正准备进入的资金是在房地产上的资金,由于国家对地产市场的控制,因此会使很多在地产上投机的资金进入股市,单单在地产上的江浙、温州的资金都有6000亿元,如果全国资金累加,恐怕都能再创造1个中国股市了。而这些资金不是不想进来,而是想安全地进来,因此下个月调整后,大盘会继续大涨下去。银行资金一直在股市中没有退出,而它们退出的时间是年底前。那么7月开始,大盘将去攻击1800～2000点位置。而今年到达2500点,将在10月底完成。

实际7月调整结束后,大盘单边强势上行,到年底逼近2700点(见图18—11)。

还记得在12月的时候,很多朋友问我关于股票盈利超过12万元要征收税款的事情,认为是大利空,我却不这样认为,我认为是短期大利好。

(1)首先这个征收的税款国家税务总局已明确表态,股票交易相关税款暂不征收。而正常由于征收方式是年初到年底计算,那么起码

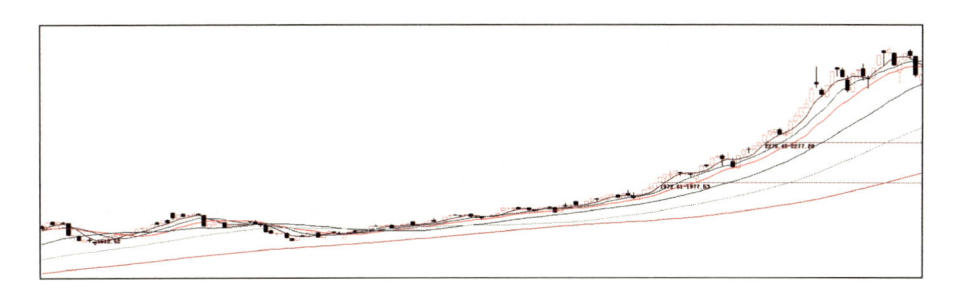

图 18—11　大盘 2006 年下半年走势

2007年初没制定出规则,2007年全年均不会对股票交易启动征税程序。当其他行业年收入超过 12 万元需纳税时,股票市场却因政策利好成为资金避风港。可以想象大量的资金都会进入股票市场,因为申报新股是只赚不亏的。技术好的买股票,不好的申报新股,所以对大盘无疑是大利好。

(2)到底这个税款能不能在股市中实施是个未知数。首先我们现在炒作股票已经缴纳了印花税和交易税,那么再征收 20% 的税款就属于重复缴纳。因此如果想征收,起码要先解决印花税和交易税的问题,这个本身就需要时间。关系全国人民利益的征收 12 万元以上的税款的事情不会那么顺利地在 2—3 年内完成。

(3)关于税率的问题,正常是按照 20% 征收的,但是由于股票的特殊性,大家都清楚这个市场 1 个人赢 9 个人输,定在 20% 是完全不可能的,那么定在 2%～8% 的可能性最大。如果你的资金是 100 万元的话,就是按照正常的印花税千分之五征收计算,我们全仓操作 200 次,交给国家的就是 100 万元了,如果全部是亏损的话,等于我们把自己的钱全部捐助慈善了。

当时新得到的消息是,官方的论点是对股票所得征收个人所得税的办法,由财政部另行制定,报国务院批准施行。这也变相地验证了我判断的 2008 年底前不会实施的结论。

另外,有个数据给大家看一下:1984 年美国洛杉矶奥运会之前的 18 个月,美国标准普尔 500 指数上涨了 26%;1988 年韩国汉城奥运会之前一年半,韩国 KOSPI 指数狂飙 185%;1992 年西班牙巴塞罗那奥运会之前 18 个月,西班牙 IBEX35 指数大涨 33%;1996 年美国亚特兰大奥运会前 18 个月,标准普尔 500 指数升 45%;2000 年澳大利亚悉尼奥运会前 18 个月,AS30 指数上涨 19%;2004 年希腊雅典奥运会前 18 个月,ASE 指数上升 32%。

那么简单推算,我们国家当时的人均 GDP 是韩国的 1/3 左右,得到的最简单的结论是我们涨 500% 左右,我可以很准确地说,2008 年奥运会开幕前,上证指数会突破 5000 点大关。而 2007 年最少可涨到 3250~4000 点一线。

到 2006 年底,我坚信大牛市没有结束,我认为大盘 2007 年最少会到达 3250 点。而上限我估计在 4500 点。2800 点一线会有剧烈的震荡。当上海市场出现 700 亿以上成交的时候就会出现比较大的调整了。由于指数期货即将出现,我估计会在 3 月后出现。那么市场短期争夺大蓝筹股的行为还会越演越烈,短期工行走上 8 元很正常,钢铁股全部上涨 50% 也很正常。原因很简单,就是无论到时候机构做多还是做空都需要筹码。因此,工行、中行、钢铁四大金刚等成为主力必须建仓的对象。要知道股指期货是按照 1500 点开始计算的,按照现在的点位,买 1 手都要在 6 万元以上了,基本把散户已经踢出局了,完全成为机构之间相互的搏斗了。但是由于保证金只有 8%,那么 12 倍的杠杆比例会造就无数亿万富翁,当然也会出现众多"负翁"。

2007 年利空实际很多。股指期货诞生,境外上市的大盘股回归 A 股市场,"大小非"逐渐解禁,外资开始进入,加息和上调准备金随时出现。但是想一想连15年都无法解决的国家股和法人股解禁都能通过股改在短短一年内完成,那么市场还有什么奇迹不能发生呢?我相信我们的国家会在和谐社会的基础上,迎来一轮3年的大牛市。牛市中依然会有调整,但是调整只是上升中的一个小小的插曲。

回顾2007年,当时的个股和大盘都不好把握,因为2245点被攻克,我们面临的是一个全新的市场,没有任何可以参照的数据。我感觉我们的市场在走美国黄金十年的初期走势,可能我们比当时的美国市场还要疯狂,个股中我看好的板块是银行、钢铁、金属、煤炭、电力和高速公路,消费类股票也开始长期走牛。作为一个和中国股市一起成长的、拥有多年股龄的老股民,我认为自己在当时更有些发言权。2007年的市场会剧烈地震荡,会超出大家的想象,"长线是金"的思想将主导市场。中国的微软、中国的可口可乐会逐渐进入人们的视线,价值投资和价格投机会展开殊死搏斗。2007年有很多只上100元的股票,也会有跌破1元的股票;有大涨20倍的股票,也会有大跌90%以上的股票。上涨的股票不会超过总数量的20%,齐涨共跌的局面会被打破。

三、案例三:2007年3000点关口分析

2007年1月24日,大盘收在2975.13点,逼近3000点重要关口(见图18-12),对此本人当时从技术面做出如下分析:

(1)大盘到3000点到底是高了还是低了?实际把新发行的大盘股剔除,现在上证指数应该在1800点一线,远没突破前期高点2245点。正是由于超级大盘股的加盟才造成上证指数虚高。

(2)历史被套的散户80%没有解套。我们可以把行情追溯到2000年。

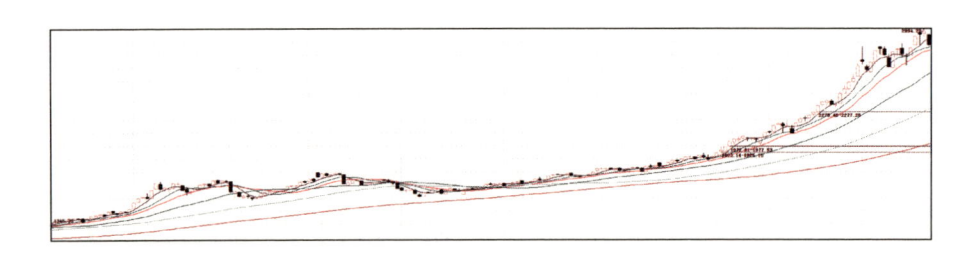

图 18－12　2007 年 1 月 26 日前大盘走势

我计算过 85.6％的股票实际都没有突破其历史高点,换句话说,本轮行情新股民赚了钱,老股民依然被套。

(3)市场主力到底炒作的是什么股?从数据上显示被炒作的是大蓝筹股,而不是垃圾股,那么本轮行情的性质就是价值回归。我以前曾经预言过,钢铁股不被炒到 15 倍市盈率,电力股不被炒到 25 倍,银行股不被炒到 30 倍以上,钢铁权证消灭 2 元以下的,只要这里面一个没到达,大盘就没结束。现在电力和钢铁明显没到,而其余的都被时间证实了。主力炒作蓝筹股而不是垃圾股,那么泡沫在哪里?没有泡沫,凭什么大跌?

(4)到彼时为止,我们股改后可以流通的股份不过总股本的 50％,很多股票依然是国家或者大股东控股。可以说到 2007 年底之前,我们国家的股市依然不是健全的市场。因为有 50％的筹码无法在市场流通,那么我们借鉴境外全流通市场的 15～20 倍市盈率是行不通的。我们彼时市场的市盈率大概是 32 倍。如果全部可以流通的话,市场供给增加 1 倍,换算过去也是 16 倍,完全符合国际标准。都是市场不假,但是国际市场全流通而我们半流通,其中的市值差距是 1 倍,那么我们的市场定位到 20 倍以下才是泡沫呢。

(5)市盈率分动态和静态,如果按照国家统计局公布的数字看,2006 年 A 股市场股票平均比 2005 年业绩增长 35％,那么,当年报行情出现的时候,我们市场的市盈率就会降低到 22 倍以下了，风险在哪里？很多机构拿着 2005 年的业绩衡量 2006 年的市盈率本身就是个笑话。而更可笑的是散户还信以为真。

到 1 月 31 日（见图 18－13），风云突起，市场出现近期最大跌幅，盘中深圳大盘差点跌停，到收盘上海大盘跌 144.23 点，跌幅为 4.92%，而深圳大盘跌幅接近 8%，成交却缩小了。本人指出此时最好的办法就是一动不动，耐心等待。毕竟牛市没有结束，市场上被低估的板块依然被低估，没什么可恐慌的。说大盘见顶就是胡扯，这么点量谁也出不去货的。现在去休息一下到春节前来看最好。2007 年波动相当剧烈，但是死守好股票一定不会错的。

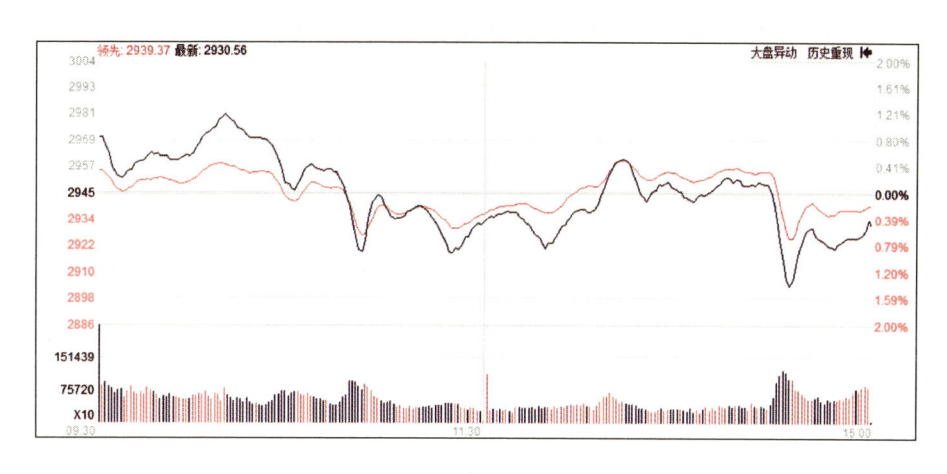

图 18－13　大盘 1 月 31 日走势

当时市场中弥散着下跌的声音，而本人当时指出从盘口看，2600 点是市场的平均成本线，只要跌到 2600 点附近就跌不下去了，就是该上涨的时候了，3000 点不是顶部。

2 月 2 日大盘继续下跌（见图 18－14），到收盘跌 112.22 点，收 2673.21 点，成交 662.3 亿元，再次呈现缩量下跌。盘中主力疯狂杀跌指标股，两大银行和钢铁、地产股领跌。整个市场风声鹤唳。但依然有十多只股票封上涨停，多方主力集中精力狙击券商概念股。我手中持有的股票在如此大跌中依然有良好的表现,基本是红盘,可见市场虽然变化多端,但是选股更重要。

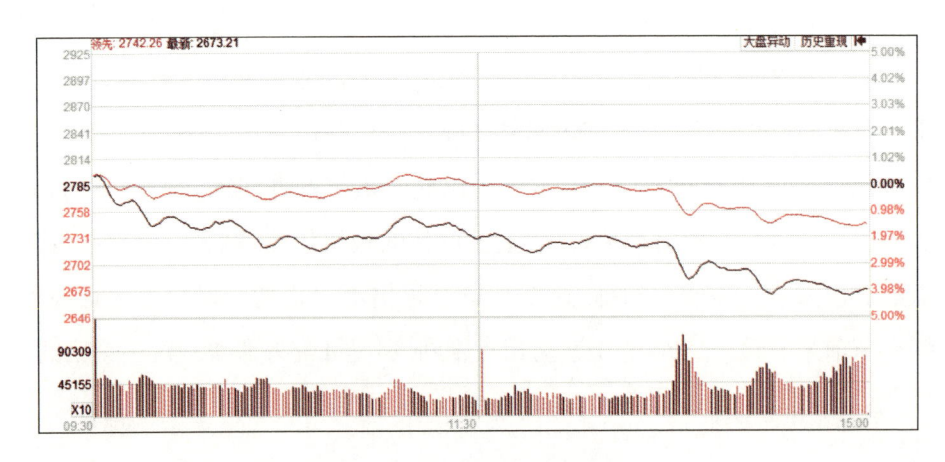

图 18—14 大盘 2 月 2 日走势

大盘已经跌得接近各主力的成本区域 2600 点了,空方再打压明显已经力量不足了,从今天的成交量都能看得出来。而且市场的整体市盈率跌回到 28 倍左右,所谓的泡沫挤得也够干净了。再向下杀跌,就是空头陷阱了。

当时我明确指出我 2007 年的思路就是中线持股。

2 月 5 日,大盘继续调整(见图 18—15),收盘 2612.54 点,跌 60.67 点,成交 554.6 亿元。

主力继续狂砸指标股,虽然大盘跌了 60 点,但是盘中 590 家上涨,246 家下跌。如果扣除这些指标股所占的指数,大盘应该上涨 30 点左右。上证指数失真得厉害。

大盘在 2600 点一线,完全跌到位了,反弹随时出现。大盘当年的目标依然是 3500 点以上,我坚信自己的判断。现在的下跌就是为了以后的上涨。很多国内基金又在犯错误,开始减持银行股和钢铁、地产股。我还清晰记得,2006 年国内基金在低位减持宝钢让外资捡了个大便宜,等外资在低位捡完便宜的银行、地产和钢铁股,基金又该被轧空了。我当时决定在我持有的股票涨到位后介入以上3个板块。

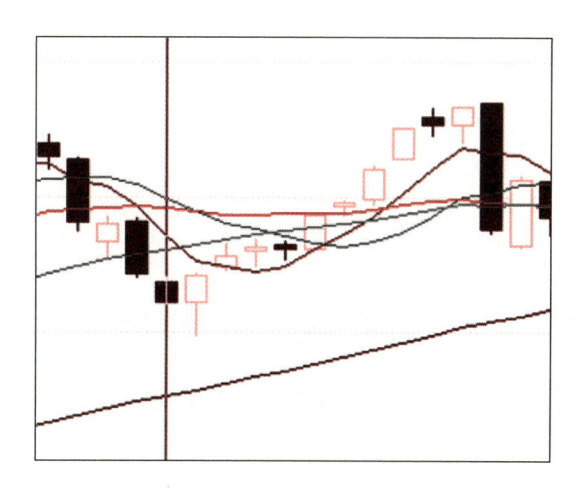

图 18－15 大盘 2 月 5 日走势

当时我在度假,对我持有的股票充满信心。喝着龙井,赏着西湖,不亦乐乎,这就是我中线持有的好处。

本人当时预计 6 日大盘猛烈反弹。压力 2700 点、2750 点,支撑 2600 点。

果不其然,2 月 6 日大盘跌破 2600 点后构成空头陷阱(见图 18－16)。散户很多等着大盘跌到 2400 点以下,拼命低位割肉。主力接完低位筹码开始向上拉升。收盘大涨 63.16 点,收 2675.70 点,成交 701.3 亿元。

当时,我在银行和钢铁板块持仓了几天,国内基金开始大规模减仓,而接盘的又是外资席位。实际算一下,钢铁的市盈率到现在也没全部达到国际平均的 15 倍市盈率,机会远大于风险。我估计很快,中资就会后悔在银行和钢铁上的失误了。银行股要区别对待,中长线中行和工行很有价值,短线兴业和华夏有机会。而钢铁全部回档到位,大胆介入。我以前多次看好的 600795 已经在 2 个月内走到我的预计目标,在大盘大跌中反而大涨 50％

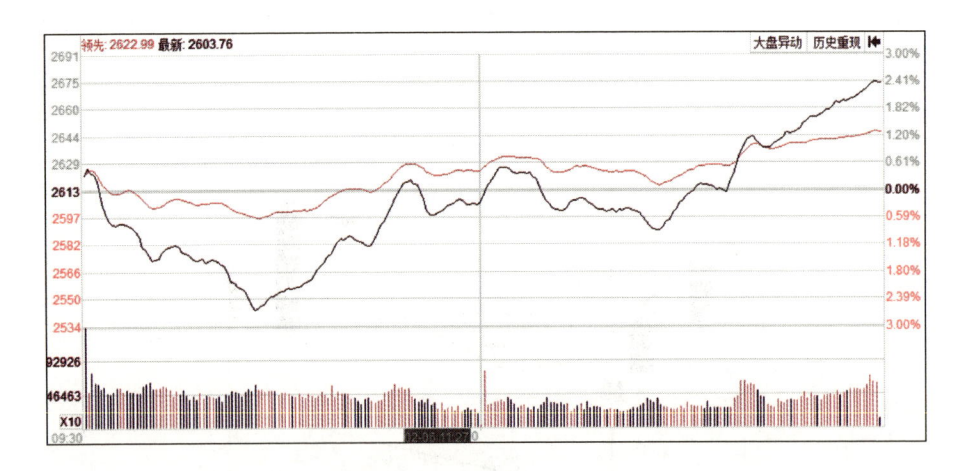

图18-16　大盘2月6日走势

多,后市依然机会多多。电力板块也值得长期关注。

大盘已经走出下跌的阴影,3000点再次摆在我们眼前。我预计次日大盘继续上涨,2700点会被穿越。

之后,从2月6日一直到春节,大盘走出了一波快速上涨行情,接连攻下2700点、2800点、2900点关口,并在节前最后一个交易日一度站上3000点。

春节期间,本人通过对几大权重板块的走势,指出市场整体估值没有出现大泡沫,大盘尚处于牛市上升期。

(1)钢铁板块。国际市盈率标准为15倍。我们提取武钢股份(600005)、包钢股份(600010)、宝钢股份(600019)、马钢股份(600808)、山东钢铁股份(600022)、安阳钢铁股份(600569)等,平均市盈率静态看大约在13倍左右,没有被高估。如果按照正常计算,一旦公布完业绩,市盈率水平会下降到11倍左右。那么可以认为钢铁没有被高估。

(2)电力板块。国际市盈率标准为25倍。我们照样抽取长江电力(600900)、国电电力(600795)、国投电力(600886)、上海电力(600021)、广东电力(000539)等,得出的数值大概为平均28倍,稍微被高估。如果按照正常增长速度看,公布业绩后,由于增长在10%～30%,那么市盈率会下降到20～25倍,也没有被高估。

(3)稀有金属板块。国际市盈率标准为铜10～15倍、黄金35倍、锌20倍、镍40倍、锡50倍,市盈率的依据是不可再生性和市场缺失性造成的,我们提取江西铜业(600362)、云南铜业(000878)、中金黄金(600489)、山东黄金(600547)、贵研铂业(600459)、锡业股份(000960)、驰宏锌锗(600497)、宏达股份(600331)、锌业股份(000751)等,发现基本属于被低估。由于锌、锡和镍国际市场库存明显不足,市盈率还会被向上估值。那么可以确认,有色金属没有被高估。这也是为什么我年初只看好锌、锡、镍的原因,物以稀为贵永远是真理。

(4)银行板块。国际市盈率标准为35～40倍,我抽取工行(601398)、华夏银行(600015)、民生银行(600016)、招商银行(600036)、央行(601988)、平安银行(000001)、兴业银行(601166)等。发现除工行和中行外,平均市盈在30～50倍。而由于工行和中行的独特性,对大盘的杠杆作用,那么完全按照市盈率标准计算是不对的。由于我国已经开放金融市场,而除工行和中行外,其余几家银行规模过小,很容易涉及并购,市盈率现在处于合理估值中,一旦公布业绩,会回归到40倍以内,如果加上收购的问题反而是被低估了。由于银行股筹码的稀缺性,因此适当高估才对。

作为占据指数最大的四大板块都没有被高估,那么市场到现在为止依然处于牛市的上升期。

从外界影响看:

(1)我们国家当时股票市场的开放性尚待提高,由于到2008年全部股票才可以全流通,所以市场被高估20%～30%很正常。

(2)一般发展中国家其股票总市值大约为GDP的80%,现在看美国为

120%、香港为300%，而中国内地总市值不到当年GDP的60%（2006年中国GDP大约为21万亿元，而股票总市值为11万亿元），因此到达合理估值位置大概还有20%～30%的空间。计算出的价格正好和第一条接近。

(3)股市如果要长期走牛，最主要的还是资金。没有长线的保险、社保资金以及QFII等的介入是不现实的。基金只属于中短线资金，因为它们每年都有赎回的压力。一旦长线资金加入，按照国际惯例，多头市场起码该有10年左右上涨期间，但是考虑到我国2008年市场全流通，那么在资金不变的情况下，流通筹码增加1倍，时间就在4年左右，加上新股的不断增加。市场大概只能支持2—3年的牛市。供给如果增加过快，那么时间会缩短到1—2年。那么最保守的估计，从2006年起到2007年的6月才能完成一轮牛市，跨度为1年半。其中没有计算现在国际市场的资金过剩。

(4)中国市场和中国人的独特性。由于中国是拥有5000年历史的大国，我们的历史文化很浓厚。从民族的性质看，日本、德国等擅长经济实体和生产能力的提高。而中国人对数字很敏感，更适合虚拟经济和金融能力。未来能主宰国际虚拟市场的很可能是中国人，那么我们国家的股市在未来走出更大的牛市没什么是不可能的。

节后，2月26日小阳线，27日大盘又再度出现剧烈调整，大盘放量狂跌，两市大盘差点跌停（见图18—17）。跌幅超过9%以上的超过900家。

据凤凰卫视报道，国家银行监督委员会27日早上通过媒体透露，针对流动性、投机炒作、非法资金将采取非常严格的控制措施，两会前期正式出台控制措施，主要包括："严格禁止银行资金通过各种方式违规流入股市""严格禁止任何企业和个人挪用银行信贷资金直接或间接进入股市，银行业金融机构不得贷款给企业和个人买卖股票。若发现挪用贷款买卖股票行为，银行业金融机构要采取及时、必要的措施立即收回贷款"等，力度远远超过彼时大家的预期。

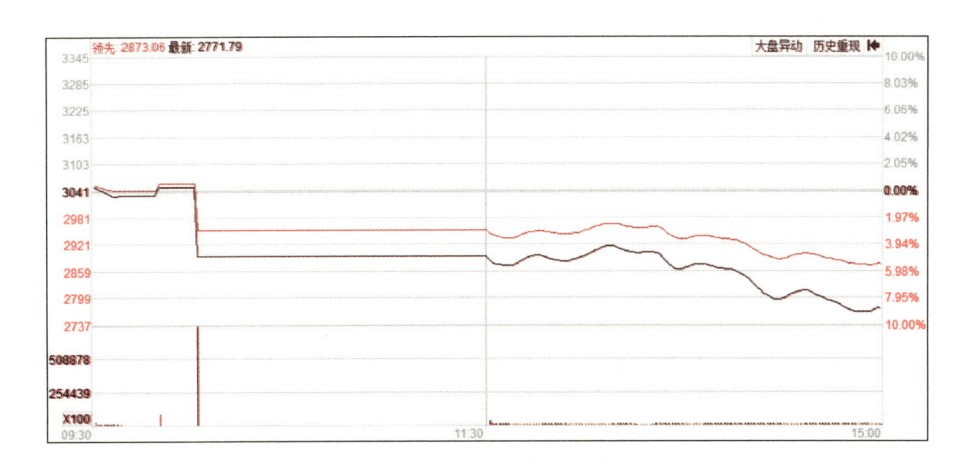

图 18—17　大盘 2 月 27 暴跌

只要大盘出现大幅暴跌，消息就会漫天飞，我看了一下，这些消息对市场都不是致命的打击，中国的牛市没有结束。从技术面看大盘已经把 5 日、10 日、20 日和 30 日全部击穿，月线得到有效的修复。盘中蓝筹股领跌，带动其余股票下跌。成交量急剧放大，但是接盘依然踊跃。基金重仓股跌幅较大，有换仓的迹象。2007 年如此震荡会更频繁，大家应该学着适应。3250 点没到，就是持有，就是做多，前提是你手中的股票必须是好股。

从 27 日的大跌看，基金重仓的跌得比较厉害。因此我估计利空跟基金公司有一定关系。同时下跌修复指标，由于跌得过快，大盘必然猛烈反抽。如果明日证明坊间传言都不是事实，大盘会猛烈上涨收复失地，就算利空真的出来了，由于技术的问题，大盘也会猛烈反弹。

因此，当时谈牛市结束为时尚早。

27 日大盘跌得过于猛烈，已经不是调整指标的范畴了。应该的确有利空出现，在这种情况下，本人当时讲了几句稳定军心的话：

（1）大盘短期的底部在哪里？我可以明确告诉大家，2600 点。原因很简单，在 2600 点位置主力机构有一次大换岗，可以说整个市场的平均成本已经抬高到 2600 点了。只要 2600 点不被有效击穿,大盘长期牛市的根基就不会被破坏。有效击穿指的是 2600 点被破后,2 个交易日无法有效收回。

(2)当日到底什么股票成交巨大。从盘后数据看:联通 35.6 亿元,民生银行 23.2 亿元,招行 21.9 亿元,工行 20.8 亿元,包钢 17.8 亿元,中石化 16.4 亿元,长电 14.4 亿元,中国银行 14.1 亿元,申能 14 亿元,宝钢 13.1 亿元。前 10 名就成交了将近 200 亿元。同时易方达系开放式基金今天全部跌幅超过 8%,面临巨大的赎回压力。其余的基金也大体相同。整个市场现在风声鹤唳,现在位置可以认为机构和散户都被套住,尤其是基金,到当日仓位依然在 60% 以上,那么大盘继续下跌动能明显已经不足了。

关于市场 3000 点位置是否存在泡沫,当时我已经说过很多次了,没有。那么首先可以确认市场依然处于牛市中,只是调整。其中电力股、银行股等现在已经高了,而钢铁、商业、券商概念股等还是没被高估。整个市场调整的应该是垃圾股的价格,而不是业绩优良的蓝筹股。市场现在明显误杀了好股票,那么修正成为必然。每次大跌都会洗出一些好股票,本次大跌也不会意外。

大盘由于调整过于猛烈,因此会使很多国家的利空政策推迟发布,由于国家也怕股市重新走熊,因此在今天的大跌后,很可能明天早晨前出利好,大盘再来个接近涨停都不奇怪。今年市场就这样剧烈动荡,就是斩杀散户的行情。这段时间我最害怕的是大盘一直猛涨,而不怕下跌。因为距离我预测的今年最少可以到达的位置 3250 点越近,我心理压力就越大。因为如果 3 月就走到该位置,我不知道今年大盘要涨到何方了。这么一大跌我反而很高兴,因为越震荡向上越安全。

28 日,大盘猛烈反弹,连续收复 30 日、20 日和 10 日均线,盘中 100 多家涨停,收盘 2881.07 点,大涨 109.28 点,成交 970.6 亿元。

我前期就多次强调过,钢铁股是反转,银行股是反弹。很多钢铁股在该

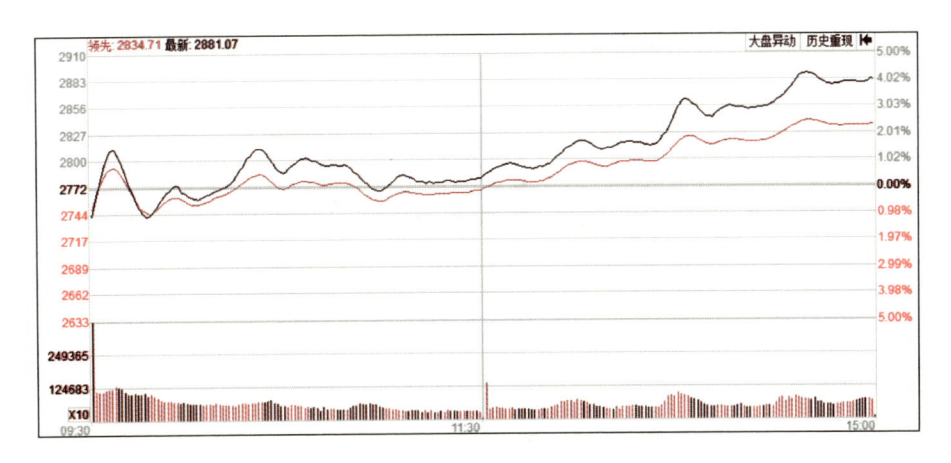

图 18-18　无数散户 28 日卖在地板上

轮大跌后都创出了新高。

由于春天的到来,感冒发烧等比较多,中药类医药股也开始出现业绩上涨的趋势。大盘 28 日在多次辟谣中稳健上涨,早盘被洗出的散户无数。而选择坚定持有者基本没什么太大的损失,可见 2007 年市场的残酷性。28 日当天把股票卖到地板上的人太多了,当大牛市中,死守就是王道。注意大盘 20 日均线的变化,只要不被有效击穿,就可以耐心持有股票(见图 18-18)。

之后的几个交易日,大盘果然围绕 20 日均线整理,3 月 6 日开始走出 6 连阳,两阴夹一阳调整后,3 月 19 日大盘猛涨跨越 3000 点,一路绝尘(见图 18-19)。到 3 月 21 日,大盘冲破 3049.77 点,再次刷新中国股票历史最高点,收盘 3057.38 点,上涨 25.18 点,成交 901.4 亿元。

四、案例四:2010 年 2600 点分析

我曾在 2010 年 5 月 17 日说过,2600 点如果 3 日内无法回收,大盘不妙。今日 5 月 18 日大盘开始反弹,瞬间冲到 2603 点,收盘为 2594 点。

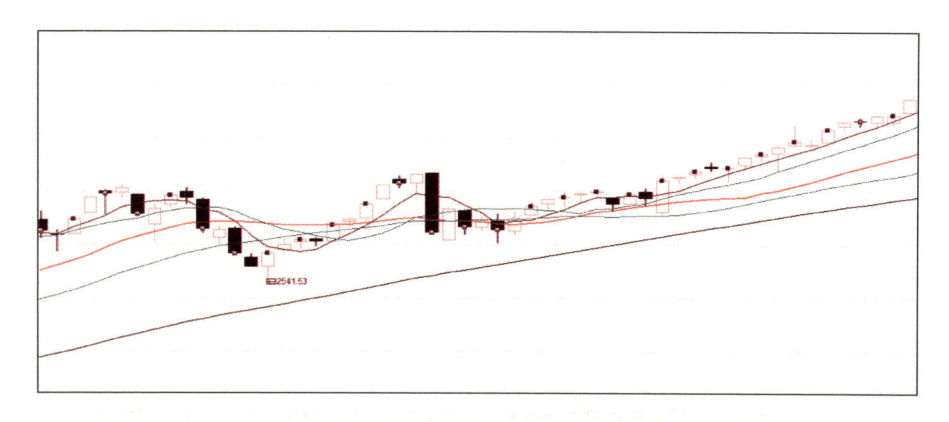

图 18－19　大盘不到 2600 点即止跌

很多朋友对 2600 点的认识实际很模糊。我以前说过从 3400 点下来，只有 2600 点和 1930～1950 点这两个位置有支撑。其中 1930～1950 点位置是 6124 点的 0.318 位置，同时也是历史上 2001 年历史高点 2245 点连续下跌 5 年后上升的突破点位。此位置无论是在大盘上涨还是下跌中都有很大的成交量，属于历史上比较重要的牛熊分界线，而 2600 点曾经被整个市场看作是不可能逾越的，因为当年突破 2245 点后，基本全部操作者都无法判断后市了。我当时就是依据 2600 点被有效突破，所以看到 4500 点位置。在 2600～2800 点一线，多空双方扔下了大约 6 万亿的筹码。一直是以 2570 点为箱底、2850 点为箱顶进行殊死搏斗。

因此，2600 点可以认为是向下运行的第一个重要支撑位。

2600 点如果明天能站得住的话，即收盘能站在 2600 点以上，大盘会在 2600～2850 点进行 1 次稍微长些的反弹。其间就是再次短暂击穿 2600 点，也不意味反弹结束。但是前提是明天收盘前必须站在 2600 点上。如果站上 2600 点大盘会向上短期运行 1 周左右的时间，也就是大约能支持到本月 25—28 日，但是要注意的是，只要出现一次 100 点以上的长阳，反弹行情就结束了。

2010 年市场处于下跌中，已经完全失去了理性。我们反而要更理性才行。

第十九章　盘口分析实例讲解

大家看我做股票的基本面分析比较多,但是很少见我做盘面分析,那么我以2007年6月25日当时的3只股票分析为例做一下盘口分析讲解。

一、实例一:金岭矿业

金岭矿业(000655)。日线上看,2007年6月18—20日明显在做三平底(见图19—1)。

量缩得比较厉害,主力明显在进行再次拉升的前期准备工作(见图19—2)。

我在20日关注后,21日有部分散户介入,主力控制得相当好,很完美地做出三平底。按照这种控制看,主力持有金岭矿业的筹码不低于60%,否则无法强行做出三平底图形。

21日主力进入拉升(见图19—3)。

早盘由于散户进入比较多,开盘直接被买盘推高到24.1元开盘,3分钟内散户把价格推高到25.5元,随后由于买盘不足逐渐回落。这就是为什么我说散户无法把股票推高到涨停的原因。随后该股大资金一直没动,任由散户自己买卖,盘面基本是散单。

下午大盘开始下跌(见图19—4和图19—5),该股主力在下午2点挂上三笔8.5万股、9.4万股和11万股的卖单,股价应声而落,调整到24.6位置

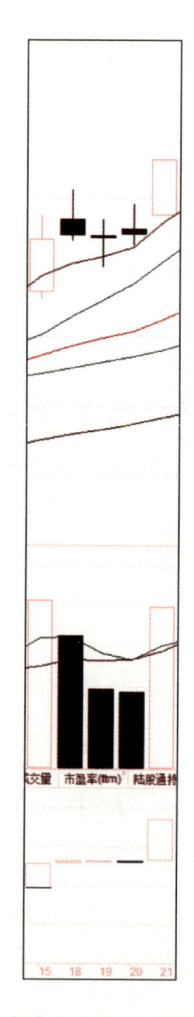

图 19-1　金岭矿业 6 月 18—20 日走出三平底

主力开始回补。

到 14 点 55 分,两大笔 17 分笔合计 12 万和 40 万的买单把股价推上涨停,主力控制能力可见一斑,日线走出三平底翻红。

短期 30 元以上没问题。而 22 日全天主力基本没异常动作,只是在跌破 25.8 元位置进行了一个小护盘,由于盘面比较轻,因此很容易上行,收盘

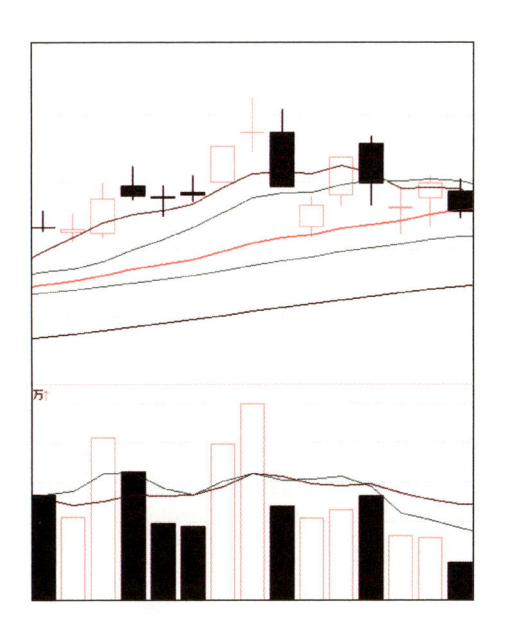

图 19—2　金岭矿业缩量示意图

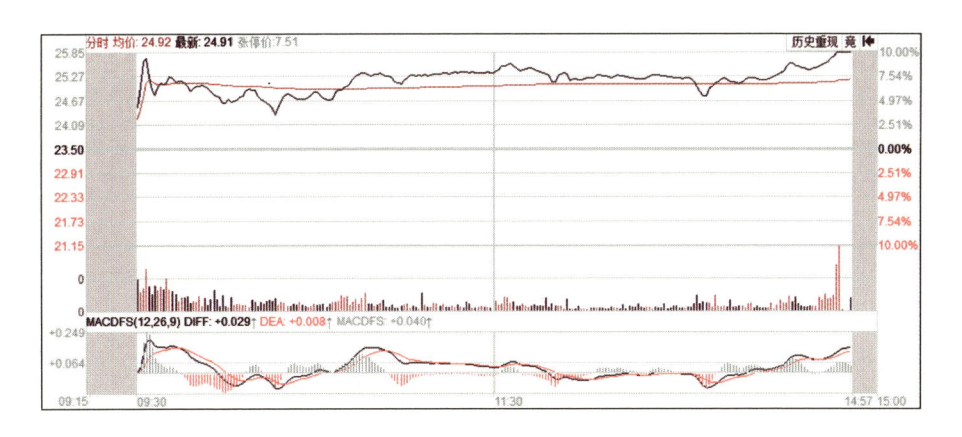

图 19—3　金岭矿业 21 日高开走势

收出十字星,日线完全没被破坏,后市调整后会新高不断,短期目标 30～35 元,6 个月内目标为 41 元。

139

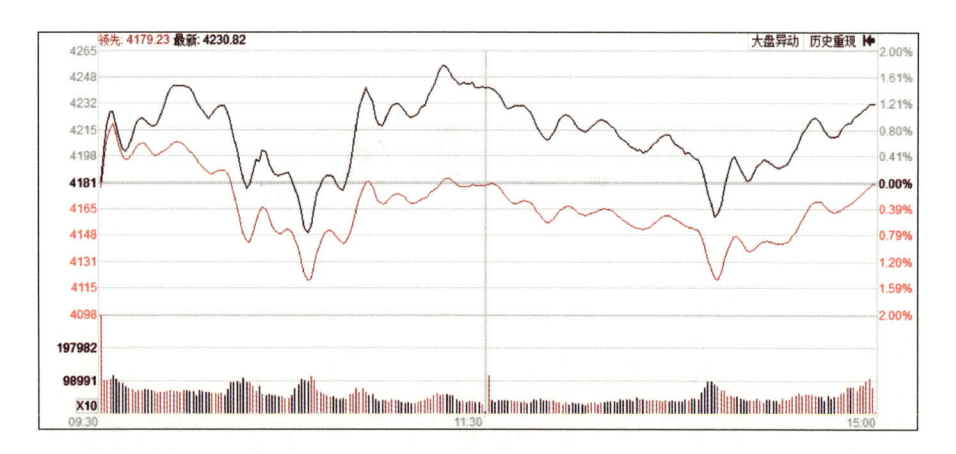

图 19－4　金岭矿业大盘午后下跌

图 19－5　金岭矿业 21 日下午走势

二、实例二：张江高科

张江高科(600895)，该股的压力在 20 元。前面 4 天图形显示三阴一星

(见图19－6和图19－7),给散户心理造成极大压力。但是我们仔细看一下3根阴线,第1天由于高开,实际收盘涨1.45%,第2天跌1.68%,第3天跌4.52%,三天内实际才跌了不到5%,第4天缩量企稳。

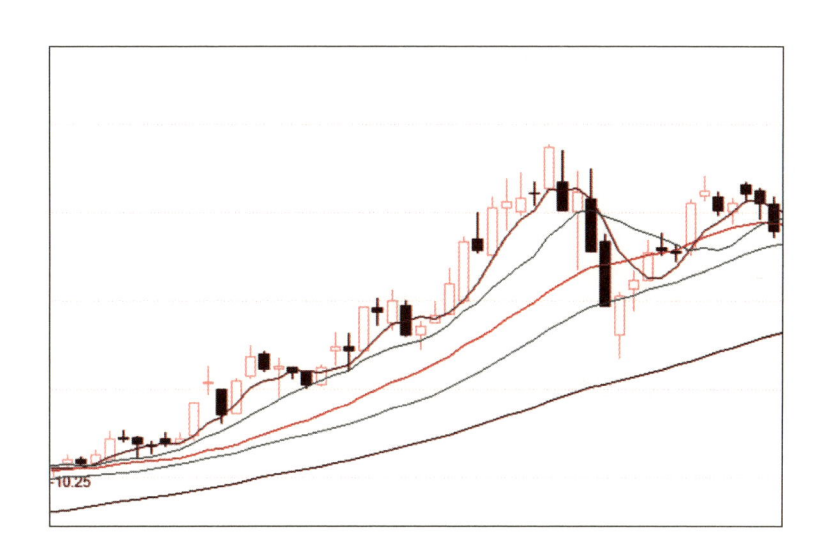

图19－6 张江高科压力线与三阴一星

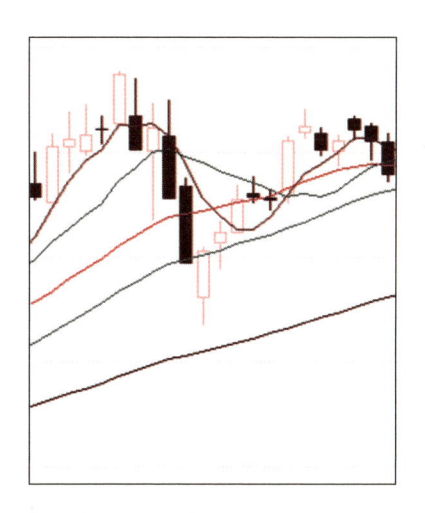

图19－7 张江高科缩量示意图

同时都没有大成交量出现。

可以判断就是洗盘。我 21 日关注，22 日开盘三分钟封上涨停（见图 19－8）。

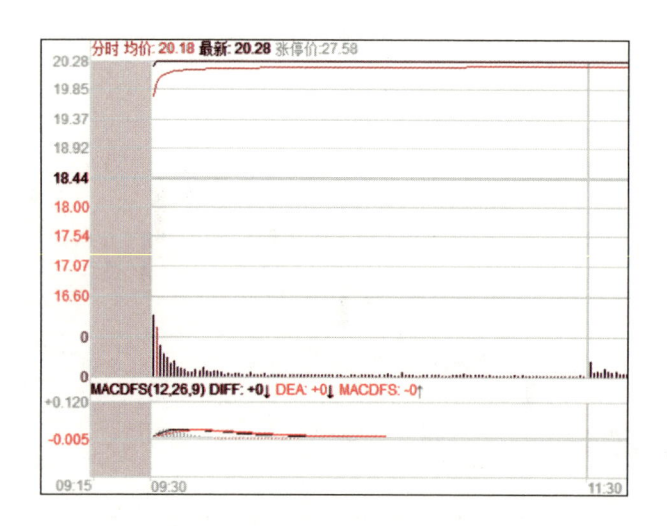

图 19－8　张江高科开盘封涨停

这不是散户干的，是主力干的。当时有 2600 万股的买盘，其中显示有 9 笔 99 万股的买单，有 12 笔分别为 35 万～78 万股的买单。散户根本没这个实力。主力不想让散户在 20 元以下拿到货。该股重压力区为 19.55～20.16 元，只要该区域被穿越，该股必然出现新高。

下午大盘出现快速下跌。该主力从下午 1 点 10 分开始撤单。当时很清楚地看到，散户的单子大约为 320 万股。那么加上早晨买进的，散户最多只买进了不到 400 万股。而主力买进了散户的 10 倍以上。要知道 2000 万股买盘代表 4 个亿的资金。散户没有那么多资金的。400 万股代表 8000 万的资金，这才是散户介入的资金。该股 13 点 15 分打开涨停。到下午 2 点 23 分跌到当天最低价格 19.51 元。持有该股的散户看到打开涨停，夺路而逃。主力再次开始买进，开始比较隐蔽，都是几万股的小单。下午 2 点 30

分后，主力基本在横扫散户的出逃单子。14 点 49 再次封上涨停。散户害怕再次开板，纷纷卖出，主力起码再接 500 万股的筹码。到收盘前最后 4 笔，涨停被打开。随即一个 100 万股的买单杀进。做电脑盘收盘明显。最后 1 笔买单为 100 万股的单一买单，可以明显看出是主力的。从日线上看，RSI、KDJ 均呈现低位金叉。由于已经过了重压力区，该股周一会单边上行，不会再给散户太多的介入机会了（见图 19－9）。

图 19－9　张江高科 22 日下午走势

三、实例三：亚泰集团

亚泰集团（600881），这是我 2007 年 6 月 22 日周五收盘关注的股票，该股主力相当凶悍，技术水准不比我差。手法相当熟练，应该是期货炒家。22 日走势明显是做最后的洗盘。该股早盘高开后回落，上午 11 点 22 分开始随大盘下跌，主力没任何动作，就是散户在玩。

下午开盘一笔 98 万股的对敲单子拉开洗盘的序幕。13 点 45 主力挂出

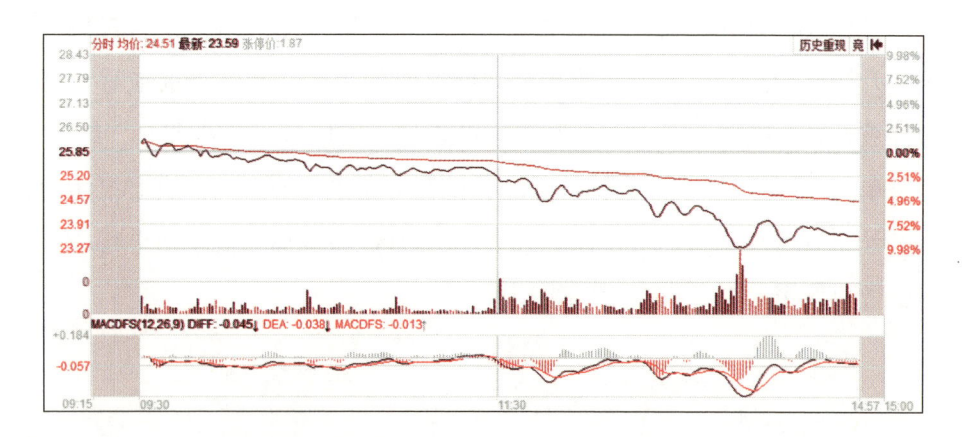

图 19-10　亚泰集团在 22 日走势

大约 240 万股的卖单,散户望风而逃。14 点 13 分至 14 点 20 分主力直接用 400 万股左右的单子打到跌停。散户和中户疯狂出逃。大家没注意的是,主力当时的 400 万股已经撤单了。主力在跌停位置起码吃进 600 万股。随后打开跌停。2 次上拉,尤其第二次给人的感觉还会跌停,散户再次把筹码卖出。主力成交大约为 1200 万股,散户进入的大约为 200 万股。该股压力线在 25.8~26.2 元。只要跃过该区域,上面只剩下 27.2 元这个位置有压力。再过去,直接去 34 元以上位置了。

大家可以对照图 19-10 看一下,实际主力也没什么了不起,主力也是人,是人就有缺点,他们也不是完美的,漏洞比我们只多不少。

第二十章 以古鉴今：与主力博弈的故事

一、我让主力感到颤抖

1999年，我手持利剑"杀"得散户血流成河；多年后我再执利剑逼得主力瑟瑟发抖。一个生肖的轮回我竟然站在两个极端，真是奇妙。

散户恐惧，散户不团结，我见得太多太多。

举一个例子，江西铜业（600362）（见图20—1）2006年3月底开始基本无人被套其中。但是谁知道它为什么涨吗？难道真的天真地认为是主力在发慈悲吗？该股我从2006年1月25日杀进320万股，2006年2月7日卖出一半160万股，随后该股开始下跌，我一直向下回补，一直补到6.50元，我再次补成330万股，成本6.8元。随即江西铜业公布对价为送2.2股，于是我联系持有190万股的另外一个炒家（他的成本和我基本接近），我们两人合力向江西铜业董事会施加压力。我们随时做好把合计520万股的江西铜业分散到1000个账户中，而且去江西贵溪当场否决掉其股改方案。因为我们的不懈努力才造成了近期江西铜业的上涨。因为按照现在价格计算，我盈利15％以上，完全没必要去否决人家。很多散户笑了，但是你们知道吗？没有我们的艰辛，散户可能早就倒在主力的剑下了。有时候我也问自己："值得吗？"

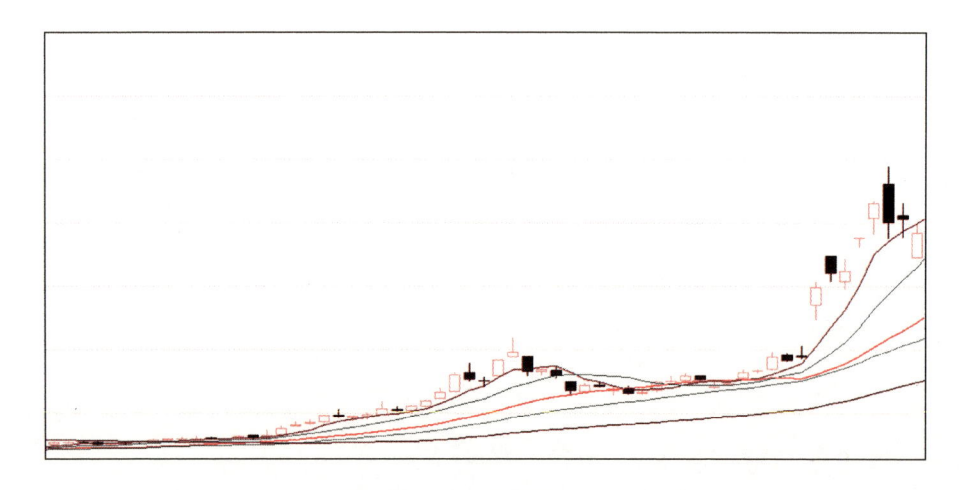

图 20-1　江西铜业走势

想想我在*ST航通(600677)上用120万元资金和主力在3.55元下抢夺筹码，主力被我吓得落荒而逃，真的很爽，看准了就打他的软肋。

酒鬼酒(000799)全天成交700万股，竟然有360万股是我本人控制资金，主力被赶跑。

兰生股份(600826)的主力在3.40～3.55元接了300万股的货，其中260万股是我们的货，到现在其主力估计还没明白是怎么回事。

中金岭南(000060)的主力在10.94～11.50元只成交了350万股，其中我和朋友控制的资金就卖给他320万股，只能选择下跌。

主力也是人，是人就有弱点。

足够的资金，完美的技术，通畅的信息渠道就是制服主力的武器。主力也没什么了不起，比我们以前差得太多。

二、怎么和主力对峙

我本身就是操盘手出身，因此我更了解主力的心态。很多时候大家不要被主力的震仓吓倒。主力也是人,但是忍耐力都是一流的。

作为散户最需要的就是在下跌中稳定自己的情绪,如果害怕的话,首先要去想想自己选的股票到底值什么价格。例如,2006年底的钢铁板块,很明显是被低估了,买进10倍市盈率以下的钢铁股就是正确的,主力在此位置全力打压的目的不是出局,而是想获得更多的筹码,然后继续拉升。

由于盘中经常出现直线下跌和巨大卖单。但是下跌幅度却一直在3.5%以内(股票),权证在8%内。一般散户在操作中情绪就会被图形左右,而选择低位卖出。尤其现在很多主力专门做尾盘,大家看到的是尾盘急速下跌,由于怕第2天继续跌,更会控制不住自己卖出的欲望。说简单点就是主力和散户在斗心理底线。当我们能确定某只股票值多少钱后,如果忍受不住,想动手,管不住自己,就直接关掉软件不看,因为你的忍受极限就是庄家的目标。

2006年我在权证上碰到过很多次这样的情况。当时我在2.8元附近就预测长电权证(580007)可以到达4.5元以上的价格,原因很简单,就是因为它的正股起码该值9元以上。到年底看长电权证最高到了5.399元。而当时在2.5元的时候我看好国电权证(580008),认为起码它该升到3元以上,当时跌过2.15元,最多跌了将近16%,但是今天国电权证最高冲到了3.2元。我当时的预测全部兑现,并不是我高明,而是因为国电权证本身就该值这个钱。

从2006年年底的几个钢铁权证看,由于它们的正股都还有50%的上升空间,那么它们的权证无论怎么跌都是洗盘。2元以下的钢铁权证,如果主力真把它们洗到1.5元以下,会有更多的主力抢着要,所以有什么可担心的呢?2元以下的钢铁权证该买而不是卖。看看现在市场上认购权证中还有几个2元以下的品种?物以稀为贵,就是这个道理。

明显的上涨大于下跌的趋势,就该勇敢地持有。要知道割肉很容易,一刀下去完事,而持有就是浮动的亏损,不代表失败,是给自己一个相信自己的希望。当到达你的目标,你轻松卖出获得利润,有什么不好呢?

三、扯个虎皮找个借口大洗盘

2007年1月25日随着罗杰斯一句"中国股市有泡沫",大盘开始下跌。主力借机猛烈洗盘,上海大盘竟然跌了118点。银行股反而没跌得那么离谱(见图20—2)。

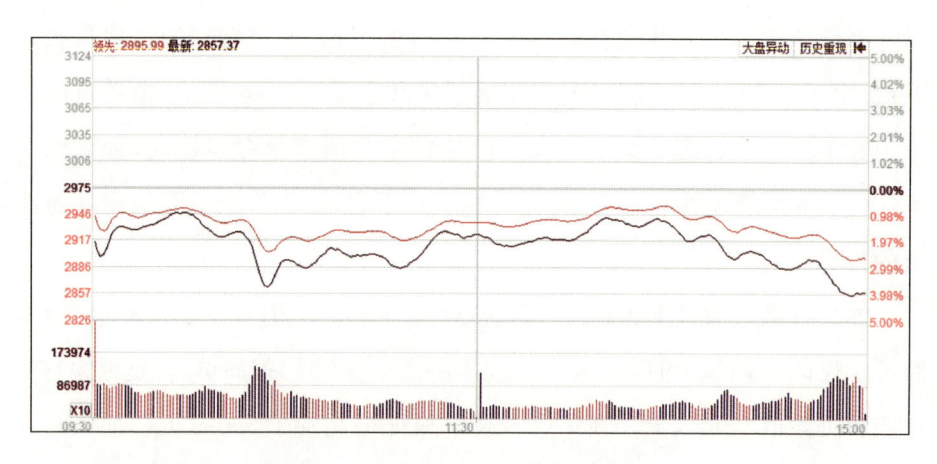

图20—2　2007年1月25日借机洗盘

罗杰斯在这个位置他竭力喊空是为什么?他倡导农产品上涨,而且他的基金也通过种种渠道进入中国市场。从介入时间看应该是2006年12月底,到2007年初明显没吃足货。分析后得出的结论是,看空是为了进场,那么25日当天的下跌就明白了。

到26日,大盘开盘大跌后,尾盘强力上拉,收盘大涨25.20点,收2882.56点,成交861.6亿元(见图20—3)。

实际大盘调整没什么,正常情况2850点有强大的支撑。但是由于误解罗杰斯的发言,主力借机洗盘,致使大盘直接回档到20日线位置。如果20日线被有效击穿,大盘中期就走弱了。而大盘一遇到 20 日线就猛烈反弹只说明一个问题,此轮下跌结束了。收盘时大盘重新站上 10 日线,强势特征明显。

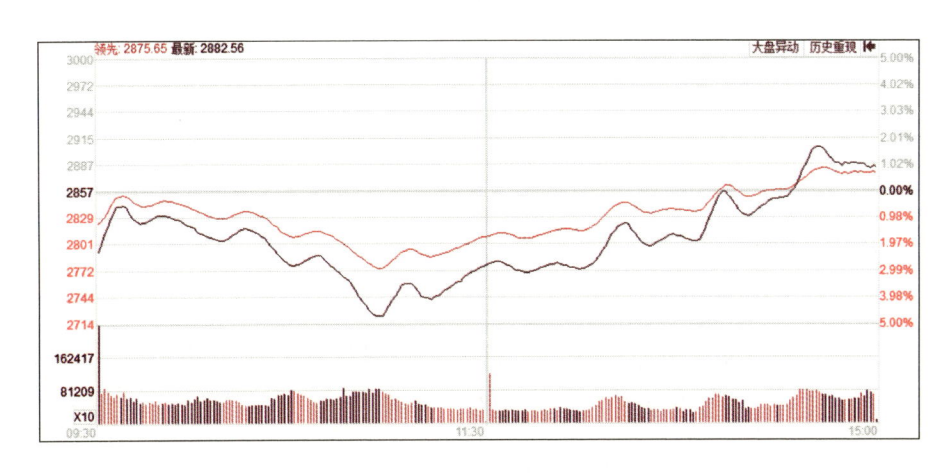

图 20—3　大盘 1 月 26 日走势

很多人把筹码卖到了 2800 点下的地板上。大盘跌了 200 多点,为什么不想去买,而只想去卖呢?我在该轮大跌中一动不动,基本没遭受什么损失。2007 年初的时候我就多次说过,2007 年会是大喜大悲、翻云覆雨的一年。不到 20 个交易日,大盘单日震荡 100 点以上的竟然有 9 天,可见 2007 年的行情多么难以把握,这也是我拒绝做短线的原因。2007 年的行情是,做错 1 次,就可能连续错。频繁操作死得很快,这几天亏损 50% 以上的散户不在少数,为什么?

有人在 2600 点肆意喊空,他自己却持有股票,如果散户在 2600 点卖出,然后看着大盘狂涨 400 点。当散户无法忍耐寂寞,在高位再次杀进,正好赶上大盘狂跌,再把筹码在地板卖出,两面挨耳光,死伤惨重。而若是我,年初就重仓买进券商概念股和电力钢铁等,到大盘跌得最厉害的时候起码还有 30% 以上的利润,这就是技术上的差别。看着自己频繁被套割肉,和看着自己账面只是利润稍微缩水做对比,前者心态就输了,操作自然变形。

第二十一章　化繁为简：我的操作指标系统

很多人跟我谈技术，可是他们所谓的技术基本是在数浪或者设置参数进行分析。新入市的散户基本上会去买几本类似江恩的书补充一下知识。看到有人谈技术，或者某只股票的某阶段走势和其所学习的东西有类似的地方就兴奋不已。我可以很客观地告诉大家，这不是技术。

我认为技术首先要有一定的前瞻性，就是你要先预测出来，然后个股或者大盘按照你说的走出来。实际上100%准确的技术是没有的。正常情况下只要你的准确率超过85%就算高手了。我一直试图提高自己的准确率，但是一旦准确率到达90%以上，再向上就很难了。

我本人的技术是以RSI为中心，KDJ、宝塔线、支撑压力线、成交量做配合的。而且严格设置止损位置。我从不改变任何参数值，因为根本不需要。众多技术指标中，RSI为现在进行时，KDJ的速率过快，而MACD则过慢。所以，以RSI为中心是最合适的。当5个指标全部指向买进的时候，买进盈利的准确率基本为99%以上。而4个指标指向的时候超过90%，3个指标指向的时候大概为75%，可以说我的技术中最重要的一点是契合，就是多个指标指向一个位置。从历史上看，一只历史大牛股在启动初期，完全具备我说的这5个指标指向买进。差一些的都有4个指标指向。那么你买进有什么风险可言？再加上我的基本面分析，做错股票的概率很小。而且我的技术来自实战。后面很多东西是我不断总结后糅进去的。我的技术就是要把误差减少到最低,而不是100％完美。都知道宝塔线三平翻红会涨,到底能涨多少,95％的人说不明白;都知道RSI金叉会涨,能涨多少,多少角度有爆发力95％的人不知道;都知道有效突破顶部会涨,能涨多少,还是没几个人知道。前期高点要多少的量能突破?三平翻绿能跌多少?如何狙击涨停?如何计算量比?如何计算量能堆积?怎么计算主力成本?怎么计算主力持仓?怎么看是真突破还是假突破?这些问题单个拎出来可能有人能解释,可是全部拎出来,99％的人都解释不明白。

我要做的,就是用最简单的语言把这些东西讲给散户听,让他们真正明白。实际上,技术的东西不复杂,可能也就二十多个"瓶颈"问题。而现在装高手的人恐怕连其中的5个都解释不明白。这里有很多以前跟过我的人,问过起码几千个问题,你们自己说,有我解释不清楚的问题吗?20年间,所有问题我都见过,自然能解释得清楚,这根本没什么稀奇的。很多人非要把很简单的东西说得特别复杂,很多人问我:"大哥,你这么写东西,主力跟你反做怎么办?"实际这种担心很多余。任何人都不可能主宰这个市场,因为它太大了。可能在某只股票上的确会存在反做,但是无论怎么反做和震荡,主力都要选择某个位置进行出货。那么只要我能判断出它在哪个位置出货就可以了。2005—2007年间大家都看过我写的博客,哪只股票没到我说的位置?主力傻吗?主力不傻,但是技术给出的结果,谁都无法去改变。在某些角度,主力进入某只股票后,不拉到某个特定位置根本就出不去。我没见过不赚钱就走的主力,这些年我只见过资金链断裂的主力。那么在其资金链条没断之前我说的那个位置就已经到了,这不算狙击主力算什么?

很多人可能会判断出来,但是执行上心理承受不了,也就是不敢于坚定地买进和果断地卖出,这也是90％以上的人的问题。机会不会一直在那等着你。很多人跟我说,大哥,我也看中某只股票了,没买上就大涨了。实际这个不是心理问题了,还是技术问题,就是技术不扎实。如果你能判断出未来它能涨到很高，会在意短期这几毛钱差价吗？归根结底，技术决定操作，心理决定执行。

江恩理论最大的问题在于，作者没有给出计算的起点，没有起点的计算，根本没有任何意义。波浪理论也如此。2001年前没有任何一位操盘手知道所谓的江恩理论是什么，也根本没有人去应用它。而且，江恩本人最后是潦倒而死的，作为被吹捧得如此厉害的炒家，如果真的有那么大本事，结局不可能是这样。想跟我辩论可以，谁能说明白起点怎么计算，再来找我，否则我不和他辩论。至于那些周易算股、八卦算股什么的，纯粹是骗人的。波浪理论的准确率大概是50%左右，对不对，大家自己判断。

写这么多，并不是为了表扬自己，在股票这个行业我已经不需要别人的肯定了，我在1994年就是个成功者了。对我来说，在这个市场我根本不需要再获得什么荣誉，因为2007年散户们已经给予了我足够的认可。可能很多人不理解，为什么我还要出来写东西。别人怎么说，是他们的事情；而我怎么做，是我的事情。

第二十二章　股市风云之股海往事

一、析新疆德隆的崩塌：思想超前，运作失误

新疆德隆轰然崩塌后，众多财经媒体纷纷聚焦，连篇累牍地进行报道。然而，多数文章仅仅停留在指责德隆资金链断裂带来的巨大经济损失、给相关银行带来的危机，以及罗列大量数据层面，未能深入探究其本质。

实际上从我国短短的股票历史上看，新疆德隆绝对是一个神话，无论德隆现在面对的是多么严重的结果，但其在金融市场的表现是不应该被指责的。2001 年大盘从 2200 多点直泻到 1300 多点，只有德隆独自坚强地站在潮头。银广厦的覆灭、蓝田的欺诈、中关村的作假、亿安科技的倒塌……2002 年至 2003 年的多事之秋，也只有德隆没有退缩。可以说德隆曾经是个神话，德隆曾经是个战士。但是投机市场向来是以成败论英雄的。因此在 2004 年德隆崩塌的年份，本人除了掬一丝感伤外，写下此文，与诸位股市中的朋友一同探讨。

1. 长庄不是像德隆那样做的

本人自 1990 年进入股票市场，历经多年的摸爬滚打，经历过市场的风风雨雨，至今仍然没有被这个市场淘汰，因此对中国股市我是有一点发言

权。需强调的是，我国现行法律明确禁止坐庄行为，以下内容只是提出一种思路，不对任何人或者机构构成任何提示或者建议。

中国股市的长庄应该遵循下面的路线进行。首先成立一家股份公司，然后争取上市。如果上市比较困难，就可以直接买进一家上市公司。两者有很大差别，前者可以募集到很大一笔资金，后者则付出很大一笔资金。如果是前者的话，以5000万为总股本，1500万~2000万的流通盘最好；如果是后者的话，收购的股本应该和前者接近，流通股本要控制在2500万以下，否则后期的运作比较困难。

那么我们就以前者为例子，以5000万的总股本、1500万的流通盘计算，就算业绩前几年度为0.3元吧（按最基本的收益和最基本的行业，当然如此小的流通盘和钢铁、航空等蓝筹股是靠不上边的了）。如果该股票溢价到7元发行，那么募集的资金就是1.05亿元，拿出500万元的上市成本，该公司净赚1个亿。然后该股票上市后就算表现一般，由于股本比较小，所以上涨1倍是很客观的判断，那么该股票就算12元，流通市值大约也就是1.8亿元。那么在流通市场上控制股票就成了可能的事情，如果控制90%的流通股份大约需要1.6亿元，那么该公司拿出募集的1亿资金外再想办法筹集1亿资金就可以完全控制该股票90%以上的流通市值了。因为当控制该股票90%的流通市值后，拉升该股票只需要总资金量的3%左右，而拉涨停的资金大约是总资金量的5%，所以按4000万元计算，大约可以拉5~6个涨停，所以资金上绝对是可行的。然后开始人为地提升该公司业绩，方法很简单，找几家自己的子公司或者孙公司，买进上市公司的商品，或者母公司包销上市公司的商品。这样做的后果就是想让上市公司的业绩达到多少都是可能的。

如果当年上市公司的业绩从每股0.3元提高到每股0.6元，那么在二级市场的价格提高到24元将是可能的。而相对于5000万股总股本的公司计算,大约耗费的资金是3000万元,这在动用2个亿资金对本公司流通股票进行90%控股并超过所获得的收益来看是轻而易举的。如果这时候再计算流通市值的话,就是24元×1350万股＝3.24亿元。当然这是账面的利润。扣除投入的1.6亿元外,净赚1.6亿元左右。由于还有4000万的资金在进行操作,在波段操作中也是有利润的。因此,3000万元的利润用这4000万元来创造就是可能的了。然后在业绩的指引下,可以10送10进行分配,在除权和抢权的过程中,主力完全可以出掉持有的90%中20%的股份。如果0.6元的业绩10送10的话,抢权到30元是完全可能的,那么出掉20%就是270万股,该庄家的收益就达到7100万元。而持有的股权只剩下70%,这样做既可以保证继续绝对控制股价,又可以兑现获利。

10送10后,该股票的总股本变成1亿,而流通盘变为3000万股。而该主力在流通市场上控制的股份是1080万股×2＝2160万股,依然是绝对控股。除权后该股票将变为每股15元。然后继续动用已经盈利的7100万元进行炒作,由于控制70%的流通盘,加上有别的机构锁仓配合,第二年度只要保持0.6元就可以了,那么需要的利润是6000万元,那么前期的4000万元加上第一年度的7100万元,炒作出6000万元也是可行的,加上3000万元的小股本,以及每年100%的增长速度,该股票再次上涨到50倍的市盈率是完全合理的。因此股票价格再次到达30元是必然的,那么主力的市值就是2160万股×30元＝6.48亿元,这个数字依然是账面利润。然后公布10送10配3的分配方案,配股价格18～20元,远低于抢权的30元价格。然后在抢权的过程中继续卖出20%的流通股份,而只有50%的股份进行配售。那么432万股兑换的现金就是432万股×30元＝1.296亿元。抢权前的控制股份只有2160万股－432万股＝1728万股了,而配售的大约是1728万股×0.3＝518.4万股,经过10送10后518.4万股×20元×2＝2.06亿元。同样持有其余50%股权的投资者也会拿出2.06亿元参加配售的,因此拿其余持有50%投资者的钱就可以交完主力所配售的2.06亿元的资金了,那么该年度主力净赚1.296亿元,加上前期的1.1亿元。到第2个年度,主力已经获利2.4亿元左右,并继续持有50%该股的流通股权。那么前期投入的2亿元,全部收回,并盈利0.4亿元,而且还控制该股票50%的股权。

那么如果此时兑现的话,经过填权,市场价格在25元左右,持有的股份是4493万股,那么可兑现的利润是11.2亿元。而该股票的流通盘只有7800万股,还是中盘股。以此类推,如果再做一年,经过抢权和填权,利润到达20亿元以上就不是天方夜谭了。而且如果想做5年,可以每年减持10%就可以了。送股可以10送3或者10送5,消耗的资金和本人所罗列的完全相同。而收购别的公司股权进行操作的话,大约只是多消耗2亿~3亿元的资金,获利只比我罗列的少2亿~3亿元而已。

实际上以前的亿安科技就有我这种想法的雏形,然而它犯的最大错误就是没有让业绩和股票价格同步,126元的价格,业绩只有0.3元,怎么可能吸引投资人呢?如果业绩做到1.2元就不同了。同样新疆德隆也犯了同样的错误,其"三剑客"股票价格在20~35元,业绩也只有区区0.2~0.4元,当然也无法吸引投资者的目光了,此外,德隆的股票每天都重复相同的走势,未能展现出市场的多样性和吸引力;而且其收集的多只股票的盘子都超过了7000万股,后续上涨面临巨大压力。

2. 收购有余,整合不足

实际上德隆前期的操作思路是正确的,先收购本地区的上市公司和其他地区的龙头企业。前期收购的合金投资、湘火炬和新疆屯河。经过整合,这三只股票都变得明艳动人。从地域看,三股形成掎角之势,并且都成为后来的大涨股票。另外,"唐门四杰"当时绝对控股新疆德隆集团和新疆屯河集团,再由这两者分别控股合金投资、湘火炬、新疆屯河、天山股份等上市公司;同时,系内的融资平台如德恒证券、新疆金融租赁等金融资产则由德隆国际直接控制,这种方法是很先进的。然而,随着业务扩张,德隆陆续涉足北京中燕、重庆实业和ST康达等企业。在这一过程中,为维持股票价格,德隆付出了巨大代价。从"三足鼎立"到"七剑下天山",前者稳健,后者随意。"七剑下天山"是不错,但是唐氏兄弟只能发不能收的舞剑功夫明显差了点。德隆从稳健的投资者蜕变成急功近利的投机者的过程中,媒体的曝光,银行的支持都助长了它的毁灭速度。

从股票市场看,同时维持7只股票,并且绝对控股,还相互担保。就像香港股市的连线控股,看似很稳,一旦被人抓到软肋就会被各个击破,或者某一只股票出现资金链断裂,那么就会出现火烧连营的效果。后期收购的几家企业,完全没有了以前德隆目标中把产业和资本相结合的思路了。四兄弟鼎盛时期,德隆的产业横跨"红色产业"(番茄酱)、"白色产业"(棉花及乳业)、"灰色产业"(水泥)和"黑色产业"(汽车制造业和机电业),资产以百亿计。"德隆"品牌声名远扬。友联研究作为德隆系最核心的企业之一,主要负责投资银行业务,唐氏兄弟对其寄予厚望,试图打造"中国的摩根士丹利"。可是唐氏兄弟把金融王国的思想建立在90%的资金是贷款的基础上,被市场抛弃就是早晚的事情了。

从思路上看,唐氏兄弟的思想是超前的,然而在运作上明显没有按照既定的想法办,于是就形成了收购有余、整合不足的问题。

3. 犹豫不决,痛失良机

德隆第一次被银行追债的时候,并没有引起德隆管理层的重视。因为当时是家大业大,欠点钱没啥。可是就因为中燕的收购造成了德隆资金链断裂的雏形。如果当时德隆能够及时转让出7家股票中的任何4家或者5家,获取流动资金,凭借前期签订的总值超过10亿元的交易合同,完全有可能缓解资金压力,为企业争取喘息之机。但德隆却采取了赌徒式的"拆东墙补西墙"的做法,最终错失良机,加速了企业的崩塌。

二、还原真实的"3·27"国债事件

很多朋友对"3·27"事件不是很清楚,作为当时的当事人之一,我给大家回忆一下。

"3·27"国债是1992年发行的3年期国库券,发行总量为240亿元,1995年6月到期兑付。当时利率为9.5%的票面利息加保值贴补。由于当时财政部对是否实施保值贴补尚未明确,所以其价格在1995年2月后一直徘徊在147.8元至148.3元之间。随着市场对财政部是否进行保值贴补猜测不断,"3·27"国债的期货价格发生了大幅度变化。其中万国(指的是原万国,就是没被申银合并前的万国)证券作为空方代表,联合了包括辽国发等6家机构进行做空,依据为1995年1月通货膨胀已经见顶,因此不会贴息,这一观点在当时的经济环境下具具一定合理性。而以中经开为首的11家机构,因可能获取确切消息得知将进行保值贴补,故而坚决做多,不断推升价格。这场博弈早已超越了单纯的技术层面较量,演变成更深层次的利益博弈,万国证券以一己之力对抗强大的多方阵营,双方力量悬殊,竞争并不公平。

1995年2月23日,一直在"3·27"国债事件中和万国证券联合的辽国发集团突然倒戈,反手做多,使得"3·27"国债1分钟上涨2元多,10分钟内上升了3.77元。这样万国证券马上陷入被动,依据当时持仓量和价格,一旦合约到期进行交割,万国证券将亏损60亿元以上,这足以使其陷入绝境。为了维护自己的利益,万国证券在148.5封盘失败后,在交易的最后8分钟,大量透支操作,用700万手,价值1400亿元的空单,直接把价格打到

147.5元收盘。"3·27"和约暴跌3.8元,当日开仓的多头全部爆仓。如果按照此价格交割,中经开在1995年就已经消失了。

事件发生当晚,上海证券交易所紧急闭门磋商。在有关部门的干预下,最终裁定万国证券恶意违规。宣布最后8分钟所有的"3·27"品种期货交易无效,各会员之间实行协议平仓。

这一裁定存在争议。当时市场允许当日做空、次日回补,按照当时规定的2.5%的保证金制度计算,最后7分钟砸出的1056万口卖单,面值为2112亿元,需要的只是52亿元的保证金,万国证券当时是支付得起的。然而,裁定依据却是万国证券不可能持有如此巨额保证金,却未考虑若中经开当天被平仓,万国证券次日可灵活回补的情况。

此后,在1995年"3·27国债"事件发生后,上海第一中级人民法院于1997年判处万国证券总裁管金生17年徒刑,罪名包括行贿并在期货市场成立前数年里滥用公共资金,总额达人民币269万元。

2000—2001年原万国证券操盘手对中经开全部盘口进行围歼,中经开全线溃败,其控制的东方电子也因相关事件备受诟病,成为证券市场的反面典型。

"3·27"国债期货事件对中国证券市场产生了深远影响。它暴露了当时国债期货市场监管的漏洞和不足,促使监管部门加强了对金融衍生品市场的监管力度,完善了市场规则和风险控制机制。此后,国债期货交易一度暂停,直到多年后才重新推出,并且在交易规则、风险控制等方面进行了全面改进。

第二十三章　盘口实录一

1. 2007 年 1 月 4 日　　大盘调整拉开序幕

今日大盘,收盘 2715.72 点,涨 40.24 点,成交 863.4 亿元。

我本人和我的朋友们全部在下午 1 点 30 前出货。仓中的马钢股份和马钢权证大涨,全部兑现卖出,盈利在 10%～40%。我前面的帖子写得相当清楚,文章说只要大盘到达 2800 点,成交量超过 700 亿元就是调整的开始。今天两个要素全部具备了,大盘跌也就正常了。我现在处于空仓状态,看着大盘在 20 分钟内跌了 100 多点,我和我的朋友们今天早晨杀了一轮马钢权证后全部空仓,赚了 10% 还躲避了下跌,我的朋友们一片欢呼。我的一个朋友在我卖出马钢权证后看其还在涨,问我是不是看错大盘了,我告诉她,我绝对相信自己的判断。看看大盘的指标,今日明显是强弩之末了,起码要反复调整一周了,第一拨主力已经出货了,而第二拨主力建仓没有结束。今天钢铁集体暴动封涨停,而银行回落。

预计明日大盘开始下跌,跌幅在 40～120 点。我现在空仓等待下跌后买进股票,中线持有。

2. 2007 年 1 月 5 日　　大盘狂跌我赚大钱

今日大盘,最多跌了将近 100 点,收盘为 2641.33 点,大跌 74.39 点,成交717.8亿元。

早盘杀进580008,全部盈利10%~20%出局,然后在收盘前10分钟买进股票又大涨,在大盘狂跌的时候我和我的朋友们赚钱赚到手软。2个交易日盈利超过25%,这就是我的技术。持有的9只股票全部上涨,最高的接近涨停,在大盘狂跌时,却在股市中赚钱,银行股完了吧,钢铁股还在涨。今天我买的全是便宜货,下周我等着数钱,电力股全线启动。

我持有的9只股票中1只钢铁、1只钢铁衍生品种、1只金属、3只地产类、1只纸业、1只科技股、1只水电股。

预计下周一,大盘继续震荡,早盘低开后反弹,收小阳线,量会萎缩很多。关注水电、地产股。

3. 2007年的主要炒作板块

(1)券商借壳上市板块和券商上市受益板块。

要知道券商上市后,它们的利润在牛市中会呈现几何数字的增长,那么它们本身和其受益板块的估价会出现很大的提升,现在用标准市盈率的眼光看这些股票是相当无知的行为。前面由于广发证券借壳延边公路,而作为广发大股东的吉林敖东和辽宁成大涨了几倍,那么陆续被借壳的股票和其受益板块就会复制前者的走势,因此各自大涨只是时间问题。它们的上涨是完全具备基本面的支持,而不是在炒作概念。

(2)北京奥运的受益板块。

北京股在2006年中已经走得相当凶悍了,但是我认为很多奥运概念远没炒作完,在2008年北京奥运会来临前期,很多次新北京股更有潜力,后市空间广阔。

(3)水电类个股。

众所周知,水电的成本远低于火电,而且现在市场上电力股中水电股基本没大涨过,在火电股开始大涨时,水电股以其成本低的优势更会大涨。

(4)具有垄断性的企业。

具备独立知识产权的个股和具备垄断性质的企业在 2007 年会增长相当迅猛。这些股票应该来自中小企业板块,看看苏宁这个零售巨头近几年的市场表现就知道了。

黄金和铜不是 2007 年的热点,而镍、锡、锌三个金属由于国际库存的逐渐减少,市场价格还会持续上涨,那么与这 3 种金属对应的股票自然有良好的上涨空间。

4. 2007 年 1 月 8 日　"涨声"再次响起

今日大盘,震荡后继续上涨,收盘涨 65.86 点,收 2707.2 点,成交 7352 亿元。

在工行、中行两大银行股倒塌后,个股如雨后春笋茁壮成长。早盘杀了一轮 580008 大赚 10% 后出来,然后继续杀进我所关注的股票。短短 3 个交易日,竟然有收益 50% 者,到收盘 1 家涨停,其余全部大涨。想想我在 5 日全部资金满仓今天该是什么收获吧,赚多少我不想说了。

大盘新一轮上涨开始了,估计明日大盘继续上涨,攻击 2750 点位置,2800 点也不过是上升中的一个小小的驿站而已。另外人寿明日上市,我坚决不买,中签的坚决卖出,我对它 100 倍的市盈率充满恐惧,我绝对不会去买它的。

5. 2007 年 1 月 9 日　大盘烽烟再起,个股逐鹿中原

今日收盘 2807.8 点,大涨 100.61 点,成交 877.4 亿元,扣除人寿的 123.7 亿元,大盘实际成交也就 750 多亿元。

今日我强烈看好的钢铁、地产、电力、券商概念股全部大涨,中国人寿的

上盘也对大盘没什么太大的影响。今日我和我的朋友们持有的股票继续上涨,我们账户的资金增长率都不断被刷新,我认为中国股市已经进入一个新的发展阶段,中线持股将深入人心,因此,我现在开始选择中线耐心地持有我看好的股票,起码到50%以上我才考虑卖出,只要大盘不放超过900亿元的成交量都可以安心持股,春节前大盘继续上涨不变。

预计明日大盘继续上涨,盘中会有一定的震荡,毕竟2800点要洗一下的,而出新高就在两日内。

6. 2007年1月10日　滞涨个股尽情表演,大盘新高明日必见

今日大盘大幅震荡后小涨17.77点,收2825.58点,成交805.1亿元。

今日个股表现活跃,尤其是马钢股份,短短9个交易日已经涨到6.29元,涨幅高达50%多,滞涨个股表现活跃,盘中各大板块全面开花,行情如火如荼向纵深发展。金属股开始活跃,电力股继续涨,银行股大幅下跌。

估计明日大盘继续上涨,大盘出新高成为必然。我持续关注券商概念、百货零售股、水电类股、垄断性中小板股,以及镍、锌和锡类金属股。大盘压力2850点,支撑2800点。

7. 2007年1月11日　就是洗盘而已

今日大盘我估计出现失误,收盘跌55.47点,收2770.11点,成交8525亿元。

盘中前期大涨股票开始调整,但是我认为就是洗盘,原因很简单,很多股票没有被高估,而且成交量没出现放大的迹象。现在位置远没到高风险区域,因此恐慌没有必要,低市盈率品种反而是买货的时候,不跌哪里有买的机会呢?低估的股票就该买,坚决看多做多,大盘没到3000点以上任何下跌都是洗盘,估计明日大盘顺势低开后开始上涨。虽然加息的消息不断

风传,但是看看近年美国加息10年,道·琼斯指数却涨了10年,可见加息也没那么可怕了。

8. 2007年1月12日　今天还是不说股票,只说我现在的思路

大盘今日大跌102点,散户夺路而逃,那么大盘是否已经进入中期头部了呢?我可以很准确地说,不是中期头部。

今日的量只有区区747亿元,我不知道主力怎么出的货,如果主力出货绝对不是现在的量,现在的下跌102点就是对前期每天100多点上涨的修正。我年初对2007年的市场看法中写的就是《2007年注定是翻云覆雨的一年,注定是大喜大悲的一年》。前面每天大涨我们一直大喜,而今天的大跌,就是大悲,今年的主力和去年的主力思路已经发生根本的转变,"长线是金"的理念开始树立,自然会和短线搏杀进行一次对决,巅峰之战,散户死伤无数。我今年开盘前两天两次操作权证获得20%多利润后,开始中线介入9只股票,我的思路就是中线思路。按照我的短线技术水平,5天拿40%并不困难,但是我不想那么做,只要是我看好的股票,我就坚定地持有做中线。我记得去年年初我全力看好金属中的两只黄金股,但是我只获得了100%的利润,后来这两只黄金股涨了500%多,那么如果我一直拿着它们何必要辛苦1年才赚375%的利润,直接拿着就500%了。

不要总想每天1个10%,这不现实,大盘如此跌,我持有的股票依然2涨7小跌,这就足够了,调整有什么可怕的?我今天一天都在玩、看电视,因为我根本不在意短线的涨跌,因为我坚信中国的牛市才刚刚开始。

今日大盘早盘杀跌后,中午横了一下,下午散户开始恐慌,"多杀多"局面形成,造成无量大跌,谁在此位置接了散户的筹码?从我手中股票实时数据来看,成交单以散单为主,明显呈现散户抛售特征。我很想知道,为何散户在这个位置选择卖出而非买入?

我有个深圳的朋友，曾经和我一起做马钢权证短期被套，套了我们足足6个交易日，当马钢权证启动赚钱后，他也从没问过我一句话，后来我问他："跌的时候你怎么不问我？"他说："因为我相信你的判断。"我很尊重他，因为他的判断是对的。1年赚100%的人就是高手了。现在大盘不过开盘7个交易日的时间，为什么一定要求自己达到70%的利润呢？泰然处之有什么不好呢？

我写这么多，只是想说，罗马不是一天建成的，2007年的股市也不是一周走完的。去年我连续犯了2次相同的错误，今年我绝对不会，因为我相信自己的技术。

我就是中线持有，我就是耐心持有，因为我知道主力比我更有耐心，短线的杀跌就是为了中长线的上涨。

9. 2007年1月12日　有多少好股票可以重来

大盘跌了100多点，把大家都跌得蔫了，至于吗？我们现在赚钱只是炒作个股，又不是炒作大盘。大盘就算跌到100点，该涨的股票依然涨，该跌的也依然跌，没有什么可恐惧的，更没有什么可伤心的。

今年我的思路开始向中长线持有股票转变，开盘前两个交易日，我和我的朋友们前两笔都做权证，两个交易日盈利20%～30%，然后我们就买进我们原来持有的股票，到上周五收盘，有赚50%的，也有赚10%的。我今年的思路就是中长线持股。实际我最适合短线的搏杀，因为我相信自己。但是看看去年我的操作，可以说拿着很多股票都有500%的收益了，而我一直短线搏杀的结果却是年收益375%，又辛苦，业绩也不算很高。有句老话叫亡羊补牢，我今年就在补去年的操作失误。

2007年的形势远比2006年复杂，今年利空因素比利多因素多得多，选择股票的难度也加大很多，今年涨10倍的股票会出现，跌成仙股的股票也会出现,这对任何人都是压力,看错大盘并不可怕,看错个股就恐怖了。

很多朋友还在想怎么短线搏杀,还在想怎么一夜暴富,还在想天天涨停板,这是相当无知的,选择成长性良好的股票才是我们该干的事情。今年我最看好的只有两个大板块:第一是券商上市和受益板块,第二个就是奥运板块,这两个板块要业绩有业绩,要题材有题材,要噱头有噱头,要资金有资金,要人气有人气,怎么可能不大涨?券商上市在境外平均市盈率为70倍,如果有一天中信证券走到100元,也不是什么惊讶的事情,而券商受益板块类股票的市盈率在境外大部分高达100～450倍。我们的眼光要宽广些,很多企业短期利润不好,并不代表它的未来业绩不好,股票炒得就是未来和预期,而不是现在。一些行业现在很不错,过两年就彻底不行了。例如,1995年的达尔曼,曾经60多元的股票现在在三板只剩下几毛钱了,只要业绩不支持,它的股价就会从高位向低位运行;而好股票现在价格看起来已经涨了几倍了,但是有实质业绩支持,再翻几倍也不奇怪。例如,可口可乐还到过6美元呢,现在复权都50多万美元一股了,那么如果你当初在100美元买了它,到现在你又赚了5000倍。当时看100美元相对6美元都翻了16倍了,现在看你买的还是个山脚价格,所以,对好股票的分析不能完全把自己拘束在一个框框里面,要全面了解它的发展潜力和后期走向。

去年,很多好股票从我指尖悄悄溜走,年底翻出来看,死的心都有,而今年我不会再犯相同的错误,因为我觉悟了。

像一首老歌:"有多少爱可以重来,有多少人可以等待",我想说的是,有多少好股票可以重来,我可以慢慢等待。

10. 2007 年 1 月 15 日　被震出去了吧?今天没回补吧?

今天大盘缩量把昨天的巨阴吃掉,直接给看空的评论者和昨天割肉的散户们一记响亮的耳光。在下比较笨,只会死守,结果是大盘昨天大跌,今天涨回来,我不但没损失还大赚很多。

我说过 3000 点下我坚决做多,坚决持有股票不做差价,现在我把这个位置提高到 3250 点,也就是我年初预测的今年到达的最低位置。春节前在下不会轻易卖出任何一只好股票,除非到达我确定的目标位置才会卖。

估计明日大盘继续向上并且创出新高,2800 点什么都不是,连窗户纸都不如,3000 点也什么都不是,牛皮纸而已。我会继续关注卷土重来的钢铁股,关注活力四射的券商概念股,关注价值低估的中小板。

11. 2007 年 1 月 16 日　一个人的战斗,独舞大牛市

今天大盘继续上涨,距离前期高点一步之遥了,收盘 2821.02 点,涨 26.32 点,成交 844.9 亿元。

盘中我昨天说的券商概念股基本全线涨停,中小板全部大涨,钢铁股也涨了不少,我和我的朋友们赚得盆满钵满。

以前很多我身边看多的"战友"都在"大牛"面前选择了逃避,现在坚持看多的人已经凤毛麟角了,一轮股票历史上最大的上涨行情基本成为我一个人的战斗了。实际把历史的大牛市翻开看看。贵州茅台(600519)冲击 100 元,深圳冲上 8000 点,呈现深强沪弱,指标股走弱,个股依然顽强向上,全部都是超级牛市的特征,在这个位置看空、踏空,比亏损更危险。

我以前说的小动物板块,今天"黑猫"撞涨停,"螳螂"向上飞,"白鸽"无所惧,"天鹅"冲上天。我持有的股票,2 只涨停,7 只大涨,数钱数得手抽筋,这就是大牛市,这就是我中长线持股应该得到的回报。

今天上午大盘洗得狠,把散户都洗出去了,因为害怕大盘继续调整,很多散户空仓观望,尾盘指数上来了又不敢追,明天继续涨。我今年开盘,只有 4 日做权证和 5 日空仓以外,一直满仓操作,获得多少利润我懒得说,一个月弄个 100% 利润我看没什么过分的,大牛市就该这么走,就该这么对待

我这个大牛市忠实的守护者。

估计明日大盘继续向上,攻击前高,等我一个月做翻倍了,我也会说,感谢朋友们的支持,感谢看空者支持,感谢,感谢……

12. 2007年1月17日　快乐炒股

今日大盘盘中创出历史新高,收盘下跌,全天跌42.12点,收2778.9点,成交983.2亿元。

今日受土地增值税加收的影响,地产股全线跌停,午后网络科技股开始下跌,大盘成交出现983.2亿元的天量,但是我可以很肯定地说,大盘是洗盘。原因很简单,扣除地产股的成交和人寿的成交,大盘不足700亿元,上午收盘大盘已经600亿元了,而下午不过成交了300多亿元,完全符合洗盘的特征。人寿从下周开始计入指数,加息是大家都预料到的事情,就算出来也就是利空出尽,反而会涨,还有上海大盘洗到5日线就遇到支撑,走得依然强劲,没什么可担忧的。

我今天持有的股票中5只大涨,4只微跌,跌幅都在2%以内,完全跑赢大盘。从年初到现在,在今天如此大跌中都获得了30%～80%的巨大利润,可见中长线持股的魅力了,我全天都在庆贺。

我所持有的股票中只有一只涉及地产的股票,今天却大涨5%,其余的都是防御型股票。从年初到今天最少的涨了15%,最多的涨了86%,个个精彩,个个强劲。

估计明日大盘瞬间低开后开始反弹,2800点位置需要震荡一下的,但是中长线先上涨趋势不变,3250点下我不会卖出任何一只我看好的股票。

13. 2007年1月17日　牛市中别怕利空,更别怕调整

今天上下130点左右的震荡吓破了散户的胆,我就多说几句。大牛市

里别怕利空,每次利空都是进货的机会,别怕调整,没有调整哪里来的上涨?

很多高手在2800点回顾历史,说顶到了。这个位置历史上从来没出现过,在哪里借鉴的历史?我纵横股市17年,参与过剧烈的波动,到现在我都没看到顶在哪里,到现在我的思路还是非常清晰。我可以肯定地说,3250点下根本不会是顶,如果有一天连我也看不明白大盘了,顶部就出现了。

今年的行情到现在和美国10年大牛市走得完全一样,我告诉你们,中国市场今年都没有顶,2008年奥运会前就没顶部出现,都是阶段头部,调整过后继续上。

很多人说现在大家都在谈股票,市场要到头了,我再告诉你们,就是收破烂的、捡垃圾的、擦皮鞋的、种地的农民都进来买股票,大盘还是没到顶,原因很简单,我们的市场在走大牛市,中国经济增长率每年才10%,很多人都喊高了,两年内年增长率能到20%甚至30%你们信不信?到时候看着上海1万点,深圳3万点,还会有人喊低的。

我们现在牛市中部分行业的集中度提升,与美国20世纪六七十年代经济高增长期的龙头股行情有相似之处。例如,制奶行业中的伊利和蒙牛,白酒行业中的茅台和五粮液,它们的股价能不狂涨吗?证券行业的兼并,被收购方股价会大涨,而收购方也会小涨。大唐电信亏损吧?股价就是涨,一直涨到大家都看不明白,就是因为它在3G等通信标准制定与技术研发方面的先发优势,获得资本市场关注。在科技竞争加剧的背景下,技术垄断或领先地位往往意味着更高的市场估值与盈利潜力。

我说过2007年注定是翻云覆雨的一年,注定是大喜大悲的一年。开盘不过短短10个交易日,亏损30%～50%的散户比比皆是,买银行股的,两天亏20%多的我就见过,而我4日开盘的第一个操作就是全部清仓银行股,全部卖个高点。工商银行当天上涨9.52%后收盘跌3%,第2天跌停,追高者损失惨重;今天地产股跌停,再次加剧了散户的困境。2007年的市场看错大盘没事,看错个股就危险了。

14. 2007年1月18日　大盘跌到位了

上海大盘从跌100点拉回跌得不到30点,深圳大盘从跌276点拉成涨15点,无数散户在大跌中被逼出筹码。盘中地产跌停后诱空,带动银行股和钢铁股走弱,尾盘两市只有华侨城封在跌停,其余全部打开跌停。

我全天都在休息,都在玩,大盘跌到100点左右的时候,我所持有的股票中依然3只红盘,5只微跌。

对于大盘我的观点不变,继续看多。看看收盘时,几十个涨停板,谁敢说牛市结束了?

预计明日大盘继续震荡,幅度会减少,小阴收盘概率高,下周大盘继续上涨。

15. 2007年1月19日　我得意地笑

我昨天估测的有差距,本来我以为大盘今天会整理一下,下周一开始大涨,没想到今天直接就大涨了。

我多次说过2007年大盘会走得相当扑朔迷离,元旦后不过十几个交易日就把散户吓破了胆,把一些所谓高手的真实水平都暴露了出来。今年主力的手法就是凶悍的期货手法,上下都剧烈震荡,这也是我不做差价而坚持中长线的原因,这几天被震荡得亏损累累的人多了,而像我这样笑看风云的人成为最大的受益者。

深圳综合指数到今天才出来新高,这也是为什么到现在我依然全力看多的原因之一。一轮大牛市,各个指数都该创新高的,今天已经验证了我的判断,大盘今日的成交量虽然到达900多亿元,但是很正常,不算头部出现。资金开始回流到钢铁、电力股,下周有戏。券商概念股依然强势,后市依然看好,今年的最大热点就是券商上市和券商受益概念。

奉劝大家一句:我们现在正经历中国股票历史上最大的一次牛市,2008年前卖出任何业绩优良的股票都是错误的,中长线持有是最好的选择。

估计周一大盘冲击前期高点,虽然还会有反复,但是上涨趋势没有改变,3250点下坚决做多。

16. 2007年1月22日　向3000点进军

今日大盘,收盘2933.19点,大涨100.98点,成交1048.6亿元。

很多高手现在狂喊空仓。但是大盘一直向上大涨,轧空无数散户,而我一直是满仓。我的朋友问我怎么看今天的大盘,我只说了一句话:"大盘今天涨100点以上,在很多人亏损累累中我只做两件事情:第一,全部满仓;第二,该怎么玩就怎么玩,不看股票,数钱数到手抽筋就可以了。"说这样的话是需要底气的,而大盘和个股的大涨就是最好的验证。

我写几条消息给大家看,大家估计就知道我为什么在2600点上依然坚决做多了。

第一,2007年全国金融工作会议明确提出将"扩大直接融资规模"作为战略任务。

第二,证监会明确表示:积极推动各类合规长期资金进入股市。

第三,中国市场现在没有被高估,而是被低估了,中国牛熊市分界点为3500点。

第四,上市公司整体预测业绩比去年增加35%,现在市场静态市盈率为33倍。如果按照年报35%的增长计算,动态市盈率为23倍不到。

外资开始进入中国股市,国内资金开始进入博弈阶段。今天大盘成交量虽然突破1000亿元,但不是到顶了,而是新升浪开始了。大盘今年年底登上5000点没有任何悬念。春节前大盘将站在3250点以上。我们拭目以待吧。

茅台会到130元，100元以上的股票起码会有5只以上。券商受益概念全部会站上15元以上的价格，就算只沾点边的都能到15元。

今日在盘中我用1000万元的资金狙击1只接近1.3亿盘子的股票，竟然只成交了不到200万元，其主力明显控盘。而其业绩不过0.3元，价格却高达14元以上，而且已经涨了快2倍了。如果真的大盘见顶了，这个主力会把货都砸给我，而事实是，我拿不到货。

预计明日大盘持续上涨。现在是国内资金和境外资金两次争夺市场筹码，也是争夺中国股票市场话语权的斗争，主力吃肉，散户喝汤的格局形成，日成交1000亿元绝对不是顶。日成交超过1300亿元才要注意风险。

17. 2007年1月23日　收获两只涨停板

今日大盘继续上涨。盘中剧烈震荡，收盘小涨15.95点，收2949.14，成交1106.38亿元。

大盘上午狂跌，最多跌了80多点，遇5日线强烈反弹，收盘拉成红盘。钢铁、银行、券商概念股涨幅居前。我和我的朋友们今天收获两只涨停股，大家一片欢呼。在如此剧烈震荡的行情中，从年初到现在短短14个交易日。我全部获得超过30%以上的利润，这就是技术，这就是我中线持股的准确判断。

对于大盘我还是那句老话：3250点坚决做多，坚决持有手中股票。我有足够的耐心，足够的技术，足够的信息支持。

估计明日大盘继续向上，大阳线通过3000点，而周四或者周五才会再次迎来调整。

18. 大盘春节之前都会一直上涨

我就说几句：

(1)连散户都能看出来的顶,绝对不会是顶部。

(2)成交量的确大了不少,但是去掉新上盘的大盘股成交量,基本还在900亿元内。

(3)技术图形上显示是双头被越过,正常情况起码大盘还有20%上涨,那么下一个高点大概就在3600点左右。而有的人认为是三重顶,那我告诉你,这是无知的说法,历史上从没出现过三重顶。当双顶被越过,就成为双底了,压力变支撑。

(4)把今日上涨的个股调出来看一下,全部是低位RSI金叉,KDJ全部处于中位区域,后市还会涨。而大盘技术指标呈现调整结束继续上涨,只有周线偏高。但是周线的KDJ却开始向上发散,依然保持强势。

(5)大盘在2600点上方换手率超过60%,而涨幅却只有10%左右。说明国家一直在调控指数,也很成功,当量足够的时候,价格也该上了(这里指的是大盘指数也该上了),否则无法解释在此位置主力换手为何如此之大,却没大涨。头部特征或者主力出货,量是不可能逐步放大的。真正走到头部的时候量是不大的,而上升中的量才是大的。如果一定向空头方向看的话,可以认为现在大盘在赶顶,但是却没到顶。

(6)现在空仓的人很多,喊空的人也很多。主力不可能在没接盘的情况下出局。顶部是震荡出来的,而不是放量放出来的。当所有人都相信这是大牛市的时候,当所有人都认为大跌后还能拉回来的时候,危险也就来了。当大涨大跌成为习惯,而人们也都习以为常的时候顶就来临了。

结论:现在大多数人都警惕大盘的时候,顶还离我们很远。上海大盘30个交易日内,3500点以上见。

19. 2007年1月29日　大盘向3000点发起攻击

今日大盘,在一片看空和见顶噪声下大涨。到收盘大涨62.7点,收

2945.26点,成交909.3亿元。

盘中钢铁、3G、券商概念、电力轮番上涨。中国银行和工商银行起到中流砥柱的作用。很多散户在一些所谓高手的看空中2600点就丢掉了筹码,真的很可怜。看着大盘如此上涨,我已经不想再说什么了。我一直强调现在的市场是大牛市,踏空是最大的风险。因为每次大洗盘后大盘都会创出新高,散户卖出的股票很多都比卖的时候高了20%。

我和我的朋友们持有的股票里今天又有两只撞上涨停,而从年初到现在不到20个交易日,平均上涨都超过40%了,如果现在还不叫大牛市我真的不知道什么叫大牛市了。我今年中线持股的思路就是正确的。

我们可以把两大银行、电力、钢铁等大蓝筹股的图形翻出来看一下,全部是低位金叉向上。它们都会继续上涨,大盘怎么可能不涨?现在对看空的人,我就一个字:错。

预计明日大盘继续上涨,出新高成为必然,3000点什么都不是,很快会被突破。

20. 2007年1月30日　无聊的一天

今日大盘全天牛皮整理,看着都很无聊。盘中低价个股补涨,地产股大跌。

今天我都不想写东西了,盘中全天在58点之间震荡,基本没出现大波动,我真的不知道写什么好了。工行和中行的主动回档,预计盈利的不涨,预计亏损的不跌,看着都好笑。

预计明日大盘继续整理,上涨趋势没有改变。

21. 2007年1月31日　耐心等待

今日大盘出现近期最大跌幅。盘中深圳大盘差点跌停,到收盘上海大盘跌 144.23 点,跌幅为 4.92%;而深圳大盘跌幅接近 8%,成交却缩小了。

现在最好的办法就是一动不动,耐心等待。毕竟牛市没有结束,市场上被低估的板块依然被低估,没什么可恐慌的。说大盘见顶就是胡扯,这么点量谁也无法出货。现在去休息一下到春节前来看最好。2007 年波动相当剧烈,但是死守好股票一定不会错的。

大盘已经调整到位了,明日瞬间低开后开始大涨。

22. 为什么下跌中只想到去卖,而不是买

股市本身就是波动的,为什么上涨的时候敢于去追,而下跌的时候却不敢于去买进呢?我今年是中线思路,所以我很安心地持股,根本不在意短期大盘的波动。

我想问大家,现在谁认为大牛市结束了?我估计认为牛市结束的人相当有限。那么既然牛市没结束,下跌又有什么恐惧的?我认为每天上涨 100 点才让人恐惧。而现在的下跌不过是牛市中的一个插曲,长牛才是主旋律。

把眼光放长远些。我年初就说过,100 元的股票会有,仙股也会有,业绩才是实实在在的东西,如果你手上拿着的就是业绩优良的股票,每次下跌都是买进的机会。

短短 21 个交易日,大涨大跌让很多人失去了理性,也失去了耐心。我知道我拿的股票就是绩优股,那么我为什么要在意短期的涨涨跌跌呢?我们的市场已经开始成熟了,中长线持有就是最好的选择。

奉劝那些每天看盘的朋友,你们歇歇吧,每天都让自己的心脏紧张,有意思吗?

23. 2007 年 2 月 1 日　在大雾弥漫中要保持清醒的头脑

昨天看好朋友木东写了篇文章,认为我最近判断力下降,主要是太急的

原因。在此首先感谢木东的支持和关心，作为朋友我认为真正的好朋友是该在你路走得很顺的时候为你祝福，在你走得不顺的时候指出你的错误并提出鼓励。

实际我的心态一直很好。年初我一直强调中线持有股票，而且我也一直在这么做。大盘这几天的大跌，我基本没有太大的损失，因为年初先弄了50%多的利润，现在只是跌回去15%左右。年初我就充分认识到今年市场的残酷性，我根本不在意短时间的涨跌。

人的判断都有狭隘的一面，很多朋友在2600点就开始喊空，喊到2990多点大盘才跌，这不代表你就是正确的。因为大盘无论怎么强大都会进行调整的，这是必然的东西。不是看多和看空的人预测的，很多人大声喊空，手里却依然持有股票，这就是掩耳盗铃。连你自己都不相信自己的判断，怎么去指挥别人？

这几天空气中弥散着下跌的声音，包括我的一些朋友也感到恐慌，这个我能理解，毕竟大盘如此暴跌谁都会恐慌的。但是我却一直很镇定，原因很简单，大牛市中任何利空消息都只能是短时间的影响而已，对长期趋势不会引起大的改变。我以前的文章写过，大盘涨会涨过大家心理预期值，同样跌也是一样的。从盘口看，2600点是现在市场的平均成本线，因此只要跌到2600点附近就跌不下去了，就该上涨了。3000点也绝对不是什么顶部。大家总想着主力怎么出货，为什么不想主力根本不想走呢？中国经济的盛宴才刚刚开幕就谈落幕的事情是不是早了点呢？大盘跌了5年，才涨了1年多有必要那么惊慌失措吗？大盘如果每天都涨100多点我才会恐惧，因为我不知道什么时候要大跌，而现在都跌到位了，还怕什么呢？

短期大盘调整已经结束，后面3个交易日大胆做多。因为业绩浪才刚刚开始，2008年奥运会还没召开。

我不是死看多也不是死看空。但是现在大盘的位置我宁愿做多，因为大牛市中每次回档都是买进的机会,总拿熊市思维来衡量牛市本身就是错误的。

估计明日继续上涨。2820点以上见。

24. 2007年2月2日　2600点以下大胆建仓,短期泡沫即将结束

很抱歉,昨天对大盘的估测失误。今日大盘继续下跌,到收盘跌112.22点,收2673.21点,成交662.3亿元,再次呈现缩量下跌。

盘中主力疯狂杀跌指标股,两大银行和钢铁、地产股领跌。整个市场风声鹤唳。但是却依然有十多只股票封上涨停,多方主力集中精力狙击券商概念股。我手中持有的股票在如此大跌中依然有良好的表现,基本是红盘,可见今年的市场虽然梦幻,但是选股更重要。

大盘已经跌得接近各主力的成本区域2600点了。空方再打压明显已经力量不足了,从今天的成交量都能看得出来。而且市场的整体市盈率跌回到28倍左右,所谓的泡沫挤得也够干净了,再向下杀跌,就是空头陷阱了。

我今年的思路就是中线持股,我根本不在意短期的涨跌。由于我不进行频繁的操作,因此胜利果实依然保持得很好,而很多散户追涨杀跌这次亏大了。

今年的大盘依然还会剧烈震荡,那么持有一只或者几只好股票,安心地拿上半年,收益也是相当可观的。大盘涨我们跟着享受利润,大盘跌就原地趴下就是了,没必要每天看电脑让自己疯疯癫癫的。

大盘短期调整已经到位,2600点下大胆买进。想做波段的在2830点以上卖出,想中期持有的可以把自己的操作软件直接删除,2个月以后再回来看就是了。明天我就去休假,因为今年我就是中线持有者。

对待现在市场我就遵循一条:你有千条妙计,我有一定之规。

25. 2007 年 2 月 5 日　剧烈动荡中方见英雄本色

今日大盘继续调整，收盘 2612.54 点，跌 60.67 点，成交 554.6 亿元。

主力继续狂砸指标股，虽然大盘跌了 60 点，但是盘中 590 家上涨，246 家下跌。如果扣除这些指标股所占的指数，大盘应该上涨 30 点左右。上证指数失真得厉害。

大盘跌了将近 400 点，我持有的股票不跌反涨，而且其中两只股票竟然创出新高。今年剧烈震荡成为家常便饭，选择一只好股票是完全正确的，我为自己的判断喝彩。到现在我的股票完全跑赢了大盘，而且越向后我会赢得更多。

本轮大跌我和我的朋友们毫发无损，而只有在剧烈震荡中才能品味出我选择的股票是多么的好。大盘在现在位置，也就是 2600 点一线，完全跌到位了，反弹随时出现。大盘今年的目标依然是 3500 点以上，我坚信自己的判断。

我在度假，因为我对我持有的股票充满信心。喝着龙井，赏着西湖，不亦乐乎，这就是我中线持有的好处了。我的 QQ 上有一句我最喜欢的名言："宠辱不惊，静观堂前花开花落；去留无意，漫看天边云卷云舒。"现在，我的心情就是如此。

预计明日大盘猛烈反弹，压力 2700 点，2750 点，支撑 2600 点。

26. 2007 年 2 月 6 日　钢铁、银行板块中外资金换岗完毕

今日大盘，跌破 2600 点后构成空头陷阱。散户很多等着大盘跌到 2400 点以下，拼命低位割肉。主力接完低位筹码开始向上拉升。收盘大涨 63.16 点，收 2675.70 点，成交 701.3 亿元。

这个市场本身就是强者的天下，这个市场没有人品，没有道德，没有怜

悯，只有实在的输和赢。我的仓内股票继续上涨，完全不理会大盘的涨跌。这几天基金的持有者也亏损惨重。今年基金不可能有去年那么火爆了，能有30%的年收益已经相当不错了，别去梦想100%以上了，而股票市场只要踏准节奏，收益100%不难。

这几天在银行和钢铁板块，国内基金开始大规模减仓，而接盘的又是外资席位。实际算一下，钢铁的市盈率到现在也没全部达到国际平均的15倍市盈率，机会远大于风险。银行股要区别对待，中长线中行和工行很有价值，短线兴业和华夏有机会，而钢铁板块全部回档到位。我以前多次看好的国电电力600795已经在两个月内走到我的预计目标，在大盘大跌中反而大涨50%多，后市依然机会多多，我也会长期关注电力板块。

大盘已经走出下跌的阴影，3000点再次摆在我们眼前。预计明日大盘继续上涨，2700点会被穿越。

27. 2007年2月7日　小阳线连续上攻才能有效化解前期头部

今日大盘收盘2716.18点，大涨40.48点，成交788.3亿元，成功穿越2700点关口，并且站上5日线。

今日钢铁和银行板块强烈反弹，中资和外资换岗后，钢铁板块会持续上涨。另外，商业股经过大跌后也开始反弹，明日会有所表现。电力股继续中线看好。科技股大家要尽量回避，在年报出台时期，业绩才是最重要的，任何概念的炒作面对业绩都会显得很苍白。现在白马股的风险很小，而题材股的风险级大。科技股的业绩不可能提高得那么快，动辄几百倍的市盈率就是最大的风险。

这段时间的大跌已经伤害了无数散户，也给"股市有风险，入市需谨慎"这句话进行了完美的诠释。相信年初雄心勃勃的散户和基民受到一次洗礼后会成熟许多。而我在本轮大跌中却没什么损失，反而盈利多多，这就是思维的差异。很多人没有看明白市场,被市场所淘汰很正常。从今年开始考验的不是盈利多少,而是谁更稳定。今年我的盈利目标就是150%~200%。

预计明日大盘开始整理。2750点有一定压力。下周二前只要重新站上2800点,大盘就会再次猛烈上涨。现在每天小阳线上涨,过2800点是最稳妥的行为。

28. 2007年2月8日　新的上升浪展开

话不多说,大盘新的上升浪展开。明日攻击2750点,下周二前站上2800点,春节前逼近3000点。

我现在关注的是钢铁、电力、商业、中小板和全部的认购权证。

29. 2007年2月9日　耐心与技术才是制胜法宝

今日大盘继续整理,冲击2750点未果,收盘2731.68点,跌6.05点,成交638.2亿元。

今年,在大盘基本没怎么涨的情况下,很多我看好的股票基本走出独立上涨行情,全部跑赢大盘很多。这段时间我这样的死守者大赚特赚,追涨杀跌者死得相当惨烈。我从不骂大盘,无论它怎么涨跌,因为存在就是合理。市场不会错,错的永远是我们自己。面对给过我无数财富的市场,我心里永远充满了感激之情。

今年我牢牢地掌握了市场热点,也有足够的耐心。而我的朋友们也是每天充满欢声笑语,因为大家都在赚钱。这才是我要的快乐炒股,这才是快乐炒股的真谛。

市场不可怕,可怕的是人心。波动不可怕,可怕的是人的心理素质。这个市场两种人能赚到钱:第一种,有良好技术的高手;第二种,有技术且有耐心的人。在投机市场没必要太虚心,因为都是高手,90%的散户都是强大的高手,有没有本事市场上见就是了。

估计下周一开始上涨,周二突破 2800 点,我继续关注券商概念、整体上市概念、电力和钢铁板块。

今日大盘比我估测的周二站上 2800 点还早了一个交易日,收盘 2807.17 点,大涨 76.79 点,成交 645.8 亿元。

30. 2007 年 2 月 12 日　2800 点被多方拿下

大盘在所有人都看不明白的情况下攻下 2800 点。前期被中资卖出的银行、钢铁、地产股烽烟再起,券商概念一马当先,电力股继续上涨。

大盘到现在走得依然很健康,到今年 5 月前我都会中线持有股票,而且 5 月前我的朋友们都会获得 100% 以上的利润。5—6 月大盘才会形成一次大的阶段头部,那个时候才是该规避风险的时候,而 5 月 1 日前我就是满仓操作。

预计大盘明日继续上涨,大阳线收盘,周四或者周五才有个小回档,大盘下一目标位 2920 点。

31. 2007 年 2 月 13 日　谁敢横刀立马?唯我工商银行

大盘收盘 2831.87 点,大涨 24.7 点,成交 630.9 亿元。大盘磨过 20 日重压力线,成交反而没有放大。今日地产、电力、钢铁板块继续上涨,场外资金充足。但是量却放得不大,主要是权重指标股工行、中行没有做出反应。关于这两大银行我给出的目标分别是 6 个月内工行目标 8 元,中行 7.25 元,那么它们一旦启动,大盘过 3000 点不费吹灰之力。今年的行情将集中在 5—6 月前,过了 5 月风险相当大。至于原因我春节前会单独解释的,现在位置没任何风险,可以大胆做多。大盘目标起码在 3500 点上。

很多朋友还在犯错误,拿 2006 年的业绩衡量 2007 年的股票价格,这是相当无知的。很多股票已经脱胎换骨,还去查老皇历,然后说此股不行者,真是让人笑话。我们要随市场而动,要去适应它,而不是和它对抗,因为漠视市场就是损失钱财。

我开始给支持和相信我的一些朋友们讲我的技术。很多人听完后才知道我预测的大盘和个股都是按照技术得出的结论,从来不是心血来潮乱说和毫无依据的判断。在这里我告诉散户,越是高超技术就越有大众的普遍性,就是我讲的东西所有人都能听得明白。而且好的技术要具有普遍适用性,就是说一个好的操作理论必须适应所有的股票包括权证等。如果只单纯针对某些股票,那这个理论就是垃圾。市场太乱,人心难测,我用心对待支持我和相信我的朋友们,希望他们能尽快学好我的技术,早日实现盈利。

预计明日大盘继续上涨,攻击 2900 点整数关口,工行、中行将启动。我继续关注钢铁、地产、商业板块和券商概念股。

32. 2007 年 2 月 14 日　大阳线迎接情人节

今日大盘,收盘 2905.09 点,大涨 73.22 点,成交 755.9 亿元。

工行开始启动,联合中国银行上涨。两大巨无霸封闭了大盘下跌的空间。如果明日工行站上 5.1 元以上,大盘将挑战 3000 点。我昨天关注的钢铁、地产、商业板块和券商概念股全部大涨。电力股中的国电电力到达 11 元,凯迪生态再出新高,长江电力一骑绝尘。我手中股票全部创出新高。

大盘走到现在依然很好,业绩浪如期到来。个股精彩此起彼伏,大盘经过调整也更加健康。春节前我大胆持股过节,二月是个红色的二月。

明日大盘将冲击 2940 点大关,能过的话,大盘必然收出大阳线,直接攻击 3000 点,如果无法穿越大盘会进入调整,然后周五攻击 3000 点。

33. 2007 年 2 月 16 日　节后大盘走势分析

首先要确定一个前提就是,我们是否依然处于牛市之中？回答是肯定的，就是我们依然处于牛市之中。原因很简单，市场整体估值没有出现大泡沫。很多人衡量市场的标准都属于单个方面，对市场整体没有做出评估。而市场上涨或者下跌的原动力来自市盈率。换句话说，就是市场值不值现在的价钱，能不能支持现在的股票价格。

那么我们就把占据整个市场的几个大权重板块进行分析：

（1）钢铁板块。国际市盈率标准为15倍。而现在看本板块企业平均市盈率静态大约在13倍，没有被高估。如果按照正常计算，一旦公布完业绩，市盈率水平会下降到11倍左右，那么可以认为钢铁板块没有被高估。

（2）电力板块。国际市盈率标准为25倍。我们照样抽取本板块一些企业，得出的数值大概为平均28倍，稍微被高估。如果按照正常增长速度看，公布业绩后，由于增长在10%～30%，那么市盈率会下降到20～25倍，也没有被高估。

（3）稀有金属板块。国际市盈率标准为铜10～15倍、黄金35倍、锌20倍、镍40倍、锡50倍，市盈率的依据是不可再生性和市场缺失性造成的。我抽取本板块一些企业发现，我们基本属于被低估。由于锌、锡和镍国际市场库存明显不足，市盈率还会被向上估值。那么可以确认，有色金属没有被高估。这也是为什么我年初只看好锌、锡、镍的原因，物以稀为贵永远是真理。

（4）银行板块。国际市盈率标准为35～40倍，我抽取了本板块一些企业发现，除工行和中外行，平均市盈率在30～50倍，而由于工行和中行的独特性，对大盘的杠杆作用，因此完全按照市盈率标准计算是不对的。由于我国已经开放金融市场，而除工行和中行外，其余几家银行规模过小，很容易涉及并购，市盈率现在处于合理估值中，一旦公布业绩，会回归到40倍以内，如果加上收购的问题，反而是被低估了。由于银行股筹码的稀缺性，因此适当高估才对。

作为占据指数最大的 4 大板块都没有被高估,那么市场到现在为止依然处于牛市的上升期。

外界的影响:

(1)首先我们国家到现在为止依然是半封闭的股票市场,由于到 2008 年全部股票才可以全流通,所以市场被高估 20%～30% 很正常。

(2)一般发展中国家其股票总市值大约为 GDP 的 80%,现在看美国为 120%、中国香港为 300%,而中国内地总市值不到 GDP 的 60%(2006 年中国 GDP 大约为 21 万亿元,而股票总市值为 11 万亿元),因此达到合理估值位置大概还有 20%～30% 的空间。计算出的价格正好和第(1)条接近。

(3)股市如果要长期走牛,最主要的还是资金。没有长线的保险,社保资金以及 QFII 等的介入是不现实的。基金只属于中短线资金,因为它们每年都有赎回的压力。一旦长线资金加入,按照国际惯例,大多头市场起码该有 10 年左右上涨期间,但是考虑我国 2008 年市场全流通,那么在资金不变的情况下,流通筹码增加 1 倍,时间就在 4 年左右,加上新股的不断增加,市场大概只能支持 2—3 年的牛市。供给如果增加过快,那么时间会缩短到 1—2 年,最保守的估计,从 2006 年起到 2007 年的 6 月才能完成一轮牛市,跨度为一年半,其中没有计算现在国际市场的资金过剩。

近期市场的走向:

(1)短期看大盘只要在 3250 点以下,都是可以大胆持有股票的,因为这个数据是我经过精心计算的,而大盘升高到 3500 点以上,风险就开始出现了。按照我的论述,市场依靠自身运行轨迹能向上运行 20%～30%,那么现在 3000 点,到达 3600 点一线的确就存在泡沫了。这个时候就要注意大盘的危险性了。因为 3600 点位置我们的市场就被高估了。3500 点作为高估的起点,很可能会在加大新股发行,以及资金供给不足双重打击下,使行情短期夭折,因此 3500 点上就该是卖出减仓的时候。

(2)不断地加息阴影。央行决定 2 月 25 日起上调存款准备金率 0.5 个百分点。实际这对市场影响并不大,看问题要从两个方面来分析,提高准备金对银行业的影响不足 1‰,而对整个市场的影响更小。而且这次再提高的前提下,加息起码 2—3 月内不会出现了,这对市场反而是个利好。那么大盘再次开盘的时候瞬间低开后可能直接向上,或者选择微跌后横盘再上涨。

(3)需要注意的板块。我认为有色金属中的锌、镍和锡类股票还会上涨,因为国际库存都不足支持 2 周,这类股票的价格起码还可以上涨 20%～50%。一旦发生战争或者局部战争,它们还会出现翻倍的可能。而地产类股票由于利空的侵袭基本跌回合理位置,出现再次上涨一点都不奇怪。钢铁股由于第一季度是拐点,那么存在继续上涨的要求,商业板块要多加注意,还有消费类股票,例如白酒,尤其是价格低廉的白酒类股票值得买进,毕竟茅台高高在上,比价效应太明显了。还有券商概念和整体上市概念股票,由于这类股票的业绩会增加很多,因此后市依然魅力无限。

综上所述,大盘在 3250 点下应该全力做多,3500 点以上该回避风险。个人认为 5 月以后要减少仓位,而现在可以大胆持有股票。到 5 月后大盘会出现一次高达 400～600 点的大跌。关于这个下跌是如何计算的,我以后会单独写文章陈述的。大盘震荡不可避免,但是只要手中持有的是业绩优良的股票就没什么可担心的。

34. 2007 年 2 月 25 日　春节开盘第一天还是一根小阳线

对于春节后开盘第一天,到现在也没人敢于预测,因为上调准备金的利空存在,大盘的确扑朔迷离,那么我就先把预测写出来。

从技术指标上看,由于 2915～2923 点位置有个小跳空缺口,我认为该位置是应该回补的。K 线上看日线和周线都处于比较正常的状态,但是日线中的 KDJ 有个小调整要求,而月线的 RSI 明显偏高,已经到达 97.39,为历史第 2 高点。但是由于再次开盘本月只剩余了 3 个交易日，而月线上起码要跌到 2744 点以下才能出现月阴线。3 天内大跌接近 300 点根本不可能，那么本月可以认为不会出现大的下跌，最多也就是把 2915～2923 点位置借助上调准备金的利空一步补完。而 3 月应该是一根月阴线，因为月线指标必须修正一下，主要调整的是月线的 RSI。才能再度向上攻击，如果 3 月也不调整，那么大盘可以直接上涨 17％～20％，时间是 2 个月左右。一旦大盘向上快速运行到 3500 点以上位置，4 月底到 5 月中旬，必然出现一次 400～600 点的大跌。到时候如果 3000 点能支持得住。在 6 月中下旬回到 3250 点以上的话，今年的大盘可以直接攻击到 4000～4500 点位置，但是前提必须是 6 月收盘站在 3250 点以上。

3250 点我多次计算过，今年起码到达该位置才对。3250 点下就该全力做多。短期看大盘的调整相当有限，2830 点位置可能成为 3 月份调整的极限位置。那么可以认为大盘向下的空间只有 6％ 不到，而向上的空间起码 17％ 以上。

我最担心的是 26 日开盘直接向上攻击，因为毕竟大盘要补 2915～2923 点缺口，那么向上攻击到 3036 点，向下调整就是大概 120～135 点，杀伤力还是比较大的。

26 日为春节后开盘的第 1 天，由于香港出现开门红，我们出现小阳线的概率很高，就算补 2915～2923 点位置的缺口，大盘也是阳线收盘。我继续关注地产股、钢铁股、白酒、消费类股票和有色金属中的锌、锡、镍类股票，以及商业股。

35. 2007 年 2 月 26 日　火红的二月涨停的个股

今日大盘和我预测的完全一样，收出阳线。收盘 3040.6 点，大涨 42.13 点，成交 925.9 亿元，再创新高。盘中剧烈波动，平开后下跌，连 5 日线都没有触及,然后开始震荡向上。我昨天关注的金属锌、镍、锡全部封上涨停,钢铁也封上涨停,地产股整理后向上。

我最担心的直接上涨没有出现,那么本月剩余的两个交易日就可以放心持有股票了。很多朋友可能不明白,为什么开盘直接涨到3036点以上就有风险,而开盘调整后再涨到3036点以上就没风险了呢?原因很简单,羊群效应造成的。如果开盘直接就上,那么新高出来是上午,大家对大盘处于相对高位就恐慌,自然出现大批次的抛售。而先调整,把不坚定的筹码换出再上涨,给人的感觉就很踏实,促使资金在下午继续空翻多买进,出新高反而风险很小了。

预计明日大盘继续上涨,全天保持震荡。收盘小阳线或者十字星,而后天依然是大阳线。我继续关注地产(主要是中字头的,如中粮地、中华企业等)、钢铁,三种金属和低价白酒股。现在市场的资金开始向低价股流动,尤其是3~8元的股票,题材好的更会连续飙升。

现在的下跌不必要恐慌,大盘在补2915~2923点的缺口,如果今天把2915点位置补完,大盘迎接的将是火红的3月,起码要涨到3250点以上。

36. 2007年2月27日　坊间传闻众多,大盘飞流直下

今日大盘放量狂跌,两市大盘差点跌停。跌幅超过9%以上的有900多家。

凤凰卫视刚刚发布的消息:国家银行监督委员会今早通过媒体透露,针对流动性、投机炒作、非法资金将采取非常严格控制措施,两会前期正式出台控制措施,主要包括:"严格禁止银行资金通过各种方式违规流入股市""严格禁止任何企业和个人挪用银行信贷资金直接或间接进入股市,银行业金融机构不得贷款给企业和个人买卖股票。若发现挪用贷款买卖股票行为,银行业金融机构要采取及时、必要的措施立即收回贷款",等等,力度远

远超过大家的预期!

只要大盘出现大幅暴跌,消息就会漫天飞,我看了一下,这些消息对市场都不是致命的打击,中国的牛市没有结束。从技术面看大盘已经把5日、10日、20日和30日线全部击穿,月线得到有效的修复。盘中蓝筹股领跌,带动其余股票下跌。成交量急剧放大,但是接盘依然踊跃。基金重仓股跌幅较大,有换仓的迹象。2007年如此震荡会更频繁,我们应该学着适应,3250点没到,就是持有,就是做多,前提是你手中的股票必须是好股。

从今天的大跌看,基金重仓的跌得比较厉害,因此我估计利空跟基金公司有一定关系。同时下跌修复指标,由于跌得过快,大盘必然猛烈反抽。如果明日证明坊间传言都不是事实,大盘会猛烈上涨收复失地,就算利空真的出来了,由于技术的问题,大盘也会猛烈反弹。

因此现在谈牛市结束为时过早,今年选股是个学问,另外死守也是正道。我相信经过洗礼后的市场会更健康。

预计明日大盘继续震荡,如果消息兑现或者是传闻,明日大盘都会猛烈反弹。

37. 谈谈我的看法

今天大盘跌得过于猛烈,已经不是调整指标的范畴了。应该的确有利空出现,我谈几点我的看法。

(1)大盘短期的底部在哪里?

我可以明确地说是2600点。原因很简单,在2600点位置主力机构有一次大换岗,可以说整个市场的平均成本已经抬高到2600点了。只要2600点不被有效击穿,大盘长期牛市的根基就不会被破坏。有效击穿指的是2600点被破后,两个交易日无法有效收回。

(2)今天到底什么股票成交巨大。

从盘后数据看:联通 35.6 亿元,民生银行 23.2 亿元,招行 21.9 亿元,工行 20.8 亿元,包钢 17.8 亿元,中石化 16.4 亿元,长电 14.4 亿元,中国银行 14.1 亿元,申能 14 亿元,宝钢 13.1 亿元。前 10 名就成交了将近 200 亿元。同时易方达系开放式基金今天全部跌幅超过 8%,面临巨大的赎回压力。其余的基金也大体相同。整个市场现在风声鹤唳,现在位置可以认为机构和散户都被套住,尤其是基金,到今天仓位依然在 60%以上,那么大盘继续下跌动能明显已经不足了。

关于市场现在位置是否存在泡沫我已经说过很多次了,没有。那么首先可以确认市场依然处于牛市中,只是调整。其中电力股、银行股等现在已经高了,而钢铁、商业、券商概念股等还是没被高估。整个市场调整得应该是垃圾股的价格,而不是业绩优良的蓝筹股。市场现在明显误杀了好股票,那么修正成为必然。

每次大跌都会洗出一些好股票,本次大跌也不会意外。

大盘由于调整得过于猛烈,因此在今天的大跌后,很可能明天早晨前出利好,大盘再来个接近涨停都不奇怪。今年的市场就是这样剧烈动荡,这段时间我最害怕的是大盘一直猛涨,而不怕下跌。因为距离我预测的今年最少可以到达的位置 3250 点越近,我心理压力就越大。如果 3 月就走到该位置,我不知道今年大盘要涨到何方了。这么一大跌我反而很高兴,因为越震荡向上越安全。

38. 2007 年 2 月 28 日　关注大盘 20 日均线的得失

今日大盘和我昨天预测的完全相同,猛烈反弹。连续收复 30 日、20 日和 10 日均线。盘中 100 多家涨停,收盘 2881.07 点,大涨 109.28 点,成交 970.6 亿元。

我前期就多次强调过,钢铁股是反转,银行股是反弹。很多钢铁股在本轮大跌后都创出了新高。另外,我说的中字头的中华企业和中粮地都涨得很凶猛,我会继续关注。昨天上市的钢铁股柳钢股份(601003)。该股业绩预计今年1.3元,加上大股东承诺资产注入和整体上市,那么,按照现在钢铁15倍市盈率计算,起码都值19.5元了。而其8000多万股的流通盘,和前面上市的三钢闽钢接近。由于两者题材一样,而三钢现在市盈率高达20倍。而柳钢股份只有区区12倍明显被低估得太严重了。该股生不逢时,但是两日换手超过86%,主力介入明显。该股一旦建仓完毕,20元指日可待,未来该股可能成为最贵的钢铁股,我对其估值为25~28元,时间1个月内。今日上盘的重庆钢铁却被高估了,但是换手接近80%,也可能会继续炒作。钢铁股本人继续看好。

由于春天的到来,感冒发烧等比较多,中药类医药股也开始出现业绩上涨。大盘今日在多次辟谣中稳健上涨,今日早盘被洗出的散户无数,而选择坚定持有者基本没什么太大的损失,可见今年市场的残酷了。今天把股票卖到地板上的人太多了,我想知道为什么不相信自己呢?当中线思维主宰市场的时候,在大牛市中,死守就是王道。只要20日均线不被有效击穿,我们就可以耐心地持有股票。

预计明日大盘继续反弹,冲击2900点。穿越2900点后该进入调整,明日小阴线概率比较高。

可能是网易博客的问题,也可能是我本人日点击3万~4万次造成的堵塞,我发出的文章很长时间后才显示,昨天晚上8点发的文章今天下午才出来,特在此说明一下。

39. 2007年3月1日 投机市场中思维必须和大多数人背道而驰

今日的大盘与我预测的有偏差,没有挑战2900点直接就开始下跌。收出阴线,收盘2797.19点,跌83.88点,成交1077.3亿元。

盘中小盘地产股、药业股、白酒股涨势良好,钢铁股开始分化。从盘面上看很多股票都呈现跌无可跌的状态,尤其是中小板个股。大盘跌了300点,很多中小板股票出了新高。大盘在两会期间波动会减小,但是中长期的牛市没有改变,尤其今日高层在《求是》上的发言:大力发展资本市场。可以认为是一个做多的信号。

3月2日大盘的确跌了不少,从市场微观结构与技术形态分析,我们可以认为大盘最多只能跌到2660～2670点一线,就是最近的一个跳空缺口。那么大盘下跌空间只有100～120点了。大盘向下的空间不过5%,那么还恐惧什么?投机市场中想赚大钱,你的思维必须与大多数人背道而驰。多方共同盈利的市场不存在,赚钱的永远是少数人。

大盘明日会继续整理,收小阳线。盘中震荡会减小,大盘下跌幅度已经相当有限,大盘没有走熊。

40. 2007年3月2日　大盘基本企稳

今日大盘小阳线。收盘2831.53点,上涨34.34点,成交758.8亿元。

盘中小盘地产股、中小板个股、低价白酒股、三无概念股保持活跃。上午保持整理,下午震荡向上,热点比较混乱,但是经过几天的大跌后,我感觉大盘基本跌到位了,2700点都不会被破。经过猛烈洗盘后很多股票又跌回合理位置,再次上涨成为必然。我继续关注钢铁股、低价白酒股和医药股。

年初我就强调过2007年是大起大落、大喜大悲的一年,大家现在想的不是要赚百分之几百,而是要先求自保,稳定盈利。千万别急,只要是好股票都要忍受猛烈的洗盘,吃着锅里看着盆里的思维是错误的。我今年的目标很简单100%～200%,多赚的都是我应该获得的。

预计下周一大盘继续震荡,十字星阳线收盘。而周二就该又开始上涨了。现在位置大胆做多。

41. 2007 年 3 月 5 日　风雪的洗礼，明日大阳线收盘

今天大盘报收于 2785.31 点，下跌 46.22 点，成交 863.3 亿元。

下午开盘受香港股市大幅下挫影响大盘开始下跌。恒生指数于 19137.36 点开盘，低开 304.65 点，上午收盘于 18860.36 点，下跌 581.65，一度下跌了 643.11。受其影响，中国概念股纷纷急速下跌，一度造成市场恐慌。但盘中不断涌现新的资金吸纳、建仓，而我会继续关注医药、钢铁、地产股等。

预计明日大盘止跌企稳，大阳线收盘。上涨 35 点以上。

42. 2007 年 3 月 6 日　明日还是阳线

今天有点发烧，去打吊瓶才回来，博客写得晚了些，见谅。

今日大盘，收盘 2840.18 点，大涨 54.87 点，成交 649.6 亿元，盘中上下波动超过 100 点。银行股经过连续的下跌开始反弹，券商概念股也开始反弹，医药股在昨天第 22 次降价的利空洗礼下，今天也开始反弹。个股呈现跌无可跌的状态。如果不是昨天全球股票市场下跌，按照正常走势，昨天就该收出阳十字星，今天这跟大阳线可以说是一定的。钢铁也基本调整到位了，现在市场只是需要一个上涨的理由而已。

实际上大盘一直很强，我就没明白怎么那么多人看空？例如，中华企业今天报出业绩 0.62 元，10 送 1 转 2，而现在价格不到 20 倍市盈率，跌得莫名其妙，原因很简单，散户被大盘吓坏了。很多所谓的著名评论家一直左右摇摆，只能说这些人的技术有问题。我就很不理解了：昨天一跌有些人就看空，今天一涨就看多，可见有些人已经完全看不清楚大盘了。到底是中线持有还是短线操作已经被弄得乱套了。

那么到底该中线思路还是短线思路呢？我举个实际的例子大家就明白了：我所持有的股票里有 8 只股票，其中 2 只股票已经达到预定的位置了，

关注的时间是 2007 年的 1 月 4 日。

大家可以看一下,1 个多月中马钢股份涨了 50%,而 000960 涨了 100%以上。我想问一下,今年有几个人 1 个月左右赚了 100%?那么可见,今年中线远比短线操作安全,利润高。这是事实给我的证据和底气。

今年我会继续中线下去,把中线做到底。

预计明日大盘继续上涨,挑战 2880 点,如果逾越,大盘将再次走牛,就算不能过也只是再耽误几天时间而已。大盘中线牛市没有改变,明天依然是阳线。我会继续关注钢铁、白酒、券商概念和地产股。

43. 2007 年 3 月 7 日　大盘走出下跌阴影,三连阳明日见到

今日大盘收盘 2896.59 点,上涨 56.42 点,成交 750.6 亿元。我昨天说的券商概念集体大涨,多家冲击涨停,涨得少的都在 5% 左右。钢铁、地产和白酒也启动,个股普涨。昨天很多人还认为大盘反弹无力,而我却认为大盘开始新的上升浪了。由于股指期货在 6 月底前推出,那么抢夺大蓝筹股筹码运动将再次开始。因为以后无论做多做空都需要筹码。这就决定了大盘继续上涨符合各方主力的要求。大家还记得我在上个月预测工行 6 个月会到 8 元吗?还记得我预测中行 6 个月到 7.4 元吗?当时很多人都认为我发神经了,我估计在未来的 5 个月内,这个价格就会到了。当时我好像评价了 7 只大家都看不明白的股票,其中的锡业股票和国电电力已经涨到我说的价格,其余 5 只还没到,很快大家就会看到它们是怎么超乎想象了。

我的文章一直具备前瞻性,大家可以把我以前的文章好好看一下,我从不干马后炮的事情。我的博客从不删除文章,可以说是一部完整的操作记录。

大盘今日已经站在全部均线以上,明日大盘还是大阳线,直接攻击 2950 点,如果量能配合得好,攻击 2980~3000 点也没什么奇怪的。我依然会持

续关注钢铁、券商、白酒和地产股，它们会是本轮上涨的佼佼者。

44. 2007年3月8日　大盘今年的极限高点为5112点

今日大盘，收盘2928.01点，上涨31.42点，成交747.7亿元，标准红三兵走势。

盘中低价医药、白酒、地产、金属、券商概念股整体上涨，银行和部分钢铁股调整。我1月底预测的7只股票中的第3只已经基本到达我说的目标了。什么叫技术？我这个就叫技术。还差工行、中行、宝钢、万科没到达我说的位置，其余3个：锡业股份、国电电力和驰宏锌锗都到了。我1月28日写的文章预计是6个月内这7只股票到达我说的位置，现在短短1个多月就有3只股票到了，没真本事谁敢这么预测？

我今天写的标题大家有点害怕吧？大家别当我在开玩笑。我经过准确计算后才得出这个结论，我以前说过今年大盘最少可以走到3250点，这是上涨的底线。那么我现在再次计算的结果是今年的高点是5112点。我记得2006年初的时候大盘在1160点左右，当时我预测2006年起码要涨到1800点以上，当时我被嘲笑。去年收盘可是2600多点，等大盘真如我预料般走出来的时候，嘲笑我的早没了踪影。我认为时间是最公正的，我们慢慢看大盘怎么走上5000点的，现在大家依然可以当笑话看。

预计明日两种走势：第一，收小阴十字星，然后下周一大涨突破2950点；第二，继续4连阳，直接冲过2950点。

我会持续关注钢铁、医药、低价白酒、地产和券商概念股。

45. 2007年3月9日　下周一突破3000点，大盘狂涨70点以上

今日大盘和我预测的有点偏差，小阳十字星收盘。因为只要大盘再跌4点，就是小阴十字星。何况是在工行、中行两大银行启动的前提下。大盘现

在 2900 多点,4 个点的误差可以忽略不计了。收盘 2937.91 点,涨 9.89 点,成交 909.5 亿元。

盘中券商概念股、白酒股、钢铁股、地产、医药股表现精彩,都是我昨天关注的板块。驰宏锌锗冲上 100 元,成为两市第一高价股。我预测的为股指期货而收集筹码的工作已经展开,大盘应该在 6 个月内攻击到 4500～5000 点一线。这也是为什么我昨天预测大盘两种走势的原因,我考虑的就是工行、中行两行是否今天启动。如果今天它们整体启动,那么大盘必然直接穿越 2950 点后攻击 3000 点;如果只是试盘,那么十字星就成为必然。另外,由于年报已经全面披露,整个市场的市盈率已经降到 24 倍以下了,市场根本没有泡沫存在。3000 点已经被两次攻击,都无功而返。大家可以把大盘翻回 1300 点的时候,当时也是两次冲击 1300 点没过,第 3 次过的,然后走出翻倍行情。

这次攻击 3000 点也是第 3 次攻击,和去年的 1300 点一样,3000 点会被多方的核导弹瞬间摧毁,历史将重演。今年我多次说过 3000 点什么都不是,在下周各位就可以看到 3000 点被无情穿越。大盘在 10 月前攻击到 4500～5000 点没有任何疑问。

很多朋友认为股指期货推出要大跌,这个思想是错误的。要知道股指期货是双向获利的,涨也一样赚钱,怎么总想跌呢?主力从 3000 点炒到 5000 点,做多赚钱,再从 5000 点跌回 3000 点,做空也赚钱。要知道国家推出股指期货的目的是让市场更稳定而不是让市场猛烈波动。那么在主力收集控制大盘筹码的前提下,工行就会出现我说的攻击 8 元,而中行攻击 7.4 元。如果我预测的这两个巨无霸能涨到我说的位置,对大盘的贡献就是接近 500 点,大盘就该在 3500 点了,如果加上其余大蓝筹股对指数的贡献,那么大盘上 4500～5000 点的观点就完全成立了,这也是我预测 5112 点的基础了。

预计下周一大盘大阳线收盘,大涨70点以上,3000点被拿下。如果周末有利空消息出来,只是会延长点逾越3000点的时间。下周无论如何都会拿下3000点,我们拭目以待吧。新的大上升浪从下周开始展开了。

46. 2007年3月12日　剑在手,问天下谁是英雄

很抱歉,今天预测有失误,由于两大银行没有启动,大盘只攻击过2950点。收盘2954.91点,上涨17点,成交865.1亿元。

盘中低价股整体启动,白酒股表现良好,地产股也不错,券商概念分化,医药股继续上涨,钢铁股调整。大盘今日攻克2950点主要关口。实际3000点并不是什么太重要的压力线,只能说是让大家恐惧的一个点位而已。前期的密集成交区就在2950点,今天成功穿越,大盘本周站上3000点水到渠成。今日工行、中行两行没有如期启动,那么攻击3000点只能后移一下。只要两大银行启动,3000点必然被无情穿越。从盘中看重压力区2950点被攻克,启动的竟然是低价股,可见市场中的资金有多么庞大了。我奉劝那些到现在还在误导股民的人:牛市中踏空就是最大的风险。我今天看到一个分析师说:"今天大盘下跌的概率比上涨的概率高。"这不是瞎说是什么?涨跌各占50%还说得这么含糊,谁教的?这样的水平他也敢出来。早晨更有证券分析师说:"大盘呈现强弩之末。"更是无稽之谈。

现在很多朋友对3000点充满了恐惧,实际根本没必要这样。从今天盘面上看,很多股票又创出了新高,3000点对于个股一点压制的效果都没有。3000点更多的是个心理关口,没有任何实质意义。突破2950点远比突破3000点更有历史意义。因为前阶段密集成交区就在2950点位置,只要该位置被有效突破。3000点实际已经成为多方手中的筹码了,这也是为什么我说3000点什么也不是的原因。市场主力成本已经提高到2720点以上,那么上涨就成为必然的选择。今年1315亿元的日成交还会被刷新,市场的指

数将是没有最高,只有更高。等大盘走到5000点的时候,很多现在怕得要死的人就会说:原来3000点真的什么都不是。

明日钢铁会启动,白酒会继续上涨,券商概念会继续上涨,两大银行也按捺不住了,只要两大银行一启动,大盘就过3000点了。剑在手,问天下谁是英雄?我给大家的答案是——你自己就是英雄。前提是你要选个好股票坚决做多。

预计明日大盘继续上涨,6连阳。

47. 2007年3月13日　风雨难阻7连阳

今日大盘6连阳,收盘2964.79点,微涨9.88点,成交895.5亿元。

盘中钢铁、地产启动,券商概念和参股期货公司股票大涨,两大银行调控指数明显。盘中热点此起彼伏,大盘震荡幅度明显减小。明日大盘该选择方向了。由于2950点重压力区已经被穿越,那么大盘向上攻击概率明显增大。从盘面看,很多股票出现再续升势的状态,那么突破3000点可能在明天或者后天完成。两大银行只要保持不跌大盘就会过3000点,如果两大银行也启动,大盘将再度创出中国股票点位历史的新高。实际今天大盘走得相当危险,如果不是深圳成分指数力挽狂澜,上拉接近70点,两市大盘很可能今天就再次回档了。所幸的是主力控制得比较好,并且带动上海指数冲过2956~2964点(该点位也是有一定压力的,但是很小,下一个压力位置在2967~3000点,但是非常小,可以忽略不计),而我计算过今年的深成指的高点为14263点,上海我计算的结果是5112点。我们有6个月时间来验证我今天预测的点位,时间是最公正的。

预计明日大盘继续上涨,只要不出现大利空,大盘大阳线收盘。3000点应该被穿越,7连阳如期出现。

48. 2007年3月14日　3000关口无所惧,小阴后面是长阳

很抱歉,今天预测失误,大盘收阴线。收盘2906.33点,跌58.45点,成交948.4亿元。

我不想强调为什么判断错误,错了就是错了,没什么。只要大趋势没变化,我还是耐心持有股票,今日下跌中,我所关注的股票依然有涨停的。涨幅在3%以上的也很多,跌幅最大的也在3%以内,走得都不错。大盘对个股的影响越来越小。今日两大银行带动整个银行板块走弱,但是两市只有1只股票跌停,可见强势没有改变。大盘今天就是洗盘,金属、钢铁和券商概念股今天调整,经过前期的大涨后,调整一下很好,可以修复一下指标。明日我还是看多,本周攻击3000点的判断不变。

大盘今日下跌触及20日线后反弹,走得相当标准,就是洗盘。尾盘收回10和20日线,只是站在5日线以下。那么本周最后2日的走势就很容易判断出来了。明日可能出现两种走势:第一,小涨或者小阳十字星,后天攻击3000点;第二,明日大盘直接大涨70点以上,后天继续小阳线。

明日大盘止跌企稳,阳线收盘。3000关口无所惧,小阴后面是长阳。

49. 2007年3月15日　持仓有理,看多无罪

今日大盘如期反弹,阳包阴。收盘大涨45.36点,收2951.70点,成交882.2亿元,顽强站上2950点。强势特征明显。

盘中券商概念、地产类股票全部大涨,金属钛股票(宝钛股份)收上涨停,金属钽也走得很好,钢铁股也调整基本完毕,明日会向上,白酒低价股走势良好。市场主力一直面对3000点采取围而不打的策略,一直打压两大银行。但是从盘面上看明显已经控制不住大盘继续向上的欲望,3000点被拿下没有任何疑问。3000点下任何看空和做空的论调和操作都是错误的。至

于我说得对不对，时间自然会验证的。

预计明日继续上涨，阳线收，攻击2980～3000点。

50. 2007年3月16日　业绩开始占据主导地位

今日大盘先扬后抑。收盘小跌21.22点，收2930.48点，成交1060.8亿元。

大盘早盘表现正常，下午1点半开始风云突变，受加息预测和中移动回归的影响大盘快速下跌，最低探至2899点才企稳，没有跌破20日线，然后反弹，收盘收复10日线。继续保持强势。实际加息是预料之内的事情，早出来比晚出来好，只要加息出来利空就变成利好。现在大盘越来越受外界的影响，由于市值越来越大，我国股市已经和国际市场有同步的趋势。可以说现在大盘越来越难预测。面对将近3000点的股市，每天涨跌1%，实际对个股影响微乎其微。但是对于预测大盘涨跌者就很难了。

从今天盘面上业绩优良的个股开始启动，而前期大涨的垃圾股开始回落。很明显基金已经把仓位调整到绩优股上面了，炒作业绩潮的行情开始了。我们该向绩优股靠拢，尤其是有高送配的个股。中小板股票中最值得掘金。金属类股票、钢铁股、白酒低价股、地产股和券商、期货公司概念股票等将是市场的主流板块。

今年要坚决贯彻中线持股的思路，年初我关注的个股在短短2个月内基本翻倍了，如果能坚定持有都会获得很大的收益。很多朋友亏损，最大的原因就是来回换股，频繁操作。大家应该总结一下教训了。大盘今年起码能到5000点，只要你手中是业绩良好的股票，翻倍一点不是问题。今年我和我的朋友们所持有的股票有8只到达目标。可见中线持股不但赚钱而且也不亏时间。我以前多次强调死守就是王道，很多朋友不以为然。那么铁一样的事实告诉我们，今年的确是这样的。

大家今年亏怕了，做短线做死了自己。而我今年的中线思路无疑赚了稳定的大钱。不是短线不好，而是大多数人都不是短线高手，被别人吃掉的机会太大了。除非你有足够的时间，有良好的心理素质和短线水平。

预计下周一，大盘会顺势下跌，然后企稳。如果本周末真的加息，周一就是长下影线的阳线。如果没有利空消息出来，大盘重新站上2950点，还是阳线。大盘过3000点没任何问题，只是时间会延长一点而已，因为牛市的趋势没有改变。

51. 2007年3月18日　加息终于出现，大上升浪展开，剑指5000点

今天晚上中国人民银行对存贷款利率上调0.27%，一直悬在股票市场头上的利剑终于落下。

上周五我的博客就提到加息的事情，很多朋友都认为大盘不行了，要大跌，那我告诉大家，大盘新的大上升浪展开了，到今年9月底前大盘将攻击到5000点以上。

(1)从成交量上看，在2700点以上位置堆积了超过4万亿元的成交量，大盘却一直在2800～3000点狭小的200点空间内运行，明显就是等待加息的利空出现。如此巨大的成交量不可能是散户交易出来的，只能是机构之间的换手，那么加息的预期都不能使大盘有效跌破市场平均成本位置2720点，可见牛市行情依然没有结束。那么加息利空一旦化解，大盘只剩下上涨一条路了。

(2)从2005年到现在的几次加息中，2005年的加息造成市场下跌，而2006年每次加息股市都大涨。这就很清晰地告诉大家，牛市中加息大盘都会短暂下跌后猛涨。2005年由于处于熊市末期加息下跌很正常，而2006年处于牛市中，加息后大涨就不奇怪了。那么本次加息是2007年的第一次，今年就算是再次加息，起码也是5个月以后的事情了，短期市场恐惧心理会

随着加息利空的释放而恢复平静,那么上涨就水到渠成了。

(3)加息对银行类股票和地产类股票影响最大,但是利空出尽是利好,这两大板块下周会出现先抑后扬的走势,一旦这两大板块启动,大盘过3000点简直如探囊取物一般。

(4)由于中国今年第一次加息,而美国短期加息压力不大,就会造成热钱对中国股票市场的冲击,涌入的资金会相当巨大,大盘不涨已经很难了。

(5)由于存款利率会调整到年利率2.8%左右,那么正常对应的市场平均市盈率该是35倍,我们现在的市场市盈率动态不足25倍,在24倍左右,那么当上升到35倍的时候,大盘起码要到4050点才对。加上股指期货的影响,5000点就有了极大的基本面支持,而不是以前我单纯用技术面衡量了。所以我前几天说的5000点已经有基本面和技术面的双重支持,5000点基本已经可以100%确认了。

(6)当前市场分化明显,说"泡沫"指的是业绩差的个股,而实际上大蓝筹股中的地产、钢铁等并没有出现疯狂的迹象。总股本连1个亿都不到而且有高送配的中小板个股竟然连30倍市盈率都没有……我们的操作必须转移到业绩优良的个股上,下阶段头上带着无数光环的重组股、垃圾股都该坚决抛弃,只有业绩好才是市场上升的原动力。地产、钢铁和低于30倍市盈率的中小板个股都是我关注的重点。

(7)今年市场波动相当大,尤其股指期货推出后。我年初就说过今年基金能有30%的收益就不错了,现在看很多基民都亏损得厉害,变成了真正的"饥民"。

总之,大盘已经摆脱了加息的阴影,大上升浪已经展开。5000点6个月内必然见到。

52. 2007年3月19日　博客点击超过100万,大盘飞跃3000点

今日大盘在加息公布的利空出尽后猛烈上涨,飞跃3000点大关。收盘

3014.44点,大涨83.96点,成交962.9亿元。

盘中两大银行、地产、券商概念和期货概念股大涨。3000点本来就什么都不是,却被很多无知的股评人说成什么强阻力,什么不可以逾越,什么大头部。看看今天大盘的走势就明白了,只要任何一个占据指数大的板块启动,3000点就会被攻克。短期看3000点依然会反复,但是过2个月我们回头看的时候,就会发现3000点不过是山腰而已。我前面的文章提到过,由于股指期货的即将出现,那么抢夺大蓝筹股的行情就会出现。两大银行已经开始启动,后面以万科为首的地产股以及钢铁、有色金属也会轮番启动。大盘的目标根本不是3000点,而是5000点。前几天我计算过上海大盘今年可以到达5112点,深圳大盘可以到达14263点,被很多人骂。实际想一下,我2006年初在1160点位置预测大盘可以到达1800点以上的时候不是一样有人骂我吗?但结果呢?2006年底2600多点收盘。所以我想告诫那些低手们,你们总拿自己的思维衡量高手的判断,而且还扬扬得意,不感觉很羞耻吗?

今日我最希望看到的是2950～3200点反复震荡,个股行情此起彼伏,而大盘却不大涨。现在不是涨得越高越好,而是涨得越稳越好。正常走势是4月15日股指期货出台前,大盘温和上涨,当4月初的时候猛烈上涨攻击4000点以上,然后股指期货推出,大盘继续猛烈上涨攻击5000点以上位置。这样主力做多赚大钱,同时也在5000点位置把泡沫吹到最大,然后猛烈下跌,在指数上做空,大盘回归3200～3500点。本次上涨的轮动板块是银行-地产-商业-金属和钢铁-中小板-银行。要买就买业绩优良的个股,业绩差的坚决抛弃。

预计明日大盘将调整,小阴线收盘,幅度不会很大,2980点为支撑,前高3049.77点为压力。本周再次创出新高没有问题。

53. 2007年3月20日　3000点上狼烟再起，大蓝筹股逐鹿中原

今天家里有点事情，写博客晚了点，抱歉。今日大盘全天震荡，收盘3032.2点，小涨17.75点，成交825.6亿元。

今日盘中，银行休息，地产开始启动，下午金属也开始上涨，我多次强调的医药板块也开始启动。大盘一直在3000点上下35点内运行，调整昨天大涨的指标意味明显。个股走势良好，两市没有一家跌停。最近大盘一直都是下跌带量，上涨缩量，而且创新高的时候量都不大。如果在熊市中，这样走就是典型的拉高出货，而在牛市中属于散户的筹码向机构集中。很多时候散户总想，主力是不是想出货？我是不是要跑？而我认为，现在很多主力不是想出货，而是想要更多的筹码。例如，稀有金属类股票，价格明显偏低，消费类品种，例如，茅台等，只要有耐心长期持有2—3年利润每年都不低于100％，前者具备稀缺性，看看国际市场的库存就明白了，后者也一样，茅台年产量基本是固定的，几亿人想买，不涨才怪。还有银行，中国能上市的也就这十几家，工行那么大的家业，凭什么就不值8元？几年后等工行复权几十元的时候大家才会醒悟我们现在工行的价格怎么那么便宜，而那么便宜的时候我为什么没买？所以大家别总拿以前的思维衡量现在的市场，因为时代变化太快。谁能想象到美国历史大牛股可口可乐以前曾经6美元，而现在是50多万美元，大家都太追逐短期效益了。当我们国家走大牛市的时候，能捂住好股票就是能耐啊。

今年到2008年奥运会开幕前盈利的机会比较多，"捂者为王"适合任何国家的大牛市。别总想着短线搏杀，别总想着逃跑。很多人今年都有一样的感觉，就是卖的时候感觉卖得相当不错，而想再次买进的时候发现比自己卖的时候价格高了很多。

我昨天就说过本次上涨的轮动板块是银行-地产-商业-金属和钢铁-中

小板-银行。那么今天地产和金属动完了，估计明天是商业和钢铁了，随后是中小板，然后再是银行启动，周而复始。今天大盘收的是小阳十字星，说实话现在大盘真的不好预测，如果是涨9个点就是小阴十字星，而现在涨17点就是小阳十字星。8点的误差，预测就是错误的，很无奈。

预计明日大盘继续上涨，小阳线收盘，盘中会再次创出历史新高。我估计明天突破历史高点的不是两大银行，而是我看好的商业股和钢铁股。

54. 2007年3月21日　中国股市历史最高点被突破

今日大盘，冲破3049.77点，再次刷新中国股票历史最高点。收盘3057.38点，上涨25.18点，成交901.4亿元。

盘中医药股一马当先，继续领涨。地产、金属、低价白酒股轮番上涨，银行股保持平稳。由于工行今天停盘，因此带动大盘突破的板块比较乱。我昨天就说过，大盘今天盘中见新高。到收盘指数竟然是接近历史最高点收盘，上海大盘先走出大突破，深圳大盘也距离前期高点一步之遥。今年的大牛市格局到现在依然没有改变，3500点下没有太大风险，当3500点以上才是大家该担心的时候。现在阶段，每次下跌都是加仓的好机会。

最近很多所谓的高手已经完全看不明白大盘了，喊空者不计其数，却一直被市场扇耳光。在下的每个预测都有理有据，我记得以前我说3000点什么都不是，现在看3000点就什么都不是，明天就是3100点以上了。

预计明日大盘继续上涨，攻击3100点整数关口，银行将再次启动。

55. 2007年3月22日　明天还是阳线

今日大盘，盘中最高攻击到3099.82点，极度接近3100点，收盘3071.22点，上涨13.85点，成交放大到1139.1亿元。由于早盘高开23点，因此收出阴十字星，我的预测应该是正确的。

盘中钢铁开始启动,低价股横行,药业和纸业板块涨幅靠前。大盘今日由于高开,留下将近24点的跳空缺口,收盘前主力打压大蓝筹股,试图强行补缺口未果。该跳空缺口如果成立就是衰竭缺口,那么明日必然要补上。所以明日必然有一个短暂下跌,探回3050点一线,此位置可以大胆补仓。明日该是突破型的大阳线,攻上3100点关口。而下周一大盘才会下跌。

预计明日大盘低开高走,大阳线收盘,3100点本周被踩在脚下。我会持续关注钢铁、商业和中小板,以及两大银行。

56. 2007年3月23日 缺口补完,下周一来根小阴线,下周二突破3100点

今日大盘低开高走,小阳线收盘。盘中最低下探到3008点,然后企稳向上,下午2点在金属、钢铁的带动下上冲,收出小阳线。收盘3074.29点,小涨3.06点,成交1055亿元。

盘中锌金属力挽狂澜,同时带动其余金属异动。锌、锡、镍是今年的三架狂飙马车,它们现在的价格还起码有20%的上涨空间。我以前说的3个低价白酒也在不知不觉之间涨了不少了,关注的两个地产股也不错。今年我坚决不做短线,因为短线利润太容易流失,主要是今年大盘决定的,我是干掉一只再去干掉另外一只,投机市场机会很多,我们不可能全部把握住,能把握属于自己的一部分就足够了。看看年初我关注的股票吧,到现在也不过区区2个月,好几只都翻倍了,而今年涨了400多点,又有几个人赚了100%利润?

大盘到现在走得依然很健康,该涨的时候涨,该补缺口的时候补缺口,不紧不慢的。如此理性的走势,主力根本不可能出货。大盘今日击穿5日线很多朋友恐慌,我就不明白。相对于3000多点的大盘跌上六十多个点,连2%都不到,紧张从何而来?到现在为止,在下可以把大盘看得很清楚,如果真的连我也看不明白大盘,估计就真的见顶了,而现在绝对不是顶部,

3500点以下就是安全区域。

预计下周一大盘震荡整理,小阴线收盘。下周二继续大涨,强势突破3100点。

57. 2007年3月26日　等待3250点的到来

今日大盘我预测的有失误,本来以为今天收根小阴线,明日站上3100点,但是今天主力已经无法忍耐寂寞直接冲上3100点,收盘3122.81点,上涨48.52点,成交1107.6亿元。

盘中奥运概念领涨,我多次关注的低价白酒"三剑客"全部创出新高,商业股开始向上,钢铁股已经复苏,3G、中小板全部启动,盘中热点不断。重庆由于直辖市大扩张的原因,当地股我也开始关注起来;另外金属股处于调整,后市锌、镍、锡我会继续关注。对奥运板块要区别对待,我只选龙头,毕竟都没业绩支持,炒作的就是概念。

从盘面看,大盘的主力已经忍耐不住了,资金呈现集团式进场,股指期货条例预计4月15日出台,那么给主力买进大蓝筹股的时间不多了,钢铁、两大银行和含H股的A股,以及占据指数比较大的地产股和电力股都要动了。

预计明日大盘继续上涨,确认3100点支撑有效后就去冲击3200点了。乐观估计两周内拿下3250点没任何问题。明日收阳线。本周应该是4阳1阴的强势走势。

58. 2007年3月27日　概念股最后疯狂,绩优股重出江湖

今日大盘继续上攻。收盘3138.83点,上涨16.02点,成交1150.33亿元。

盘中西藏概念在利好支持下大多拉上涨停,重庆概念继续上涨,后市依

然有潜力。金属股继续高歌猛进,高价股经过前几天的回调,已经企稳,后市将继续向上拓展空间。钢铁股开始分化,我持续关注钢铁权证。我昨天提到的奥运概念股今日果然回档,该品种只适合短线操作,银行股继续调整,调控指数意味明显,只要两大银行启动,大盘就会直接攻击3250点以上位置。短期看,所谓的题材股和概念股呈现末路狂奔的状态。

预计明日大盘小阴线,调整幅度在30点之内,3100点支撑强大,大家可以放心。

59. 2007年3月28日 坚守业绩股

今天两大银行集体启动,散户纷纷放弃手中股票追逐银行和大蓝筹股,我提醒大家,现在坚决持有你手中股票,因为主力在偷梁换柱,等大蓝筹股拉到一定程度,资金必然反手杀回业绩优良股票,牛市是轮涨的。来回换,追求热点是完全错误的。

拿住自己业绩优良的股票,它们随后也大涨,一点不比两大银行等大蓝筹股差。

60. 2007年3月29日 三十六计之偷梁换柱

今日大盘,猛烈攻击3250点关口,收盘3197.54点,上涨24.52点,最高攻击到3273点,成交1421.5亿元。

两大银行带动银行股大涨,指数青云直上。但是个股却受到大盘上涨的拖累,下跌的超过700家。盘中券商概念股和银行、部分钢铁股上涨,而大部分股票下跌,今天下跌低于4%的都属于好股票了。主力正是按照散户的思维作反向操作,今天追进银行股的起码要被套上1周左右。主力现在是一边拉银行等指标股,维持大盘上涨,一边猛烈打压个股,逼迫散户放弃手中筹码追涨大蓝筹股,然后让大蓝筹横盘或微跌,再反拉其余股票。多么简单的手法,但是散户上当者依然很多,2007年"捂者为王",因为板块的轮动,所以只要持有业绩优良的股票都有机会上涨,今年亏损的就是盲目做短线的人。

今日被主力洗出不少散户,估计明日银行股开始调整,而今日下跌的个股却要上涨了,明日大盘很可能是绿的,而个股却是大涨的,和今天完全相反的走势。

预计明日大盘小阴线收盘,银行进入调整,钢铁以及电力、商业、高价股和中小板个股轮番上涨。

61. 2007年3月30日　把空头逼死在3500点上

今日大盘收盘3183.98点,下跌13.55点,成交841.6亿元,由于早盘低开21点,所以收出上影线的小阳,但是我的预测是完美的。

今日果然两大银行进入调整,昨天大跌的股票上涨,大盘是绿的,个股却开始反弹,而昨日追杀两大银行等大蓝筹股的股民再次被套。我年初曾经预测过上100元的股票大概有4~5只,这个预测已经实现了,那么我现在再次预测一下,就是我们的市场在未来的3个月内会有超过130元的股票,而且会是2只以上,100元的股票只是心理关口而已,随着大盘攻击5000点,高价股会继续向上拓展空间,130元以上才是主力的目标。

我记得去年我在1160点看1800点以上,骂我的人不计其数,而今年我在2600点看3250点的时候也被骂得体无完肤,我现在在3200点位置看5000点以上照样被骂得狗血喷头。我每次正确的判断都伴随着不和谐的声音,但我泰然处久。

预计下周一到周三,有两种走势,第一种是周一和周二连续拉两根大阳线,攻击3300点整数关口,周三小跌;第二种是周一收十字星,周二跌到3100~3130点附近,周三大涨收复3220~3250点。出现两种走势的原因就是两大银行的变化,我更倾向于第二种走势。因为那样走更健康,继续耐心持有手中业绩优良的股票,它们已经相当珍贵了。

62. 2007 年 4 月 2 日　明日拿下 3300 点

今日大盘,收盘 3252.59 点,大涨 68.61 点,成交 952.2 亿元。

盘中钢铁股全线启动,券商概念股上涨,中小板股票继续上涨,大盘一片欣欣向荣。两大银行稳健上涨,并且封闭了大盘的下跌空间。前期大盘在 2900～3100 点反复震荡的时候,无数空头一直叫嚣的顶部一次次被化解,大盘出现的不但不是顶部,而是越飞越高。可见现在真的没有几个人能看清楚市场了。更有人是在 2600 点叫嚣头部,被主力每天扇耳光,扇得都没皮没脸了。现在市场中还能继续喊多的,就只有在下、股评人叶宏和实战高手"白兔"了。而能说明白到底为什么大盘如此上涨的,只剩下在下一人了。所以我也告诉大家,想赚钱,还不如靠自己呢。

大盘走到现在依然很正常,两周内大盘将突破 3500 点,然后整理一周后向 5000 点进军,4000～4100 点位置才有重压力,那个时候才会出现一次巨大的下跌。大概要跌 150 点以上,而 3500 点以下不会出现大调整。最多是在 100 点左右震荡。

我极力看好的钢铁股开始焕发出青春,中小板股票也大步向前。现在位置依然不高,两大银行中工行的目标位置不变,依然是 8 元,中行依然是 7.4 元。

预计明日大盘继续上涨,大阳线,攻击 3300 点整数关口,这个结论我在上周五就已经预测了。大家可以回去看看就可以了,周三才会调整。

63. 2007 年 4 月 3 日　3500 点下无战事

大盘今天继续大阳线上涨,收盘 3291.30 点,大涨 38.7 点,成交 1097

亿元。

盘中低价股、中字头企业股、中小板概念继续上涨。钢铁股有调整迹象,休息一下后会继续上涨。地产股有启动迹象,有色金属开始活跃,大盘再次进入极度活跃中。高价股今日茅台、小商品城等公布业绩,都很不错,后市会继续上涨。

现在市场依然相当健康,泡沫不是没有,而是不大。市场明显已经进入快车道。任何看空言论和做空的都像螳臂当车一样被市场所唾弃和淘汰。到现在空头还有侥幸心理,等待市场大跌,我告诉大家,3500点下没有大跌,最多就是100点的震荡而已,3500点下空头根本没有狙击多头的能力。

大盘明日继续上攻,穿越3300点大关,还是大阳线收盘。涨幅在40～60点。开盘会低开一下,然后顽强向上,收盘会以接近最高点收盘。感觉大盘本周是5连阳(上周我预测的4阳1阴是准确的)。由于现在大盘越走越高,也越来越受外界影响,按照我的技术现在也最多能够预测3天内的走势,当走到整数关口的时候,我也需要等到当天收盘才能看明白第二天怎么走,不像以前我能准确判断出一周甚至两周大盘每天怎么走了。

分析一下目前的大盘。

大盘冲过3000点后,基本马不停蹄地越过3100点和3200点整数关口,3300点已经近在咫尺。很多空仓的朋友被折磨得不知道该怎么办才好了,而满仓的朋友也提心吊胆,这都很正常的。关于大盘到5000点的论述我已经说过多次了,关于怎么计算出来的我也说过很多次了,这里我不想再次重复。我现在要跟大家说的是大盘的基本面和技术面。

(1)现在的大盘到底有没有泡沫?市场是否依然健康。

有"泡沫",但是不大。现在市场已经把3元的股票全部消灭了,如果还说没泡沫就是骗人了。整个市场股票的平均价格接近12元,的确有泡沫存在,但是市场却依然健康。为什么这么说呢?就是因为我们的市场是资金推动型市场。当场外资金无限放大的情况下,场内筹码却是固定的,那么股价水涨船高不可避免。说简单点,场内整个市场的市值现在在 14 万亿元左右,能流通的大概只有不到 6 万亿元,而场外有 20 万亿元的资金。20 万亿元的资金可以把场内筹码炒高 3 倍以上,按照正常国际市盈率 16 倍计算,那么我们市场光靠外围资金就可以把市盈率炒到 50 倍左右。而现在市场静态市盈率不过才 40 倍,而动态市盈率接近 30 倍。如果按照静态计算,那么大盘 3300 点,到达 50 倍就是 25% 的上涨,计算后就是 4125 点,而按照动态计算大盘 3300 点,计算后就是 5478 点左右。这也是为什么我说 4000～4200 点有大震荡,而我预测的 5112 点可能都不是今年最高点的原因。这个完全不是用技术指标计算的,用的就是市盈率。我们国家历史上几次大跌前,市场的市盈率都在 70 倍以上。而现在市场不过区区 30 倍市盈率,有什么可怕的? 大盘到达 5000 点以上我也会出货,因为静态市盈率已经接近 70 倍,再向上就是极度投机,而现在只是适度投机而已,远没到达疯狂的地步。5000 点下做个坚定的多头。

(2)谈谈股指期货对大盘的影响。

我认为现在根本没影响,越临近期货推出,市场就越疯狂,如果真的 5 月 18 日推出,那么 4 月底大盘可能就 4500 点以上了。原因很简单,做空做多都需要筹码,那么当工行冲到 8 元的时候,中行冲到 7.5 元以上的时候,光两大银行带上去的指数就有 300 多点,其余股票难道是吃干饭的不成? 正常按照历史上涨比例看,两大银行每上涨 150 点,大盘其余股票带动的指数就是 550 多点。那么按照这个计算,两大银行上涨 300 多点。大盘其余股票起码向上涨 1100 多点,1100 点加上 600 点,就是 1700 多点了,算上现在的 3300 点,不正好是 5000 多点吗? 如果工行冲到 9 元呢? 大盘就 5200 点以上了。多么简单的数学题,算得那么费劲干什么? 这就是期货对大盘的影响。当大盘到达 5000 点以上我卖完了都来得及去看未来,现在急什么?

(3)技术到底能否计算大盘和个股？回答：能。

很多人在用数浪操作法，从998点数，数到2300点就5浪5了。大盘再向上没浪可数了。没办法只好再从2300点数3浪3，数到3200点又到5浪5了，现在接近3300点就没浪数了。很好笑吧？就这么好笑的事情就在我们身边发生着，悲哀啊。

很多人看不明白大盘，看不明白个股，实际是技术运用得不对。我每天判断大盘走势，准确率一直在93%以上，大家可以把我全部文章拿出来计算，看我说谎没有。对于大盘每天的判断完全是技术指标判断的，只要不出现突然利空或者利多，我的准确率能达到95%以上，这里面一点基本面的成分都没有，完全是技术分析。长线和中线趋势也是先通过技术判断后，用基本面市盈率、外围资金和估计值去验证的，没有一点投机取巧。我以前说过我就是技术派，因为我的技术具有前瞻性，而大多数人的技术是有缺陷的。投机市场没有任何技术是完美的，只能靠提高自己的准确率来让自己的技术趋近完美。

64. 2007年4月4日　消灭6元钱以下的股票

今日大盘和我预测的有差异，开盘下探后，开始上涨。收盘3291.54点，微涨0.24点，成交1166.4亿元。

由于主力猛砸两大银行和钢铁股，上海529家上涨，只有328家下跌，而且跌幅最大的才5%而已。下跌的都是银行、电力、石化、钢铁等大蓝筹股，砸大盘指数意味明显。把这些下跌品种所占据的指数计算一下，竟然是45点。这一方面说明今日市场主力有意控制指数，另一方面说明，大盘今日实际是该上涨45点的，和我昨天的预测差距并不大。最重要的是量能有所放大，大蓝筹股的主力根本没能力继续向下打压了，一砸盘接货的就来了。这也是为什么大蓝筹股跌却明显跌不动的原因。

盘中我昨天注意的港口类股票全部大涨,而中央企业类股票也上涨,高价股茅台、驰宏锌锗小商品城继续上涨趋势,低市盈率股票涨幅居前。我昨天说的4类股票全部是今天的明星,这就是我判断资金流动板块的杰作。大盘明显已经压不住了,个股风云再起,已经出现再创新高的走势。大蓝筹也砸不动了,明日必然再次崛起。现在5元钱以下的股票已经凤毛麟角了。很多朋友都恐慌,实际没什么可害怕的,大牛市就这样,解放股价。那么我们再激进些。我的口号是消灭6元以下的股票,够疯狂吧?现在是多方害怕,空方更害怕。多方怕现在是山顶,谨慎再谨慎。空方也害怕,从2500点就盼跌,到现在越盼越涨,而且根本不给进场的机会。看看今天的震荡吧,砸指标砸得那么凶狠,连30个点都砸不下去,空方已经快被逼疯了。

多空双方都如此谨慎的情况下,大盘根本不可能见顶。现在是稍微一调整,场外资金就疯狂涌入,你下了轿子就不给你再低价买回的机会。我现在的思路就是死捂到底,因为我清晰地看到,无论是QIFF还是国内基金,基本是一拿到额度,当天就满仓。他们3000点位置进场都不怕大盘点位高,我一个从2000点捂上来的人怕什么?投机市场保持冷静不假,但是过于冷静就会丧失最大的机会,因为疯狂的高潮才是最能获得暴利的时候,关键看你是否把握得住了。只要能准确地判断出资金流动而选择板块,准确地判断出大盘走向,就该勇敢操作。你们谁见过高手过招还带手软的?艺高人胆大就是这个道理。到现在为止,钢铁股没疯狂,电力股没疯狂,煤炭能源股没疯狂,海运股没疯狂。那么整个板块轮动中竟然还有如此多的板块没疯狂,跟我说顶部就是痴人说梦。

再说一次,大盘远没到顶,个股远没到顶。

预计明日大盘继续上涨,大涨20点以上,阳线收盘。本周5根阳线。

65. 2007年4月5日 "飞流直上三千三,疑是财神落九天"

今日大盘,全天小幅震荡,下午发力,收盘3319.14点,上涨27.6点,成交1162.6亿元。

盘中港口概念股继续疯狂,券商概念股风云再起。低价股正在展开消灭6元股的活动。高价股驰宏锌锗和小商品城继续逞强。电力股启动,钢铁股调整到位。今天个股走得相当强劲,尤其是两大银行没上拉之前。现在最好别拉大蓝筹股,因为它们越横盘,个股就越疯狂。我告诉我的朋友们,根本别理会大盘,拿住我们持有的股票就行。今年我很多朋友已经达到50%~200%了,这就是死守的魅力了。投机市场说什么都没有用,只有准确地判断大盘和让关注的个股获得盈利才是最具说服力的。

预计明日大盘继续上涨,本周五连阳的判断不变,明日应该上涨15点以上。

大盘今日短暂调整后,依然还会上涨,牛市的基础没有改变,牛市中的任何小利空都是给大家买货的机会。一旦消化完,就会引起大盘和个股更猛烈地上涨。

66. 2007年4月6日　红色星期一

今日大盘和我预测的有误差,收盘依然阳线,但是差了10个点。收盘3323.59点,小涨4.45点,成交1236亿元。本周和我上周的预测一样,5根阳线。

开盘受提高准备金利空影响直接低开30多点,然后直线向上,收盘依然阳线,大盘继续保持强势。盘中高价股驰宏锌锗早早封死涨停,116.58元超越了贵州茅台的前期高点。我说的高价股冲击130元很快实现。第二个去130元的就是小商品城(600415)。茅台的业绩差了点,会维持现在价格。驰宏锌锗主要是市盈率过低,5.31元的业绩就按25倍计算也要涨到130元附近,加上10送10派30元,涨到150元也不奇怪,而小商品城,2.43元的业绩,正常按照商业股平均60倍的市盈率计算,起码也该到130元,如果开完股东大会后,三期项目合并报表,再来点送配,追上驰宏锌锗也没什么不正常的。两个垄断的股票,价格没有最高,只有更高。

券商概念股集体上涨,金属镍、锌、锡越走越猛。低市盈率板块表现良好。

受提高准备金影响,今日银行股继续整理,钢铁股也一样。主力趁机洗盘,使得大盘指数未能有效突破 3400 点。现在的状态最好不过了,大盘股不动,其余股票猛涨,爽。大盘走到现在依然健康得不能再健康了,那么多股评师说见顶了,我却没看到头部。

预计下周一大盘大阳线收盘,上涨 30 点以上,如果主力凶猛,不排除直接攻击 3400 点整数关口。我持续关注钢铁和银行,我感觉它们要动了。

67. 下周大盘基本趋势

我就说几句:

(1)大盘下周有一次 70～100 点左右的调整。

(2)下周会冲到 3400 点以上。

(3)钢铁股下周有大动作。

(4)券商期货概念继续火爆,白酒也机会多多。我会关注少数民族股票如宁夏的、新疆的、西藏的、内蒙古的,医药板块尤其中小板中的药业股,还有低市盈率的能源类股票。

下周大盘应该是 3 阳 2 阴走势,个人认为周一大阳线,周二小阴或者大阴线,周三小阴或者大阴,周四小阳,周五中阳。周收盘在 3400 点以上,乐观点看下周高点为 3450 点上下 15 点。3500 点估计要再下周了。

68. 2007 年 4 月 10 日 卖出手中全部股票

今日,我卖出手中全部股票,等跌。无论什么股票都卖出,基金可以赎回。

69. 2007 年 4 月 10 日　继续等待

到收盘我全部卖完,我现在全线空仓,继续等待下跌。

70. 2007 年 4 月 11 日　继续等待

继续空仓等待。

71. 2007 年 4 月 12 日　市场处于极度疯狂中吗

大盘依然处于疯狂状态。主要资金来自四个方面,基金、私募、新散户和庞大的外围资金。由于很多资金集结的原因造成大盘跌不下去,技术指标已经处于极度超买中。一根 100～200 点的大阴线随时会出现。我空仓也就是在规避这个风险。3500 点上我绝对不会去冒险。空仓不等于我看空后市,我规避的是短线的技术风险,我认为我做得完全正确。

大盘很可能出现更大的调整,因为老主力在撤出市场,新主力还没有完全获得筹码,加上近期有再次加息的传言。还有由于很多老基金价格在 2～3 元,很多基民也出现赎回老基金买 1 元钱新基金的情况。因此老基金的基金经理为了避免大规模赎回,只能选择继续冒险做多。这是相当危险的信号,一旦出现大跌,基民赎回的多,基金经理也只能选择卖出一部分股票,更会加剧大盘的下跌。

72. 2007 年 4 月 13 日　下跌开始

下周一看吧,下跌开始了。

73. 2007 年 4 月 15 日　下周大盘展望

(1)大盘已经完全疯狂了。个股完全进入超买区,资金疯狂扫荡,给人的感觉就像全部变成了沽权的末日轮。如果这还不叫疯狂,我就不知道疯狂两字该做什么解释了。

(2)大盘处于相当危险的点位,3500~3600点必须进行一次大洗盘,目的第一是清理过高的技术指标,第二是给新股民上一堂风险教育课。

(3)有人说"无限风光在险峰"。可见很多朋友也知道自己处于险峰上,但是为了博取利润却不顾及危险。大牛市中保存利润比拼命博取要重要得多,账面利润是纸,落袋为安才是钱。

(4)我依然是大牛市忠实的守护者,但是我要规避短期的技术风险。3500点附近就要空仓操作,我在等3350点的位置。5000点的论断不改变,要有大思维,不必计较一城一地的得失才是高手。

(5)现在大盘是风声鹤唳,一有风吹草动散户就会夺路而逃,大盘风险不言而喻了。

(6)新股开盘都100甚至200倍市盈率。认沽权证猛烈上涨,认购权证却萎靡不振。散户开户速度日均25万户,证监会开始查处违规公司等,全部是短期见顶的信号。

预计下周大盘开始下跌,支撑位置3350点、3300点、3250点。跌破3350点才可以建仓。

74. 2007年4月16日　一起疯狂吧

大盘越走越强大,今天开始缩量上涨,短期调整也不会太大了。我承认看错了短期行情,起码损失了150点的利润。场外资金过于强大,而且完全不给空方翻多的机会。技术指标轻微修复,感觉这么走要去3800点了。

既然看错了就要马上纠正,这是原则问题,大盘现在就像疯牛一样,所到之处,风卷残云。

75. 2007年4月17日　一路轧空到3800点

全天宽幅震荡,盘中波动超过110点。高开后回补缺口,然后逐级下跌,随后在强大买盘推动下走高,收盘小涨15.43点,收3611.87点,成交再次创出天量1778.2亿元。

大盘今天这么走反而很健康,从盘口看,主力再次完成一次大洗盘,预计明日大盘继续上涨,小阳线收盘。大盘将轧空去3800点。

76. 2007年4月17日　我错过了150点行情,却获得45%的利润

很多人等着我出错,我自己承认错过了150点行情,但是有几个人知道错过的150点可以让我获得更多。我去年也看错过一次行情,就是1379点位置我看调整,然后杀进沽权。大盘的确和我预料的一样狂跌80多点,第二天却在中石化的带动下继续上涨,很多人却亏了钱。我看错了一段行情却赚了50%多的利润,今年这150点的看错,竟然和去年的结局一样。可能殊途同归是可以这样解释的。

我的资金全部杀进沽权,错了150点行情却赚了45%多,杀进的万华权证(580993)玩的就是技术水平。

77. 2007年4月18日　明后两日关键期

今日大盘,全天震荡整理,收盘微涨0.53点,收盘3612.4点,成交1686.6亿元。

短期大盘将面临选择方向,指标开始粘合,明天和后天很关键。如果能在5日线获得支撑,大盘将继续保持强势,否则将调整1～2天。明日收出小阳十字星,周五该进入调整了。

第二十四章　盘口实录二

1. 2014年1月2日　利空来袭稳住心态,生物质能双星闪耀

昨天连续公布2批IPO新股,对大盘影响很严重。早盘大盘低开不多,托盘迹象明显,随后开始下跌,到现在已经跌了13点。

很多时候,大家都很在意大盘的涨跌,而就现在的市场来看,大盘涨跌并不影响个股的走向。尤其是现在大盘本身也处于比较低的位置,2100点,只相当于2007年的不足1000点,风险性并不大。2014年由于多重不利因素纠缠,很难走出牛市。IPO排队的800多家,新三板在全国的普及,创业板的再融资,美国逐渐退出QE等,都对市场资金面影响极大。因此能持续上行的板块只有3个,其中包括新股、生物质能和另外一个板块,其余板块均不见得走出波澜壮阔的行情。

新股的机会在下个月,因为本月上盘大概20只左右,很多新股素质并不好。市场定位比较模糊,因此本月不是进入新股的好时机,加上新股尤其是中小板和创业板的低开,一旦成规模,就会拉低以前该板块股票的价格,所以1—2月后进入新股是比较划算的。

生物质能概念股将成为前3个月最火爆的板块,首先它们大多处于底部区域,横盘时间都超过1年,多的甚至2—3年,可以说该割肉的早割肉了,该出局的早出局了。多次沉淀后,价值体现得很明显。而上行压力区域

距离底部很远。举个例子吧,例如,走的最好的有两只,主板的韶能股份(000601)和中小板的民和股份(002234)。韶能股份横盘超过两年,民和股份横盘一年半。该洗出的早就洗出了,散户并没有过多筹码,都是主力在底部不断收集的。题材上看韶能是生态农业和生物质能股,而且完全可以复制到异地。也是国家"十二五"重点扶持的,其生物质能发电,已经进入收获期。另外,其在广东地区有大量土地储存,在广东的三旧改造中会获得很多现金,很像去年上海自贸区概念中的上海物贸。该股不断剥离盈利不佳的子公司,也说明要把生物质能做大做强,而为全资子公司宏大齿轮也有进行IPO的打算。收购100%大洑潭电站,更是加快了其向生物质能、环保清洁水电类公司转型的速度。别忘记核电龙头中广核一直对韶能虎视眈眈,想一口吞下。无论任何题材都对应着30倍左右的市盈率,而韶能到昨天为止只有区区14倍多的市盈率。这也是我为什么如此肯定会有两只以上生物质能概念股会翻倍的原因。技术面上,12月27日开始上攻,一举突破箱底位置,连续3天呈现倍量,而且不封闭跳空缺口,走得相当强势,再说一下民和股份,该股现在的确亏损,但是从明年起盈利就该开始了,预计年底的业绩是0.45元,也就是说其动态市盈率只有不足20倍。盘子只有9000多万股,2014年白羽肉鸡产业链景气回升以及公司水溶肥的销售都会提升其业绩。横盘一年半了,只要启动就会做翻倍的打算。

这两只生物质能概念股,我称为双星闪耀。我,有耐心等到它们翻倍。

我不想多说什么,让时间去检验我的预测,因为这比任何东西都有说服力。

2. 2014年1月3日　不要在恐惧中炒股

大盘猛跌,到现在跌了25点,还会继续跌。毕竟IPO就是抽血。加上新三板等抽血机,市场只能选择下跌。但是下跌中大家看的也很清楚,只有生物质能概念逆市飘红,这就是弱市里的好板块,好股票了。

关于生物质能我说了多次了,昨天也把例子举得很清晰。而现在2100点已破,谁还胆敢出更恶劣的利空呢？其余生物质能股也蠢蠢欲动,这样能把整个生物质能概念,甚至生态农业概念都拉起来,而年初到3月,只有这个板块具备这样的实力。

资金也一样,本身就是逐利的,现在大盘根本控制不住,又不能不进场,因此只能寻找安全标的,而生物质能恰恰就是这样的品种,20倍市盈率不到,题材非常好,自然会有资金不断推波助澜。我说一下散户是怎么输的,大家看看是不是这样。就如一只好股票,买上了,赚了10个8个点,主力一震仓,吓跑了。虽然还继续看高这个票,由于价格涨上去了,又不敢去追回,去玩别的股票,又把赚的亏了回去。然后看着前面卖出的股票猛涨,又冲进去了,结果高位被套。这就是散户的失败之路。而像我这样的老手,只要找准机会,就一定能吃足利润,这就是差别了。

今天已经是周五,我提前放假了,股票这东西需要快乐得炒,而不是在恐惧中炒。

3. 2014年1月6日　大盘危难,方显英雄本色

大盘在18只IPO的影响下,开盘就跌。估计很快跌破前期低点,2000点也够呛。越是这样的时候越要注意安全。1—3月都是生物质能股活跃的时候,也只有该板块能够抗御大盘的下跌。

别管大盘,因为它注定要跌。我只要看护好自己的股票就OK了。走正确的道路,让别人打车去追吧。

4. 2014年1月6日　大盘2000点难保,个股做足文章

大盘再次跳空低开,IPO开闸无论是数量还是速度都在加快,大盘明显

扛不住如此抽血,选择大跌,盘中最低探至2034点,个股普跌,两市上涨的股票数量不足一成,可谓哀鸿遍野。

生物质能股还算抗跌,实际我从25日开始关注该板块,27日开始其龙头股韶能股份上涨了40%,其余也纷纷有10%～25%的上涨,在这样大跌的世道中算相当不错的。中线看该板块依然不错,但是短线有些股票开始有调整的需求。倒不是受大盘下跌影响,而是指标有些超买严重了,需要调整指标后再继续上行。因此中线的可以耐心持股,短线的可以逐渐兑现。至于追高的就要看自己的能力了。

上半年,资金只会在新股、生物质能和这个即将谈及的板块上寻找机会,其余板块均无太大机会。市场"跌跌不休",2014年没有大牛市,只有大波段,可操作的机会很少。我认为上半年是3个板块下半年是5个板块。也可能上下半年都是4个板块。这个只能边走边看了。今年做好了,翻2～4倍不难,做坏了,亏个地老天荒也不难。

按照现在的节奏,2000点被击穿只是时间问题,大盘年底前就该再次见到阶段底部,现在大盘在2100点一线,据我以往的经验来看极限位置也就是9%～16%,对应点位1764～1911点。而前期低点为1849.65点。如果取对应点位的均值就是1837.5点。基本与前期低点接近。所以能够判断的就是,大盘下跌空间只有9%～16%,极限也就是瞬间击破前期低点而已,所以也不必恐惧到哪里去,这是最不乐观的情况了。乐观看的话,底部就在1900点以上了,也就是说极限为1764点。根据历史经验,一旦跌到此位置,大盘开始一轮30%～100%的上涨。

大盘虽然"跌跌不休",但是个股的机会依然是可以把握的。新股的机会在下个月,也就是前面18只新股发行上市结束后。我们明天开盘见。

5. 2014年1月7日　抛开稀土关注永磁

市场上半年第二个可能翻倍的板块是永磁类股票。筛选条件是:第一,不能是融资融券标的；第二，不能是亏损股；第三，底部横盘时间长；第四，超跌明显。

永磁板块一共 11 只股票，符合我说的以上 4 点，只有区区 4 只而已。

稀土被炒作多次，而永磁则没怎么被爆炒，永磁中尤其是以永磁铁氧体和软磁铁氧体为主业的公司更有潜力，因为其不受稀土价格的影响。LED 的持续发展，需要大量永磁材料。因此，永磁材料会走出一轮波澜壮阔的行情。尤其处于底部和底部刚刚崛起的品种。

6. 2014 年 1 月 7 日　技术与不学无术

市场又进入了板块鱼龙混杂的状态。今天我不想谈大盘，想谈一下技术。

从前年 10 月到去年 12 月初，我基本预测对了全部即将启动的板块，获利巨大，随后在 12 月 2 日至 4 日空仓，一直到 30 日才开始进场，我说得很清楚，2014 年上半年我看好 3 个板块，到今天早盘全部真相大白，分别为生物质能、永磁概念和还没操作的新股。我昨天说该板块要调整，原因只有一个，龙头股韶能股份的周 K 线 RSI 上周为 94.84，属于极度超买。一周涨幅 60% 的股票一般周 RSI 也就在 94～96，可见超买的多么严重了，所以必然会进行周线的调整，而按照时间推算，周一如果不创出新高，周二必然要跌，如果周一新高，应该在周三才跌。本周该股必然收出阴线，低位在 4.5 元一线，极限位置也就是今天创造的 4.41 元了，这是极度恐慌造成的。但是并不影响该股未来走势，3 个月必然翻倍的判断不变，也就是要冲上 7 元，这个可以到 3 月底看就是了。今天一跌，我收到很多信，但却没有一个人说明白为什么会跌，这就是技术的悲哀。在 2005—2007 年，很多技术派，很多散户中的技术派都能说得清楚很多技术层面的问题，但是现在的散户，真的让人很无奈。大盘今年一开盘就大跌，我的生物质能股走得最好，结果决定一切,还是我以前的老话"钱包缩水说话也不硬气"。

今天我谈及了第二个板块,也就是永磁概念。稀土股已经被炒作多时,所以没什么操作价值;而永磁类则不同,首先永磁行业进入拐点,其次受益于 LED 灯荧光粉的发展。永磁概念股实际分出两种:第一种是以稀土为原料的钕铁硼类,第二种则是以铁氧体为原料,也就是 SrO 或 BaO 及三氧化二铁为原料,不受稀土价格影响,而我看好的是第二种。

很多人现在不但不学习技术,甚至连基本面都懒得研究,这在股市中肯定是极其艰难的。

我现在是感冒第三天,手上打着吊针写博客。我说过,只有吃得了市场的苦才能享受市场的福。如果连一点技术都没有,早晚会被市场吞噬。很多朋友反映我的新书都卖断货了,这个我会跟出版方沟通,我也希望如果有可能,我把一些技术教授给更多喜欢我、喜欢我的技术和喜欢股票操作的人。

多余的话不说了,明天还是永磁概念股的天下,市场热点已经很明显了。

7. 2014 年 1 月 8 日　股有股道迷踪拳

大盘依然疲软,板块也依然没有热点,各自为战。第一批 IPO 开始,市场波澜不惊。2014 年一开盘基本就是 5 连阴,散户继续亏损之路,机构和基金也是如此。

我进场 24 年,与中国股市一起成长,可谓见多识广。我见过各种各样的主力,也见过多种多样的手法,请记住,任何一只股票都有它的个性,有的是迅速推进,有的是缓慢攀升。真正好的股票是有张有弛的,而不是一路狂飙,因为一路狂飙的股票,散户是无法买到的。我追求的是能轻易进入,也能轻易出局,这样才叫完美。

8. 2014年1月9日　好股无须锦上添花

大盘再创新低,2000点被破掉只是时间问题了。个股从年初到现在基本维持下跌,创业板今天资金出逃明显。市场热点全无,IPO依然不断加码。

年初到现在,我的操作依然完美,对个股的挖掘依然独霸天下。但是IPO的大量出现,对市场的存量资金影响特别大。到现在为止一直没有出现某个板块的整体异动,但是一些今年的牛股却开始蠢蠢欲动了。我说过,今年我会进行中线和小中线操作,而不会进行去年那样的快速炒作。因为现在的市场虽然不好,但是很多股票却到了一个很好的中线买点,例如,我年初关注的韶能股份和江粉磁材。它们都属于价值极度低估、业绩处于上升期加上题材比较丰富的品种。这类股票一旦底部开始放量,都会走出一轮大行情来。我记得去年我谈上海自贸区概念股的时候,很多人都嗤之以鼻,而事实却直接扇了这些人的耳光。后面的4G、低价、次新股依然不断扇。大部分市场操作者之所以亏钱,就是因为没有恒心,也是因为技术不过关。

好股票的上涨是不需要理由的,因为本身就该涨。而坏股票无论怎么堆积题材,没有资金支撑都会跌下去。很多股票虽然看似短期业绩不理想,但是通过分析后,发现进入业绩拐点,自然会慢慢地涨上去,资金会介入的越来越多,资金都逐利,因此都会找相对安全的买进,当形成合力,就大爆发了。所以好股票是不需要锦上添花的,最需要的是持之以恒。

9. 2014年1月10日　IPO压垮大盘,好股票独立上行

大盘再次逼近2000点整数关口。创业板和中小板股票大跌。IPO的企业中,有些已经丧心病狂。新股奥康赛72.99元发行,发行市盈率67倍,

老股转让套现预计 31.8 亿元。

大盘为什么如此大跌，我不必多说，但我的股票依然阳光明媚，这就足够了。我说过，大盘跌得越多，我就越安全，因为指数的下跌并不影响我的操作。好股票永远是好股票。当大盘跌破 2000 点的时候，反而是我手中生物质能龙头和永磁龙头继续大涨的时候。原因很简单，简单说就是强者恒强。复杂说就是已经先于大盘跌了多时，现在大盘指数越低，越利于它们的上涨。我估计经过本周后半周的技术调整后，下周又该爆发了，它们的目标就是翻倍，别无选择。

这也是为什么我一直说想炒新股，起码等它们上来几批后再说，因为现在上盘的要行业没行业，要业绩没业绩，要低估没低估，炒就是个套，买就是个坑。800 多只股票等待上市，2014 年机会有多少？只有几次而已，我估计我能把握住的最多 8 次，最少 6 次。而我现在正把握着前两次翻倍的机会呢，希望大家也能把握好。

10. 2014 年 1 月 13 日　大盘"跌跌不休"，在下悠然自得

大盘今天继续下跌，深圳最多跌了 120 多点，上海如果不是"两大油"加银行股强行护盘，也早跌破 2000 点了。有色金属今天有点动作，其余板块基本没表现。

不理性的 IPO 不断抽血，很多资金去打新，本身就助长了这股歪风。如果都不去申购新股，新股自然价格就低下去了，可是，在逐利的资本市场，这不可能。很多散户也如此，一边骂新股一边去申购，没办法的。虽然新的发审会推迟到 3 月，但是 1—2 月基本是每天发行 2.5 只新股，这样的节奏，大盘怎么可能不跌啊。

我持有的股票依然光芒四射。生物质能龙头韶能股份继续大幅上涨，估计很快就会翻倍。这只股票集题材多、业绩好、低价低市盈率为一体，不

涨才不正常。底部爬了两年多,才涨个30%~40%有啥可怕的?上周调整结束,今天继续涨,明天涨得更凶猛。弱市里一般好股都是强者恒强的。永磁概念也走得很好。可以说年初到现在唯一启动的两个板块我都预测到了。这很难,因为外面的市场太残酷了,跌得少都算很牛了,更何况盈利呢。

11. 2014年1月14日　题材为王

大盘今天差点破掉2000点,2014年开盘9个交易日,大盘却又跌了100多点,散户损失惨重,只能用脚投票。

今天盈利的我估计不超过一成,而我谈及的股票却大涨特涨。这就是技术的差异了。多余的话我不想说,只说几条。

第一,大盘在2000点一线,建仓是很安全的。所以我大胆介入了。跌吧,还能跌多少?1900点还是1700点?不过再来个跌停而已,10个交易日我有40几个点,害怕跌回去10%吗?我有足够的底气等着跌。

第二,只要你持有的是底部区域的筹码,轻易就不要交出。因为现在机构等也是想要底部筹码。不洗盘洗的你心惊肉跳,不砸盘砸的你胆战心惊,如何获得廉价筹码?我前面多次谈过散户怎么丢失筹码的?而很多人就是在赚了10几个点被震出去的,随后好股票展翅高飞。4元买的,4.5元卖。现在快5.5元了,你追不?追上一洗盘你亏了几点出去。随后涨到6元、7元、8元。到8元你敢追了,因为有人喊10元20元了。OK,套死在高岗上。你4元,主力都没你筹码便宜。8元,主力都赚1倍多了,不出给你人家傻呀?

第三,题材为王,这4个大字你真的弄明白了吗?上海物贸亏损股,凭啥从3.69元炒到18.3元?凭啥18亿市值炒到90亿市值。啥叫题材为王?因为人家有土地啊。地王啊,还是电力股,还是稀土永磁,还是生物质能,还是金改,还是新能源……

第四，题材越朦胧炒作空间就越大，真的兑现了，也就炒作结束了。广东三旧概念炒的啥？还是土地升值，粤港澳自贸区炒的啥？还是土地升值。城镇化的道路，不还是土地吗？

12. 2014 年 1 月 20 日　不破不立，坚持到底

该说的都说了，不想再多说。大盘已经破开 2000 点，个人认为基本跌到位了。下跌空间已经不大，1900 点就是绝对底部。

至于个股，好股票就是调整，观察量就是了。洗盘永远洗掉的是那些无知的人，而不是我这样的市场老兵。

别人害怕，我不怕。别人放弃，我坚持。

13. 2014 年 1 月 20 日　1991 点后的坚守

大盘跌破 2000 点，收盘 1991 点。明天 8 股连发，大盘估计还要下挫一下。但是从盘面看很多股票已经拒绝下跌，新股全军覆没，最近上盘的 3 只新股全部经历惨痛的跌停。

我稳坐钓鱼台，年初到现在我手上有 40 个点盈利。年初到现在能拿下 40 个点利润的全国应该只有我一个人。我的原则是行情好的时候能打多快打多快，绝对不放弃机会，而行情不好，也就是现在了，能多稳健就多稳健，不输就是赢，少输也是赢。随便一个生物质能，随便拿着 25% 以上利润，这样的行情，不错了，还要如何？大盘跌得够凶，我的票很好，业绩好，价格低，有前途，有题材，怕啥啊？

2007 年中央一号文件，直指农业，对于生物质能无疑是大利好。短期必然要被炒作的。今天多头被跌乱了阵脚，明天 8 只股票一上盘，就该反扑了。我手握 40 个点利润，跌吧，跌到 1700 点我最多损失 10 个点，还能咋的？这就是我的底气。很多人之所以怕，是因为没技术、没主见、不敢于坚持正

确的选择。这样的人只能被淘汰掉,丝毫不值得同情。

我说过2014年是很难操作的一年,能操作的板块最多8个,也可能是6个。所以我不会轻易放弃任何一个可以翻倍的股票。市场越艰险,我的抗压能力就越强。上半年还有2个板块,其中1个是新股板块,这个是2月份以后才去操作的,而上半年最后一个板块大约在3月份进入操作。随后上半年结束。

大盘看似危机四伏,实则暗流涌动。2000点下很多资金虎视眈眈,我能感觉得到大盘最多能跌到1900点一线,所以我选择坚守,我在坚守我的第一个翻倍股票。因为我觉得大盘跌得差不多了。牛市没有,但是大反弹要来了。

14. 2014年1月21日　收复2000点

大盘跟我预测的一样,强势收复2000点,短期大盘击穿2000点后应该会有一波上涨。

我持有的股票走得非常好,我多次说过,投机市场结果决定一切。第一轮的翻倍继续进行中,被甩出高速行驶列车的自己哭吧,很多时候,踏空比套牢更难受。

关于大盘我已经昨天阐述得很清晰,我昨天文章最后一段话是这么写的"大盘看似危机四伏,实则暗流涌动。2000点下很多资金虎视眈眈,我能感觉得到大盘最多能跌到1900点一线,所以我选择坚守,我在坚守我的第一个翻倍股票。因为我觉得大盘跌得差不多了。牛市没有,但是大反弹要来了"。

今天个股和大盘恰恰就是这样做的。别指望跌破1900点了,反弹已经开始了,1849点在今年是看不到的了。

15. 2014年1月22日　20日线有争夺

今日大盘表现非常强势,也验证了我跌破2000点就开始大反弹的判断。个股普涨,其中网络彩票、在线旅游等新兴产业大涨,上海本地股、自贸区概念和上海国资委改革促使上海股大涨。

对于大盘我不想说什么,因为基本按照我的预测在走。而个股方面,因为广东也申请了粤港澳自贸区,同时广东国资委的改革也开始了。因此符合此条件的个股要多加留意了。我谈及的股票恰恰也具备这个概念,我估计快速上涨要开始了。

新股IPO不断,上来的股票涨跌互现,明日又有8只新股上盘。我的思路很明确,等这些股票上得差不多后,我会选择基本面和技术面较好的进行参与,而且基本是按照中小板、创业板和主板这样的新股顺序进入。今年几百只新股上盘,肯定有不错的机会,所以我不会放过。

按照年初的思路,首先我会做完手中的板块,一定要吃足利润。随后等待IPO新股超过20只后开始选择,会炒作起码2只以上,最多为6只。然后3月后进入最后一个上半年看好的板块。而上半年我个人的目标很明确,2~3倍。

大盘在20日线上会有争夺,主要看成交量了,如果持续放大,春节红包行情就会发展得很好。

16. 2014年1月23日　索然无味

大盘又震荡一天,热点板块依然不突出。8只新股继续表现涨停游戏,但是想买的,买不到;想卖的,卖不出去,能卖出去的明天来个跌停。

个股热点基本没有,传媒、旅游和计算机涨幅居前,估计又是一日游行情。说实话,现在看大盘都有些麻木了,也不知道是看股市还是看电影呢。

熬吧,等新股上差不多就好了。

今天小年,按照北方的规矩是吃饺子,明天见。

17. 2014年1月24日　安全的操作,稳健的盈利

大盘继续向上,打破所有人的预期,而这个上涨反而是我早就预料到的。我在前几天明确说过2000点一破,一轮上涨就开始,1900点在今年不会击破了。大盘基本就是按照我的预计来的。

多只IPO的新股,走出了极强的上涨。例如,创业板的我武生物,从24元起步,一路无量冲击到接近39元,创业板指数连拉4天,由于主力基本无法出货,就借着新股IPO不断做大市值,早晚泡沫是要破灭的。所以今年我依然不会大举操作创业板,最多是做不超过3只以上的创业板新股,老股不在我考虑范围内,甚至我依然一只创业板不玩。因为我依然还记得当年28只创业板一起上盘,除了几只创出新高外,其余20几只都是4年依然没有出现高点。套死了太多的资金,这种火中取栗的事情,我不会做的。

对我来说,安全最重要,就是因为稳健盈利,最近4年内,没有人比我更知道操作多难,也没有人比我操作的水平更高。这个市场为什么大多数人都被淘汰了,就是因为太心急,看着盘面热火朝天,而忽视风险,很多时候散户之所以会输,就是因为过于频繁地换股操作。可能10只你赚了2只,而输掉8只,最后的结局依然是被出局。而这样操作的人很多,就如割韭菜一样,一茬接一茬。我不贪心,每年300%利润足矣。别忘记去年的数据,翻倍的只有2.8%,亏损达50%以上的为67%,这个数据可不是闹着玩的。利弊取舍,我不必多言了。

新股到春节前估计发行超过30只,后面还有800多只,当套死一批后,随着数量不断加大,会有些好股票涌现出来,我喜欢这时候去捡便宜。而现在明显时候不对。上半年我还看好另外一个板块,会进行操作,当然是2月

后的事情了，这2个板块不分先后，要看当时的情况。

炒股票讲究个稳健，也讲究个安全。我能做到不以物喜，不以己悲，所以才能胜券在握。无论谁都无法改变我的操作思维，我说过，该快的时候我比谁都快，该稳定的时候我比谁都稳定。看着大盘和个股很多人都急了，要知道，今天前50涨幅的19只是创业板，根本不是散户玩的东西。40%的东西跟你没关系，你只需要把握住自己就可以了。这个市场赢很难，输就容易得多了。

深圳大盘走得不错，上海大盘依然要补充量能。而个股会更加活跃，什么叫好股票？就是大盘跌它不跌甚至涨，而大盘开始涨，它稳住后涨得更凶。很多时候盘子太小的品种我不操作，因为操作太小盘的，肯定有赚大钱的也有亏大钱的。我说过，会买的是徒弟，会卖的才是师傅。不好进出的品种我没兴趣，再稳健点，赚钱真的不难。寒冬即将过去，春天还远吗？

18. 2014年1月28日　垃圾时间，提前休息

大盘走得无精打采。盘中只能看到新股一直涨停，基本没有什么资金操作的痕迹，上海自贸区、流感概念、物流等上涨，但是也分化得厉害，资金在最后2个交易日基本不动了。

已经进入垃圾时间，我也提前休息了，我觉得持股过年比较好。

19. 2014年2月7日　大盘缓缓上行，个股冷暖自知

大盘继续缓慢向上，2014年开门红。成交依然不足，而且热点比较散乱。IPO的新股开始分化，由于规则改变的原因，造成新股的混乱，35只新股表现各异。

从盘面上看热点分散明显，只有新股呈现了比较强的资金介入痕迹。由于2月只剩下3只股票上市，因此新股被炒作的机会很大。有些股票被

严重低估,有些股票被严重高估,但是最后还是靠市场去定位,这个很快就显现出来了。有些新股具备了很大的投资价值。这更需要我们用自己的智慧沙里淘金了。

对于2014年我是充满期望的,因为大盘跌了很久了,跌得让人感觉好像熊市一直没完。越是如此,实际操作就越安全。大盘只需要维持现状就最好,因为这样最适合我这样的炒手进行操作。

现在的市场预测点位没用,因为就算你都预测到了,照样是亏钱的。只有做好个股才是赚钱的。中国股市越来越难做,这点大家都看得到,不必我多说。我估计在大牛市来临之前,会套住无数散户。这也是没办法的事情,毕竟只靠运气是不能存活下来的。我一直说股市思维,技术占据80%,运气占10%,剩下10%是经验。

20. 2014年2月10日　大盘底部已见,大反弹开始

今日成交量明显放大,大盘在新股带动下猛烈上攻。在无数人都悲观地看大盘要去1700点甚至1500点的时候,我前面的文章明确指出大盘只要跌破2000点就是底部了,而我也是在元旦前全仓进场,这就是一个市场老兵比那些耍嘴皮子的人强大的地方。我是看好就坚决进场的。我也说过,一般底部启动,起码是30%,也就是说大盘要过2500点的。

年初到现在,我手上拿到40个点以上的利润,这些都有记载。明日我将进军2个新的板块。我说过多次,别人亏大钱我赚钱,别人开始赚钱我就要赚大钱。大盘也如此,只要机会来了,我绝对不会放过。现在的行情是能打多快打多快。2月是真空期,由于IPO的新股只剩下3只,因此市场迎来喘息的机会,资金猛烈上拉也很正常,新股会拼命表现的。

大盘底部很明显了,30%以上的大反弹开始了。

21. 2014年2月11日　猛大盘继续上冲,贵金属崭露头角

大盘继续向上猛攻。收盘冲上2100点,成交继续放大一成。很明显2月由于新股上市比较少,因此"红二月"的意图很明显。盘中新股继续逞强。天津自贸区、银行、有色、环保都在上行。

贵金属现在低估明显,由于黄金、白银、铂金等都从高位下跌超过2年,跌幅均达到50%以上,因此本身就蕴含着极大的反弹能力。年初一开始黄金等就大幅走高,境外股市的黄金、白银、铂金等股票均大涨。而国内股市中的此类品种却没动。因此该板块的价格低于25元、市盈率低于50倍、流通盘低于3亿股的品种均该有巨大的上涨空间。

所谓"贵金属",按照百度的解释:贵金属主要指金、银和铂族金属(钌、铑、钯、锇、铱、铂)等8种金属元素。这些金属大多数拥有美丽的色泽,对化学药品的抵抗力相当大,在一般条件下不易引起化学反应。

而在我们的两大股市中此类股票实际并不多,很容易找到。而我们只需要关注黄金股中价格低于25元、市盈率低于50倍、流通盘低于3亿股的、不是融资融券的品种就可以了。白银生产厂家只有2只,铂金只有1只股票,扣除亏损的,实际能看到的不过4只以票而已。

年初到现在国际黄金上涨了8%,白银上涨了7%,铂金上涨7%、钯金上涨4%,而美国该类股票均上涨了20%～40%,国内该类股却没怎么动,这肯定是不正常的。而一旦贵金属先动,其他小金属和基础金属就该动作了。另外,贵金属一般有污染,环保非常严格,而一旦进入环保状态就出现了废旧回收的概念,因为很多贵金属是可以回收利用的。

新进场的资金很明显是香港过江龙类的资金,有着QFII的血统。因此基本按照2006年初的套路在运行,第一轮就是"煤飞色舞"。由于煤炭的前景不好,因此又是最先动的有色金属,而先锋就是贵金属。另外一个板块就

是新股了,这个我说过多次了。

有色金属由于跌的时间比较长,很多股票都处于底部区域,加上贵金属的领涨,后期更加乐观,而且该板块一直都具备很好的操作属性。

大盘会继续高歌猛进,"红二月"行情展开,并且向纵深发展。而贵金属将是2月最强的板块,让我们拭目以待吧。

22. 2014年2月12日　好的股票也要有好的操作

今日大盘继续上行,已经接近60日线,估计通过难度不大。热点板块不少,天津自贸区、美丽中国、智能穿戴、物流电商、环保、农业、有色、黄金均纷纷上行。资金很充沛,好现象。

我说过2月是火红的,新股更是比翼齐飞。但是需要注意的是有些新股超买明显,估计2个交易日内会有调整,但是随后还会继续上涨,因为本月只剩下3只新股上市,不炒它们又炒谁啊。后面的炒作就看素质了,前面可以说只要便宜的都炒,而调整后就看股票的素质了,好的继续上涨,差的就该跌了。

我谈及的贵金属走得很好,已经有整体启动的架势。未来依然有起码30%以上的空间,因为年初到现在国际金价、银价、铂金价格都猛涨,而境外该类股票也涨的很凶,国内却无动于衷,这很不正常,一旦被资金挖掘出来,就该价值回归了。根据历史看如2012年8月国际金价从1500多美元走到1700多美元,涨了10%左右,而中金黄金则从不到14元走到18.5元,上涨了35%左右,同期恒邦股份从15元一线涨到26元,涨幅超过70%,最差的山东黄金也涨了30%。而今年年初到现在国际金价涨了9%了,个股却没怎么动。从数段历史看,基本是国际金价上涨10%,国内黄金、白银、铂金类股票均上行30%~45%,而现在却基本只涨了10个点左右,肯定有补涨的过程。估计一旦国际金价突破1300美元/盎司,此类股票就彻底爆发了。

大盘在本月底必然冲过 2200 点,而今年的高点应该在 2500 点以上。本月贵金属、新股、环保、废旧利用等板块会一直走强。

23. 2014 年 2 月 13 日　新股应声而落,黄金继续上行

大盘今天放量调整,由于冲击 60 日线未果,大盘出现调整,创业板大跌,有些投机资金开始撤退。今天涨幅前 3 名的分别是银行股、黄金股和汽车股。

新股的调整来了,今天新股整体调整,跌幅巨大,大部分跌幅超过 4%,也有涨停的。46 只新股表现各异。但是也不必太紧张,估计最多调整 2 个交易日,好的就继续上行了,毕竟本月没多少新股上盘。

而我看好的黄金股被资金关注,今天涨幅排名第二。黄金股连跌两年多,"泡沫"洗得很干净。而且我昨天也说过,正常国际金价上涨 10%,我国黄金股就该涨 30%~45%,所以黄金股的上涨才刚刚开始而已。

今天唯一不好的就是银行股的发力,因为现在市场 1200 亿元左右的资金实际是无法支撑大蓝筹股走强的。银行股的确低估,我不否认,但是资金不足是炒不动的。我现在的思路依然是在中小板和主板小盘股上操作,创业板不操作。而贵金属和新股则是我本月的操作主要品种,其余的都不考虑。

今天的大盘就是冲击 60 日线前的调整而已,本月只需要在贵金属和新股上找机会就行了。

24. 2014 年 2 月 14 日　努力赚钱报答亲人,双节快乐万事如意

大盘今日继续攻击 60 日均线,成交量稍有缩小。盘中新股继续逞强,个股普涨。市场充满活力。今天是情人节,也是元宵节,在这里祝愿各位股友阖家欢乐、万事如意。

我前面就预测过国际金价必然突破1300美元/盎司,到今天下午17点30分,最高冲到1310美元/盎司。另外,2月4日我在自己的微博上对白银的未来走势做出了预测,当天白银19美元/盎司,我预测5月31日前见24.7美元/盎司,也就是上涨30%,到今天价格已经涨到了21美元/盎司。贵金属已经跌无可跌,而期货买家认为还能跌,当99%的人认为能跌的时候就一定会涨。美国收缩QE也没用,贵金属继续大涨。我预计到下周一的时候,黄金股就进入疯狂了。

25. 2014年2月17日　两市涨升停不住,股价已过万重山

大盘继续顽强向上,在所有分析人士不看好的情况下已经穿越当时的钻石底,这是可喜可贺的事情。今天80多家涨停也说明市场根本不是缺少资金,更多的是缺少信心。

对于大盘的判断我无疑是国内最准确的一个,而个股的走向也是最准确的一个。现在市场就是围绕新股和贵金属在运行,其余板块都是涨跌不一,而我说的这两个板块都是正在进行时。新股已经整体处于爆炸期,而贵金属股基本是每天1~3只涨停,只要保持这样的状态,很快整体贵金属就会启动,我估计不会超过本周三,贵金属股就该猛烈爆发了,现在很多都处于爆发的临界点,毕竟国际金价已经飞起来了,这类股票不可能不涨。

创业板实际资金一直在流出,由于一些资金无法出货,只能不断上拉。创业板现在静态市盈率是130倍,动态都有65倍。而中小板只有56倍和38倍,主板最可怜,上海只有12.75倍和10.1倍,深圳只有45倍和30倍。创业板无疑是极度不安全的,只能靠不断上新股才能把市盈率降低下来。那么创业板维持高位,让散户追高,出来的资金去中小板,把中小板再炒上去。等中小板也处于高位,再去主板拉升。当主板升到现在中小板位置的时候,高空爆炸,行情结束。这完全是QFII的打法,所以率先启动的一定是

新股和有色金属股。看看2006年的走势,大家就明白了。行情已经来了,2500点必然见到。

大盘走得非常好,资金开始不断涌入,只要手中持有的是低市盈率,低价的品种都可以耐心持有,市场是不断延伸的,一定会轮动,而现在最火热的板块就是新股和贵金属了。

26. 2014年2月18日　次新股分道扬镳,黄金股李代桃僵

大盘昨日冲过60日线后今日回踩。盘中天津自贸区、医疗器械、白家电等上涨。证券、汽车、银行、有色下跌。资金明显从创业板中逐渐流向中小板以及两市主板中的热点板块。

既然我看好两个板块,即次新股和贵金属,那么我就仔细分析一下这两个板块。先说次新股,由于2月只有明天还有3只中小板上市,到月底都是真空期了。那么次新股的炒作就会持续到月底。由于创业板新股中东方网力和绿盟科技都摸过百元位置,中小板中的新股也必然会照本宣科,而其余的中小板次新股中根本不怎么看业绩,只要低于30元都会被爆炒。

再来看贵金属股,实际本轮贵金属并未随着国际黄金、白银、铂金价格的上涨而大放异彩。只有金贵银业由于兼具了白银股和新股而大涨,其余品种明显被低估了。金价已经上涨了13%,而现在看卖黄金、白银、铂金的股票动了,其余的并未大动。那么此类股票今天反而下跌,但是请注意的是,已经有资金不断介入了,后市我依然极度看好。因为国际贵金属价格还在上涨,无论从避险角度还是投资角度,贵金属股都是不二选择。

明日第一轮新股最后的3只上市,估计都是秒停,所以资金还是会回到前面的45只新股上面,炒作会继续,但是会分化了,素质好的继续大涨,素质差的开始出货。而贵金属股必然会出现整体爆发性的上涨,我估计从明天就开始了。没有贵金属的上涨,就没有基础金属上涨的可能,而有色板块

不拉起来,大盘注定不能走得太远,这是历史告诉我们的。

大盘到现在依然走得很好,"红二月"没有悬念,现在只需要把握好次新股和贵金属就可以了。

27. 2014年2月19日　银行股发力上攻,次新股两极分化

大盘在银行股的带动下再次走出短期新高,收盘已经攀上2140点,强势特征明显。个股表现也比较良好,有跷跷板的意思,昨天上涨的今天就下跌,昨天下跌的今天就上涨。越是如此,散户就越容易亏钱。

次新股果然开始分化,中小板的次新股今天除了友邦吊顶(002718)和跃岭股份(002725)外均告下跌,疯狂大牛股众信旅游(002707)连续9连板。昨天说的东方网力继续新高,而绿盟科技再上百元,给中小板打样呢。中小板的友邦吊顶也将趁着众信旅游被关小号,继续向上狂奔。该股今天又是新高,主力操盘手法令人叹为观止。就看谁先成为中小板新股过百元的了。有几只股票业绩真的好,盘子真的小,谁也挡不住啊。次新股的行情依然没有结束,现在看点有三个:第一,谁先成为中小板的百元股;第二,谁将继续打破9连板;第三,谁先成为被抛弃的新股。

贵金属股今天继续享受资金流入,总体走得还不错,需要一个引爆点,现在逢低介入就可以了。不多说,银行股忽然和互联网扯上了关系,中信银行8天涨了50%,足够强劲。市场热点此起彼伏,乍一看以为牛市来了,感觉资金各自为政。游资疯狂攻击次新股,大资金买银行股,其余资金一日游。全面开花却没有持续的热点,估计2月结束后,"煤飞色舞""喝酒吃药"这样的操作顺序才能正常,而现在介入贵金属肯定是正确的。

大盘依然按照我说的运行,可以说今年我的思路完全正确,底部预测的准确,就是2000点下就是底部,这个我是唯一预测出来的一个,也是样板一样低位进场的一个。而生物质能已经被证实准确,新股也被证明准确,现在

就看贵金属的判断了,时间自然会给出答案,我不急。我说过大盘今年起码要见 2500 点,从现在的市场看,可能更乐观。我说过一点到了绝对底部,再次启动的话目标是 30%～100%,也就是说大盘如果正常,起码要见 2500 点,要是极度疯狂的话,3800 点也可以见到,这是符合技术特征的。

28. 2014 年 2 月 21 日　成交不足回落,无海何纳百川

市场这几天刚刚有些成交量,今天又被搞砸了。只有平均 1200 亿元左右的资金怎么可能拉动大蓝筹股的上行,失败也就成了自然。

上海大盘日成交不足 1300 亿元,这个时候贸然拉动银行、"两大油"的想法都是错误的。IPO 才刚开始,抽血的地方多着呢。市场现在的成交只能撬动两个中等板块和新股,其余的都不太可能。而热点一旦不持续,市场就面临下跌,这个道理我说过多次了,也造成了创业板不断孤芳自赏,散户不参与,主板股不敢买,中小板夹生饭的地步。

3 月份新股 IPO 继续来,实际上只要按照上次 2005—2007 年的大牛市梳理一下就很清晰了,当年股改的时候增大的市值也不少,经过这些的消化基本也都差不多解禁完毕了,那么现在新股对市场的压力看不算太可怕。只要按照当年 QFII 的思路从"煤飞色舞""喝酒吃药"……这样的程序炒下来就完全没有问题。

我认为 2014 年的市场实际很不好做,因为各种操作混杂,只有不断碰壁后撕裂的痛楚才会让资金集中在一起走向正途。我只遵循自己的思路,上半年只在新股和 QFII 习惯套路上操作,也就是新股可以随时操作,而我依照"煤飞色舞""喝酒吃药"……这个固有程序操作。这段时间我只看好贵金属股和新股,其余板块我不关心。

今天新股很多已经调整结束了,下周新股还有一波爆破性上涨。而贵金属会随着国际金价的不断新高而逐渐走强,直至疯狂上行。我们拭目以

待就是了。

29. 2014年2月24日　资金不足乱炒的下场

大盘连跌3天,最多跌去100多点。早盘地产股率先崩盘,下跌惨烈。随后"两大油"加入空头阵营,助跌。盘中医疗、有色、环保等上涨,新股调整基本结束。其余板块均告下跌。

大盘如此低的成交量根本不能炒动大蓝筹股,这3天市场的惨状就是血的教训。而我坚守在新股和贵金属上得以保全,这就是能耐了。从盘面看蓝筹股上的资金夺路而逃,而一旦出局后只能回到新股和贵金属上面。原因很简单,新股上面没有套牢盘,资金接力就能打活盘面,加上业绩好得多、可能有送配得多,自然吸引人气。而贵金属得益于黄金等国际价格不断上涨,因此这两个板块的上涨能力十足。

我年初说过2014年会很不好操作,现在看一语中的。而我只按照自己的思路进行操作,这也避免了亏损。由于3月后IPO规则有变化,因此就算新股再上来也要3月下旬了,这等于给现在发行完的45只新股一个难得的炒作窗口,也就是说此类股票多了20天的炒作时间。

大盘短期跌幅过大,也该反弹了,而反弹的主力军依然是新股和贵金属。

30. 2014年2月25日　创业板演绎"坑爹",中小板躺着中枪

创业板暴跌,这实际是早就可以预料到的事情,但是中小板的躺枪却有些无奈,百家跌停足够惨烈。市场就是如此残酷,2000点再次经受考验。

由于我一直对创业板心怀疑虑,2年内也从来没进入过创业板的炒作,所以一直能保持"金身"。深圳成交2000亿元,其中创业板就成交了572亿元,中小板成交了接近千亿元,主板基本无人问津。创业板还有继续跌的动

力。现在该关注的是中小板中新股,由于中小板的审核与主板一致,所以造假的比较少,所以投资价值很明显。中小板中的新股开始分化,业绩好的会调整完继续向上,而不好的则跌停,今天就看得很清晰,只要跌幅在5%以内的都是好东西,价格涨回来就是几天的事情。而创业板由于审核的并不严格,对于它们的业绩我历来不相信,所以也不介入炒作,这也是我资金能一直升值的其中一个因素。我举个例子,如金贵银业(002716),放在以前的时候,哪个金属股不是30多元的发行价格?但是新规则下就只能14元多发行,所以涨到30元也不稀奇。像众信旅游(002707)和友邦吊顶(002718)这样的股票,放在以前发行价格都要40～50元,开盘当天恐怕都到80～120元了,新股发行规则却只能按照23元和28元发行,那么现在只是价值回归而已。而像小崧股份(002723)这样的照明类股票肯定不值56倍的市盈率,麦趣尔(002719)这样的乳品类肯定也不值50倍市盈率,光洋股份(002708)汽配类的也不可能支撑得住50倍的市盈率。我觉得前面一窝蜂地乱炒,现在市场在纠偏,这样很好,让市场去定位价值,好的股票继续涨,不好的继续跌。

大盘又再次试探2000点以下的要求,现在尽量选择高素质的新股进行操作,这样反而比较安全,毕竟新股没有套牢盘,只要资金不断接力,就能创造奇迹。对于创业板我依然是敬而远之的。

31. 2014年2月26日　结果代表一切

大盘不断折腾,最多的时候跌了160多点,而我不但毫发无损,还带着不少利润,这就是股市的残酷,结果代表一切。

新股果然分化,而我看好的全部大涨。黄金类贵金属股也大涨,市场只有这两个热点。我的价值、能力、水平已经被时间再次证明,无须多说。新股中要注意分辨静态和动态市盈率,因为我们是炒股票的未来,因此动态市盈率就要很注意。新股中的股票越是特殊行业越好,比如线上旅游股,智能家居类的股票。

大盘的涨跌对我影响不大,因此我也不想过多关注,我只需要做好自己,按照自己的思路进行操作就是了。投机市场结果决定一切。

32. 2014 年 2 月 27 日　"两大油"拉抬,创业板飞流直下

历史无数次告诉大家,越拉抬"两大油",大盘就越崩溃。今天深成指创出 5 年内新低,上证指数完全被银行和"两大油"捆绑。

这几天上交所筹谋差异化交易,央行也大喊蓝筹股投资价值。可是 1000 亿元左右的成交量,只能说投机市场都是胜者为王。资金不是傻瓜,小盘股依然是热点。今天创业板跌了 3.5%,中小板则只跌了 2%多,明显已经不跟跌了,这是个好的现象。

新股也开始分化,但是一切的分化都是以基本面作为支撑的,爆炒后有些股票继续向上,有些股票就成为末日黄花,很正常。在线旅游、智能家居、贵金属和园林景观,以上 4 个行业股的业绩弹性最好。

整个大盘极度混乱,各种势力为了一己私利疯狂的忽悠,就如一本书的名字一样《二十年目睹之怪现状》。作为一个市场的"老兵",越是乱的时候反而越清醒。不必管那些题材,耐心地在中小板新股上寻找机会就是了,毕竟在年报即将公布的时候,业绩才是最重要的,盘小绩优题材好才是永恒的主题。

市场现在很不好,但是也不必过于担心,2000 点的破与不破并不影响个股的炒作。现在只需要耐心的在中小板新股上寻找机会。选择好、拿住、盈利、出局就 OK 了。

33. 2014 年 2 月 28 日　站得更高才能看得更远

大盘从 20 日开始猛跌,但是依然没能阻止"红二月"的诞生。新股今天

全线崛起,与我预测的完全一致,新股的第二轮爆炒已经开始,我坐在高速向上行驶的股票上,而很多人被再次甩出车外。

年初到现在我牢牢地把握着大盘、板块和个股的节奏。到今天资金已经翻倍,如果觉得我开玩笑的请把年初到现在我的文章读一遍就是了。在谈及的两只新股中,纷纷撞上涨停,后面它们会有更好的表现。2014年肯定是不好做的一年,但是由于新股的不断发行也给了我们获得盈利的机会,就看如何把握了。我的思路一直准确,最近关于新股的论述非常清晰,年初我就说过我必然要炒新股的。我昨天谈及的4只新股,其中2只涨停,1只到达过涨停后涨了8%以上,另外1只涨得多了,调整了一下。我依然坚持自己的观点,新股的炒作将持续到3月15日至25日,等另外的IPO出来后才会稍微休息。

我会持续关注中小板里的新股,它们的第二轮上涨已经开始,由于它们上无套牢盘,游资不断接力,新高就不断。今年最大的利润就在新股上面,我已经介入其中。

别管大盘,只要做好手中中小板新股就OK了。在这个市场里我多次判断准确,而之所以能做到是因为靠多年的积累和最好的盘感。所谓站得更高才能看得更远。

34. 2014年3月3日　新股的第二轮疯狂

由于我完全预测到新股的疯狂而且一直拼杀在新股上,获利颇丰,所以今天没什么可写的,都涨疯了。

我们继续疯狂吧,两周内最大的获利都会在新股上。

35. 2014年3月4日　新股疯狂后的基本面

新股今天一开始就有人被套了,很多股票从涨停到跌8%,幅度极大,这很正常,技不如人就该输。

新股成为短期最耀眼的明星,我最喜欢的 4 只新股已经 2 只到达了我说的极限高度,岭南园林到达 62 元以上,超过我预测的 60 元,金贵银业超过 32 元,也超过我预测。众信旅游最高接近 93 元,与我说的百元股咫尺之遥,而现在看走得最弱的是友邦吊顶,该股我却极度看好,因为行业是两市唯一的,业绩好、盘子袖珍,很可能 10 送 10。这些潜在的因素一定会使其冲上 80 元,成就百元大股的梦想。另外还有 1 只新股也是被低估的,动态市盈率 40 倍左右,距离主力成本不足 25%,明天我会谈。

现在的市场基本没什么热点可言,只有新股走得强,创业板新股和中小板新股对比下,中小板的要安全得多。大盘再次跌破 2000 点。所以新股的行情依然没有结束,今天有些新股的确主力出逃,但是有些新股则是洗盘,就看你的分辨能力了。

多余的话不说,我依然搏杀在新股上,两周内不改变方向。

36. 2014 年 3 月 6 日　随着市场变化而变化

新股走得不错,这是我前面预测到的,所以我一直在新股上搏杀,一直在岭南园林、友邦吊顶、金银贵业、欧浦钢网、众信旅游、金一文化等上面来回操作,获利巨大。之所以我能在大盘如此低迷的情况下依然获利不菲,靠的就是准确的预判和真情的投入,当然还有完美的操作。

新股从疯狂到下跌再到疯狂,我感觉下周也就该结束了,很多新股已经无力走出新高,由于 15 日后一批新的 IPO 品种就要出来了,因此下周三后新股将不再安全。

现在市场的热点开始向高送转概念转移,很多资金开始进入,估计下周高潮就来了,而抢权和填权将是 3—4 月的炒作主线。而 3 月底随着新一批 IPO 的新股出来,新的股票会再次被炒作。

我们的思路要随着市场转变,而不是一直傻傻地等待。我觉得新股好我就去操作,而我觉得市场热点开始消退,别的热点开始出现,我就会选择卖出。我们要随着市场的变化而变化,而不是墨守成规。

37. 2014年3月7日　次新股崩盘,高送转逞强

次新股今天开始大幅杀跌,中午证监会公布,新的IPO发审开始。

我昨天看到新股都无法创出新高,就知道新股的行情要终结了。我的判断完全准确。毕竟市场是喜新厌旧的,今天是集体下跌,后面则是按照基本面逐渐分化。其余的众多新股都会进入"漫漫熊途",毕竟高估太多了。

我昨天就谈及现在市场的热点开始向高送转概念股集中,因为此类股票有短期的炒作空间,尤其是10送5以上,最好是10送10的品种,市盈率低于25倍,价格低于20元是最适合游资口味的,对我来说找到它们并不难。

我一直喜欢参与中小板的炒作,是因为首先中小板股票是按照主板审核的,作假的比较少。另外盘子适合,能进能出。所以我依然把高送转的炒作放到中小板上。

38. 2014年3月10日　吃鱼吃中段

这句话我说了无数次,但是真正做到的却没几个。上周四我全部清仓新股躲过一劫。随后进入中小板高送转的绩优股,今天大盘暴跌,又躲过一劫,毫发无损。这就是技术和历史组合后的完美盘面感觉。

创业板死了,题材股死了,新股也死了。市场跌破2000点,的确残酷。但是对于我这样的市场老兵根本不是什么问题,我依然可以隔岸观火,靠的就是真本事。创业板的起伏是正常的,题材股起伏也是正常的,新股中大部分都被爆炒得很离谱,起伏也正常,只是可惜了几只业绩好的也被殉葬了。

不过相信那些好的新股还是会起来的，毕竟市场会做出选择的。

大盘跌破2000点，看似盘面热闹，实际大部分人都是亏损累累的。因为前面只有炒新股的人才能赚钱，其余都是亏损者。还好我在新股上再次做到了吃鱼吃中段，鱼尾给别人。年初到现在我一直在热点上操作，没有出现丝毫错误，大盘的几次大调整我全部预测到并且躲过。这肯定不是靠蒙的，技术有用，只是太多的人懒得学罢了。

我现在坚守在中小板的高送转股绩优股上，坐山观虎斗。我坚守着自己的判断，因为我的思路一直都是正确的。

39. 2014年3月11日　2000点以下靠胆量

大盘今天再次走出短期新低，盘中险些跌破1月20日的低点，随后逐级盘上，收盘勉强站上2000点。涨幅靠前的都是前期大跌的品种，如白酒饮料、服装贸易、地产等，这样的品种明显只是反弹。

由于新股已经处于自救状态，短期盘中基本没有任何热点可言。那么现在2000点下就要考验你的胆量了。实际上大盘指数虽然完全被股指期货控制，却并非没有热点可追寻。我在上周四果断退出新股后进入了中小板的高送转绩优股，这就是未来的热点。原因很简单，首先此类股票涨幅并不大，其次盘子小业绩好，最重要的是3—4月本身就是历史上炒作高送转抢权和填权的时候。一般每年的11月开始炒作高送转预期，到3月后则是炒作抢权和填权，这个规则从来没失效过。2000点以下毕竟是相对安全的时候。我的思路对不对，时间已经给出答案。从2012年11月开始我基本没看错过任何一段行情，所以2000点下我认为就是个大机会。

每次热点基本是我最先挖掘出来，随后被市场所验证，相信这次中小板的高送转绩优股的判断依然是准确的，因为我最近一直观察，进入该板块的资金已经不少，随着市场越来越不稳定，资金抱团取暖，进入该板块的资金会更多。毕竟现在此类股票价格并不高,业绩好,增长有保障加上高送转的题材,无论怎样都是最安全的操作标的。

2000点以下靠的是胆量,当然最重要的是自己的判断。

40. 2014年3月12日　按计行事

大盘跌成这个样子,股民欲哭无泪。这样的行情的确悲催,新股继续大跌,好像吃了泻药。满盘没有热点,都是零散走势,给人的感觉是崩盘再崩盘。

多余的话我不想说,因为我坚守在中小板高送转品种上,一直保持盈利。这样的世道对一个市场老兵来说真的不算什么。现在进入中小板高送转品种还不算晚,如果大盘再跌,恐怕很多人输的不是钱了。这个市场太多的人自以为是,既没技术又不总结失败教训,如何能保持盈利呢?

从一年半前到现在,无论大盘、板块、个股,我可曾看错过?就说最近的判断吧,我上周四提前预警新股风险,周五指出新股的风险,该进入中小板的高送转股,可是除了我和我的人是这样操作的,大部分散户都在劫难逃。大家可以把所有市场评论者上周四和周五的文章看一下,除了我以外,没有人预测出来。

市场利空依然不少,你我都无法阻挡。既然如此,就让暴风雨来得更猛烈些吧,当尘埃落定,才知道谁可以活得更久。股市是智者的天下,也是弱者的坟墓,就看你如何把握了。

41. 2014年3月14日　等待

大盘越走越差,盘中几乎没有热点。前几天刚刚有点意思的支付宝类股票,今天直接奔了跌停板。新股IPO的脚步越来越近,有传闻说本月20日再次开始发审。

现在看只有中小板高送转概念股走得不错。其余板块均未出现大的启动。毕竟高送转概念的业绩都是非常好的，有极大的炒作空间，现在就缺少整体启动的效应，一旦此板块来个带头的连续涨停股，该板块就整体爆发了，毕竟现在此板块最安全，是最好的避风港。

主力死守 2000 点，实际越是这样 2000 点恐怕越守不住。毕竟再融资的数量巨大，据说还有 10 几只银行股发出来，这样的节奏是很可怕的。说实话，我现在特别期待新股继续 IPO，因为真的利润很好，只要操作得当就是一本万利。起码新股够新，炒的有劲。而现在我就坚守在中小板的高送转股上面。

等待，也许是最安全的操作了。

42. 2014 年 3 月 17 日　等待正常的利润

中小板高送转股的抢权已经开始，我耐心等待正常该获得的利润，没什么可说的了。

43. 2014 年 3 月 18 日　牢牢把握市场主线

大盘继续底部震荡，盘中没有形成板块的持续热点，个股基本是受消息面影响后直接涨停，资金各自为战，呈现"你方唱罢我登场"的架势，资金也无法放大，场外观望气氛浓厚。

中小板中的高送转概念持续升温，就差一只连续上涨的"领头羊"了，只要出现必然引发整个板块异动，对于场外资金也是极具诱惑的。可以说，现在就算你看得明白大盘依然可能是亏损的，因为大盘的指数没有丝毫的借鉴价值。从历史上看，3—4 月都是炒作高送转股抢权和填权的时候，尤其今年第一批新股发行结束，第二批估计 4 月初才上盘，本身就更给予了高送转股一个好的填空时间。从实战上看，该板块在如此弱势的市场中的确出现了不多的获利表现,这就是一个市场老兵的灵敏嗅觉了。

第一批新股今天试图动一下,可惜跟风者寥寥,随后继续低迷。场外资金不少,但是抬轿子是谁都不愿意干的事情,而高送转股中的价格低、市盈率低的品种则不断有资金加入,估计最晚本周五,最快明天,高送转股就该一统天下了。毕竟炒作安全,有极大获利空间,而且容易引发散户跟风。毕竟现在安全是第一位的。

城镇化现在也成为一个相对持续的热点,地产股肯定不行,但是其衍生行业则开始动作。例如,建筑材料、电梯、复合材料、门窗、卫浴等。如果在有个高送配,则更符合现在市场资金的口味了。

总之,对于大盘我是不关注,走一步看一步;而对于个股则是牢牢地把握市场主线进行操作。

44. 2014年3月19日　短期题材炒作依旧

下午传出河北保定将成为次首都的消息,河北保定股集体涨停,受消息面影响造成的,基本没太大参与价值,也根本参与不进去,其余板块均未形成热点。

我依然耐心地守护在中小板高送转股上。新的IPO要开始了,估计也就最近一周内。前面多只新股均有不等的下跌。真实熊瞎子劈苞米,劈一个扔一个。炒吧,满市场都是投机者,没有所谓的投资者。

45. 2014年3月24日　优先股的机会

优先股试发很快开始,优劣我做个小的评述。

优点:

(1)企业可以再融资了,方法多样化了。

(2)优先股可以锁定,部分筹码不变成新的"大小非"。

(3)对业绩有正面影响。

(4)估值都比较低,可以活化蓝筹股。

缺点:

(1)一种对市场的新型掠夺。

(2)3年后的转板目前还不明确。

(3)散户参与度很低。

由于试点只限于上证50指数,那么上证50股票必然要大涨的,因为都会发优先股,而其中盘子小、市盈率低的股票将出现翻倍行情。

因为上证50盘子都不小,所以小盘的可能翻倍,市值越低的越安全,而大盘的涨幅也会在20%以上,这样大盘很快就过2500点了。

其中有3只股票子最小、市盈率最低:中国化学(601117):看似总股本49亿股,实际能流通的只有14亿股,市值不足90亿元,市盈率9倍,动态不足7倍。

厦门钨业(600549):总股本6.82亿股,实际流通盘不足6亿股,市值不足90亿元,市盈率稍高。

方正证券(601901):总股本61亿股,实际流通34亿股,市值不足180亿元。市盈率27倍。

上证50股票名单如表24-1所示。

表24-1　　　　　　　　　　　　上证50股票

股票名称	股票代码	股票名称	股票代码	股票名称	股票代码
浦发银行	(600000)	包钢股份	(600010)	华夏银行	(600015)
民生银行	(600016)	上港集团	(600018)	中国石化	(600028)
中信证券	(600030)	三一重工	(600031)	招商银行	(600036)
保利地产	(600048)	中国联通	(600050)	上汽集团	(600104)
包钢稀土	(600111)	广汇能源	(600256)	白云山	(600332)

续表

股票名称	股票代码	股票名称	股票代码	股票名称	股票代码
江西铜业	(600362)	金地集团	(600383)	国电南瑞	(600406)
中金黄金	(600489)	康美药业	(600518)	贵州茅台	(600519)
山东黄金	(600547)	厦门钨业	(600549)	海螺水泥	(600585)
百视通	(600637)	海通证券	(600837)	伊利股份	(600887)
招商证券	(600999)	大秦铁路	(601006)	中国神华	(601088)
中国化学	(601117)	兴业银行	(601166)	北京银行	(601169)
农业银行	(601288)	中国北车	(601299)	中国平安	(601318)
交通银行	(601328)	新华保险	(601336)	工商银行	(601398)
中国太保	(601601)	中国人寿	(601628)	中国建筑	(601668)
华泰证券	(601688)	潞安环能	(601699)	中国南车	(601766)
光大银行	(601818)	中国石油	(601857)	紫金矿业	(601899)
方正证券	(601901)				

46. 2014年3月24日　下午牛市前的"阴谋"

优先股、新股IPO和创业板降低标准上市同时发布。很多人依然看空市场,而我明确告诉大家,牛市应该是开始了。

我用小人之心给大家分析一下最近发生的一些事情,相信大家更能明白。

2月19日和20日中石化一天大涨,一天涨停。中国石油的走势与其完全相同,随后几天联通又险些涨停。两市指数却下跌。从2152点跌了180多点。此时散户普遍观望,买入主力更可能是注重长期配置的资金(如社保、保险等)。

市场对IPO开闸和优先股转普通股的担忧加剧,导致抛压集中释放,大盘直接下跌到1974点。本月20日,中茵股份和天保基建被批准配股,地产股融资再次开闸。

当天又公布 QFII 持股上限提升到 30%,而以前是 20%。在不能输的资金满仓后,QFII 进场了。而 20 日大盘跌破 2000 点,引发散户疯狂出逃,接盘的恰恰是 QFII。

终于不能输的资金和 QFII 完成了仓底的建设。

21 日各路听到风声的资金裹挟着 QFII 以及不能输的资金大举抢货,根本不顾及价格。但是由于抢的都是大蓝筹股,盘面显示的就是大盘疯涨,散户则两面吃耳光,不知道发生了什么。

当晚,优先股细则公布。明显利好大蓝筹。散户依然不知道该不该买蓝筹。

优先股试点的范围就是上证 50。实际已经指明了方向,而散户依然在梦中。其他股市大 V 依然看空市场,认为资金面拉不动大盘。

优先股试点,等于对上证 50 进行缩股。肯定是大利好了。如果顺着分析下去,上证 50 一共才 50 只股票,从低市盈率和市值低的开始炒,市值 100 亿元以下的炒到 200 亿元,不难。如果动用 1 万亿元就可以把整个上证 50 炒起来,实际上加上游资机构等,国家大概只需要 3000 亿~5000 亿元就可以炒动了。而上证 50 所占据的大盘比重是 30%~40%,也就是说,不必炒大盘,只需把上证 50 炒高一倍,大盘就涨了,换算成点位就是 600~800 点,大盘到了 2600 点的话,还缺少资金吗?资金会疯了一样进来。

因此优先股中市值低的必然翻倍,而如中国石油、工行等品种也该有 30 点以上升幅。也只有这样,才能彻底撬动大盘,牛市开始。

可能会有人问:"大哥,还有新股 IPO 和创业板融资呢?"我的回答是:"创业板肯定没人买的,而新股 IPO 则是游资的天下。"

大盘指数上升,新股被爆炒,大盘冲上 2600 点、3000 点,甚至 5000 点,不正是大家想看到的吗?

记得当年 2005 年，股改何曾不是散户最厌恶的，可是大牛市却从 2005 年 998 点开始了，今年是牛市过后第七年了，该起来了。7 年止痒，两口子都不少离婚的了，我们的牛市却还没来。当 4 倍市盈率的银行股一旦醒悟，在资金的刺激下，低估就开始成为修复的借口。

47. 2014 年 3 月 26 日　继续关注优先股概念

大盘无论如何起伏，都不影响即将开始的牛市。

优先股必然被热炒，而且绝对是从低市盈率、低市值的品种炒起，然后整体启动，而中国化学这类的低市值品种是值得关注的。

很多时候大家都认为不可能的事情，却恰恰可能。

我看到盘面上很多东西，很多牛市启动前的因素。

而现在最需要的是关注优先股概念，50 只上证 50 股都会发优先股的。我们拭目以待吧。

48. 2014 年 3 月 27 日　利好出台，不可逆转

大盘依然犹豫，创业板再创新低，资金疯狂出逃，散户疲于奔命。

实际现在耐心等待才是最好的选择。市场正经历着阵痛，资金从创业板和新股上逃离。融资规模加大。

优先股会成为随后的绝对热点，最多一周时间，大家就会看到。毕竟机构也好、基金也好、散户也好，众多资金都在不断尝试，所以需要给它们时间。

我持有的都是基本面非常好的股票，我觉得未来 2～3 个月的热点会集中在这三个方向：第一，优先股中的低市盈率、低市值的低价股；第二，高送转中的低市盈率股；第三，再次准备 IPO 的新股。

很多时候作为市场的参与者都会面临困境，但是要相信我标题所写"利好出台，不可逆转"。

49. 2014 年 4 月 1 日　等待也是一种磨炼

因为我前面已经说得很清晰了,大盘还要折腾一段时间,所以我这几天也没怎么看。估计下周后半段就该开始牛市行情了。现在无疑是最难熬的时候,那么耐心地等待也是一种磨炼。现在是多动多错,不动不错。一旦牛市开始,抓住板块就行了。

板块只有三个:第一,优先股;第二,高送转股;第三新的 IPO 股。

50. 2014 年 4 月 4 日　强烈关注优先股

市场依然很弱,耐心等待是最好的选择。我前面的博客谈了很多关于优先股的问题,今天晚上优先股发行细则出台,我刚刚看完,感觉只有一个,就是一轮超过 1000 点以上的牛市即将开始。

按照正常情况看,由于优先股在上证 50 上面试点,那么细则公布后,就该是"T+0"了,而试点依然在上证 50 里面。因此上证 50 会引发一轮大涨。

引入优先股最大的好处如下:将"大小非"限售的股份转化为优先股,不仅可缓解市场减持压力,还有利于较好地改变"一股独大"。特别值得指出的是,在权利和义务方面,优先股的设计比存量发行更合情合理之处就在于,既不会形成对大股东一圈钱就跑路的鼓励,又便于追求稳定收益的投资者接盘有退出意愿的"大小非"大小限。这对于改善上市公司股权结构和治理机制,稳定市场预期,也都是有好处的。优先股既不失为纠偏存量发行的优选法,同时,也是正本清源,为注册制改革更好地推进扫除障碍,铺平道路的不二之选。

我记得 2005 年底的时候,每次谈股改,市场均用脚投票,而真正实施起来,却引发了一场两年多的大牛市。原因只有一个,机构赚了大钱,散户赚了小钱。而这次优先股也如此,优先股可以有效地把该解禁的"大小非"变成优先股,这样对市场的冲击减少了很多,同时也没有损害到小散户的利益,而优先股发行后获得了很多资金,可谓一举三得的事情。

而从技术操作层面去看的话,"T+0"的试点必然也在上证50上。因为只有上证50的盘子比较大,一旦"T+0",波动幅度不会特别大。虽然上证50基本是融资融券品种,但是一旦进行了"T+0",融券打压也就没有了施展的余地,大家都站在相同的起跑线了。因此市场下一个最大的热点必然是上证50,也就是优先股题材。

盘面上大家一直感觉不好,但是又跌得不多。这其实是二八转换中的阵痛。因为政策指向优先股,也就是大蓝筹股,而很多资金却在创业板、中小板等小盘股上面。这类资金需要拉高出货,然后去优先股,也有部分资金心存侥幸,认为优先股很难左右大盘,资金还是要在小盘股上。实际你仔细看看,第一批48只新股,从高位跌下来,基本没什么反弹。如果有资金关注的话,起码做个50%的反弹吧,可惜没有。这就是告诉你这些资金去了优先股,也就是上证50了。就是因为去了上证50,所以大盘就是跌不下去,因为主力都在吸筹。

无论"T+0"也好,融资融券也好,都需要筹码,而上证50股票大多趴在底部,融券打压根本打不下去,只能在打压中不断吸筹,而只要发布"T+0"试点,必然是在上证50上。我估计最晚是下周五公布,也就是无论如何,优先股的启动都会在本月15日之前。这也是我为何现在宁可死守也不减仓的原因,底部的筹码太珍贵了。

51. 2014年4月8日上证50

上周该说的都说了,今天被验证,冲锋的就是优先股概念,也就是上证50品种。优先股就是新牛市的基础,我前面文章提到的上证50中的低价格、低市值品种就是首选。它们刚刚开始启动而已,未来目标50%~100%。

市场后面会出现指数不断涨,个股却不怎么涨的情况。当然,上证50的股票都会涨,原因我已经说了多次,而今天上海成交接近1100亿元,资金进入的都是上证50股票。前期我死守优先股概念股再次被市场验证为正确的。我提前预知,提前预测,那么今天的上涨就是对我最好的回报。

现在就是牛市最初时期,3000点会在6月底前看到。市场已经过了二八转换的阵痛,后面将是股指快速上扬的阶段。现在只是山脚,2500点只是山湾,3000点也只是山腰而已。

现在市场的目标只有一个,优先股,也就是上证50股票。

52. 2014年4月10日　开启蓝筹风云时代

大盘如我所料,在蓝筹股带动下大涨。上证50指数股,全线上涨。我前面说过,15日前后2个交易日就该整体爆发了。蓝筹股今天受到上海、香港两地市场互联试点影响,其中H股和A股差价比较大的股票纷纷大涨。

可以说市场的二八转换已经完成,蓝筹股将是今年绝对的热点。如果还痴迷在小盘股上这次真的错误大了。尤其优先股中的上证50股,会走得非常牛。大盘由于蓝筹股上涨,指数会冲得非常快,盘面会出现大蓝筹涨不停,小盘股不涨反跌的情况。我前面大肆谈及蓝筹股,很多人觉得资金不足,很难炒起来。但是现在看我的预判依然是国内最好的,市场完全倒向大蓝筹股。人民网批判安信证券看空,所以大牛市一定会来,也一定要来的。

现在我的选股思路就是三个方向:第一,优先股,尤其是上证50股是我主要操作的;第二,高送转股是我小中线操作的;第三,第二批IPO品种是我短线操作的,而短期看有色金属,尤其是金、银、钨、稀土等股票也开始有主力介入,那么最好符合以上我的选股思路。

大蓝筹时代已经开启,无论你怎么去衡量这个市场,今天上海1298亿元的成交量就摆在这里。这是牛市最基础的成交量,也就是1200亿元以上,3000点不是什么梦想。可能今年会涨得很可怕,我们慢慢看就是了。

53. 2014年4月14日　优先股继续发酵,上证50继续飞扬

大盘震荡一天,基本没太多热点,优先股概念整体小幅震荡,估计后面会有利好继续出现。

上证50中我比较看好化工和金属相关企业。

优先股的利好会不断出现,而上证50则是市场的舵手。市场要改革,上证50就是改革的最前哨。如果想让大蓝筹的投资理念贯彻下去,如果想让AH股兼容,没有上证50的大涨根本就是无稽之谈。随着这上证50多只股票不断上涨,我们才能对这个市场的变革逐渐接受。

现在的市场如同2005年底的时候,当年股改是开弓没有回头箭,现在的优先股又何尝不是呢？"T+0"回来,牛市也会回来。

54. 2014年4月16日　承受力

大盘走到现在,已经是明显的二八转换了。国家政策不断在蓝筹股上出利好,但是资金却有分歧,从历史上看,政策出现都是组合拳,所以对国家政策做多蓝筹股不必怀疑。昨天说新股IPO即将出现,大盘也就是盘中跌破2100点,今天也是如此。个股连跌停的都没有,这也说明现在大盘处于一个很安全的区域。

我之所以说大盘处于安全区域,从以下几点可以得出结论:第一,国际投行都在看空黄金等大宗商品,而国内此类股票却并不下跌。我认为国际投行是喊空做多。原因很简单,国际金价从年初的1186美元/盎司一直涨到1392美元/盎司。涨幅接近20%,现在已经回调了一半,也就是1279美元/盎司,回调后再涨,如何大跌？第二,中国外汇储备中美元资产占比过高(如美债),而近年央行持续增持黄金,所以黄金价格不但不会是高盛说的

1050美元，反而我觉得应该涨到1500美元以上。我们慢慢看就是了。国内黄金股最多的也就涨了不足20%，根本没有下跌空间，所以盘面显示跌不下去，而以铜为主的大宗商品更跌不动。铜的库存已经消化殆尽，每年正常国内向国际市场进口20%~30%的储量，今年会更多，这只能推动铜价上涨。第三，近期资本市场不断出现利好。

因此牛市必然要来，我现在只看到会涨到3000点，后面要看政策的走向。再说简单点。散户不买蓝筹股，那么蓝筹几经折腾都会到机构、QFII等手上，这些都需要兑现的。如果不拉动蓝筹如何兑现。优先股的试点是上证50，上证50股就必须涨。AH互换、"T+0"等都是给优先股配套的。

盘面的确不好，每个人都承受着压力，现在也就是看谁的承受力更强了。我依然扎根上证50，笑看风云。

55. 2014年4月22日　处处掣肘与长袖善舞

大盘基本连续跌了将近百点，个股损伤惨重。第二轮IPO即将来袭，创业板大跳水。重组股上蹿下跳，优先股波澜不惊。整个市场基本毫无亮点可言。

很多人不知道"T+0"制度是1992年开始1995年终止，而涨跌停板制度是1996年12月12日大跌后的产物。当年"T+0"极大的活跃了市场，但是也造成了很大投机性。而今天2500多只股票的市场与当年肯定不能同日而语，很多人谈论"T+0"，却没经历过那段历史，如何能判断出对市场是好是坏呢？

优先股在本轮下跌中是非常坚挺的。很多股票跌了很多，而优先股却不断有资金进入，没怎么跌。可以说我的思路是正确的。

现在的盘面依然是重组股的天下，看看介入网游或者手游的爱使、新世纪等，完全是以前梅花伞之类前辈的走势，大涨大跌不断，也就是此类品种不断地活跃市场。创业板完了,并波及中小板。优先股概念支撑着市场的重心。估计第二轮IPO后会形成以优先股为基础,新股以及重组股为先锋,绩优股为后援的牛市操作格局。毕竟优先股是市场的红筹股,而新股是新鲜血液,重组股怎么炒都合理,这样的组合才是牛市的样子。

现在只需要三个字,就是"熬过去"。作为一个24年股龄的老股民告诉大家,只要持有的是好股票,现在趴下不动就是最好的选择。

56. 2014年4月24日　一直趴着等待新股第二轮IPO开始

第二轮新股如泰山压顶一样,连发97只,既然我们在这个市场上操作,我觉得也就不必怨天尤人,毕竟下单的是你自己。这样恶劣的市场我经历过多次。现在属于少输就算赢的时刻了。也就是保存资金实力,等待好的机会,优先股无疑是本轮极度抗跌的品种,这从盘面上是看得到的,我谈及的几只优先股有涨的也有跌的,那么也就给了散户一个喘息的机会。只要行情开始好转,随便一个操作就赚钱了。

市场现在肯定属于比较低估的状态,二八转换没有彻底完成,这是很遗憾的事情。但是我却认为这是一个机会,毕竟好股票也需要一个好的价钱。例如,有色金属中的黄金、铜、镍等品种都处于极度低估中,而建筑工程中的电梯股也处于极度低估中。

现在只要持有的是优先股,或者市盈率25倍以下的品种就可以安心地趴下,等待市场开始启动就是了。

57. 2014年4月30日　五一快乐

大盘走得如此低迷,与新股IPO、优先股以及沪港通规则有直接关系,所以也不必理会了,2000点多空必然会争夺,我们就坐山观虎斗吧。

好不容易有个小长假,大家还是享受假期吧。对于股市的希望与失望留到5月5日再说吧。

这里提前祝愿大家节日快乐，阖家欢乐。

58. 2014年5月2日　短线主力的技术特征

实际上最近一年的市场主力分为四种：第一，不能输的资金，也就是社保、保险等资金；第二，做中长线打算的资金；第三，短线操作某个板块的资金；第四，超级短线资金。我们主要研究一下第三种和第四种。

第三种短线操作某个板块的资金。一般此类资金都有一定的追逐性。基本上是一些资金看中某个有题材的板块想进行炒作，就动用少量资金进行2~3只的操作，其中1只会被列为龙头而迅速拉高，随后几只跟上，分批次进行炒作。然后逐渐放消息出去，吸引更多的资金进入。由于第一支被炒作的龙头不断上涨，而另外2~3只也逐渐跟上，这样外界就会认为该板块启动。会有一些资金加注去炒作龙头，这样就形成了接力动作，而后继资金觉得龙头等被炒作过高，便去炒作相同板块股票，从而引发整个板块大幅动作，资金开始大规模进场。随后基本面和消息面进行配合，引发共鸣，资金也觉得这样炒作更安全，就开始不顾一切地进入，同时裹挟着众多散户进场，引发大级别行情。随后更多的资金进入，无数散户介入，基本上龙头也奋力拉升，因为龙头介入时间最早，利润已经高达2~5倍，很容易就在拉升中出货了。而后继第二批资金也获利颇丰，变相地延长了行情的继续上行，最后的资金获利不多，但是也能获利一些出局，最后套住散户。这在去年的上海自贸区概念炒作中最为明显。炒作周期一般2~4个月。

第四种超级短线资金。一般是突然受到利好刺激而大涨，例如，前期牛股梅花伞，由于介入手游公司而大涨，消息基本未被泄露直接就联系涨停数次，基本是无量涨停的，随后开始大约20%左右的调整，然后继续上涨，游资开始大举介入。直接炒高后出局，随后又有别的游资进入接力，基本面的确能支持住大概 60 元的股价，最高炒到 86 元多。

此类资金大多是有技术和部分消息的，对基本面和未来趋向有一定了解的。因此都是猛烈上涨，疯狂洗盘，再猛烈上涨，然后缓慢上涨，逐渐出货。操作周期都不会很长，估计 2 个月内。

59. 2014 年 5 月 2 日　技术的先导性

我为什么能提前预测市场热点，主要原因在于：

首先要做功课，也就是要知道最近什么题材最具备可炒性，其次要对美国以及中国香港市场的近期被重度炒作的题材有所了解。例如，去年的上海本地股的预测，年底的含权股预测都是非常成功的。实际上我当时对上海自贸区概念进行过非常深入的分析，最先认识到该板块的经济战略意义重大，所以就在上海本地的低价股上进行了建仓，同时发布了此类股票将大涨的判断。而当时国内很多资金并未认识到该板块的未来前景。当时反而没涨，然后随着消息面的不断发酵，加上上海物贸等不断上行，这个符合我前面文章中短线炒整个板块的技术特征。随后上海自贸区概念开始启动，启动顺序基本也被我摸得比较清楚，所以成了势力。这个判断首先是来自政策面，然后是基本面，再后面是资金开始不断流入，消息面爆发，股价开始走高。后进入的资金被套，自救，然后撤退。

今年年初我预测生物质能概念也是如此，美国去年年底炒作的就是该板块，国内由于此板块只有 5 只左右，因此我最看好的就是韶能股份。它的炒作是成功的，而后的第一轮 IPO 新股炒作，也是很成功的。只要仔细研究和及时出逃都是赚钱的。再后面高送转股和优先股，可以说高送转股的选择有些问题，而优先股选择是没有错误的，按照本轮下跌看它们实际跌得不多。完全可以承受。而我选择股票都会注意基本面，因此就算短期股价背离，也只是暂时的，未来都会涨回来的。

资金流我曾经写过书介绍,大家也看过。但是资金流动中资金流本身就是最高端的技术,它需要时间去领会和理解。不可能一个初学者就可以完全掌握,这个我也多次说过。因此很多急于求成的朋友会有一种感觉不到的情况,这个问题我也解决不了,只能靠多操作了。

从现在的资金走向看,优先股肯定是有资金进入了。尤其类似中金黄金、江西铜业以及中国化学这类股票。因为它们是资金不断进入状态,只是需要一个好的契机去爆发,因此我并不担心它们未来的走向。毕竟中金是涉及收购母公司优质资产的,江西铜业是AH破净概念,化学是优先股中市值低的品种。基本面摆在那里呢。如果能静下心来两个月后再看它们的价格大家就明白了。另外有色金属,包括中金黄金、江西铜业和藏格矿业(000408),本身都没随着金价和铜价上行,那么它们跌幅就有限,而一旦乌克兰和俄罗斯冲突升级,它们都会大涨。

从今年看,优先股、有色金属和第二批IPO品种肯定是后面的热点,我就算提前进入,风险也无疑是最小的。

60. 2014年5月7日　等待最后一跌

第二轮IPO如火如荼,大盘再次考验2000点整数关口。第一批IPO的新股很明显是自救行情。

市场如此屡弱,只能说无奈。现在只能忍耐,忍耐10～20天就好了。当第二批IPO新股开始上盘,就算为了让它们发出去,资金也会营造一个相对好的盘面。

2000点最多还能跌破1次,然后大盘就开始上涨了。

61. 2014年5月9日　特大利好,各位可以起立了

"国九条"发布,我谈谈自己的几点看法:

第一,进一步促进资本市场健康发展,健全多层次资本市场体系,这是每次牛市启动前或者是阶段牛市启动前都会出现的一句话,也表明国家对股票市场开始重视起来。

第二,开放资本市场,按照现在的大盘市盈率,无疑对外资具有极大的吸引力。而今天有色金属突然启动,很明显有外资的痕迹了。

第三,规范债券市场,这个也很好,可以减少资金流入债券,更多地回流股市。

第四,培育私募市场,发展私募基金。这对散户聚沙成堆有极大想象空间。

第五,壮大专业机构投资者。支持全国社会保障基金积极参与资本市场投资,支持社会保险基金、企业年金、职业年金、商业保险资金、境外长期资金等机构投资者资金逐步扩大资本市场投资范围和规模。推动商业银行、保险公司等设立基金管理公司,大力发展证券投资基金。这条可以说明市场开始接纳任何资金进场,另外社保等不能输的资金已经建仓完毕了。

大家可以起立了,不需在趴着不动了,下周开始。中国 10 年内最大的一轮牛市启动了。

而从正常走向看,有色金属是第一个主打品种。

62. 2014 年 5 月 12 日　大盘还需要折腾一下

大盘和我预测的完全一样,大涨。"国九条"是大利好这个不容置疑。很多人都被下跌折磨怕了,就算天大的利好出来依然不敢相信。好吧,你不信,就给你涨个 40 几点看看。

今天成交实际并不足,只有区区 880 亿元,这个启动成交说明大盘还是要折腾一下的。虽然"煤飞色舞"了,但是延续性有些不足。估计最多能支撑两个交易日。而股指期货有明显的做空意图,只要成交量无法继续放大,大盘就不会一路坦途。

除了关注蓝筹股,还要注意"国九条"里面的最后一条资产重组股,此类股票一旦有色金属等短期灭火,这类票就该冲锋了。尤其有些重组股,由于受到突然利好消息,直接拉了几个涨停,然后下跌,把所有人都洗出去了。实际仔细看看可能涨了 80% 多,却只跌了 20% 多,这样的票只要具备实质题材,当然是可以有效操作的。例如,前期突然启动的重组股爱使股份、新世纪和长百集团等。不是涉及手游就是 OS 互联,最差的都是介入能源。前面的梅花伞、高金食品等的大涨给了一些新重组股无限的遐想。尤其"国九条"对重组收购等的论述,说明市场化越来越被重视,如此的政策扶持,前所未有。估计重组股这次要炒上天了。

实际仔细研究"国九条"就会发现,有几点我可以确认:第一,个股期权会很快推出;第二,印花税估计也快减免了;第三,"T+0"也不会太远了;另外,利好的板块包括优先股、重组股、中小板股票,创业板继续死下去。

而从现在开始该做的事情是找好股票,逐个歼灭。因为市场底部已经确认,政策底就是 2000 点一线现在是最好的沙中寻金的时刻。大盘肯定还要折腾几天的,毕竟"熊"了太久,大家还不适应。

晚安,牛市已经来了,还有什么可担心的呢?

63. 2014 年 5 月 15 日　再次探底后,强烈关注 4G 股

大盘和我预测得完全一致。大涨后回落,有再次试探 2000 点的意图。但是由于 2000 点是"国九条"出台的位置,因此基本可以认为是绝对底部区域了。有色金融果然是两日游行情,我预测的完全正确。

下一个热点是 4G 概念。因为现在 4G 时代已经开启了。这轮上涨后的下跌,只有 4G 股出现很多资金买进,这很说明问题,一些资金已经开始关注该板块了。4G 分为好几个类别。从产业链角度看,4G 网络建设从下游到

上游主要包含以下几个概念：站点勘测、工程服务、机房动力、无线站点配套、主设备、网络测试、室内优化覆盖、网络支撑及业务系统。对此，民生证券表示，基于运营商网络建设节奏，以及相关收入确认原则，物料器件、系统设备、勘察设计、工程服务、芯片终端等子板块将依次受益。

64. 2014年5月21日　再次聚焦次新股

大盘在2000点已经止跌，我前面谈及的4G股走得非常好。如武汉凡谷为龙头的品种均在如此弱势的情况下走出10%～15%的行情，算相当不错的。

从昨天开始，第一轮发行的新股明显有资金开始进入。因为证监会已经明确到年底能发行的新股也就100只左右。那么第一轮新股必然被再次爆炒。尤其是中小板的23只。原因很简单，后面的100只分成两个市场，那么深圳也就50只，而创业板可能就占据了30多只，等于说中小板只能上来10～20只而已，因此中小板现在的23必然被再次炒作。创业板大家不敢玩，上到主板的表现又不好，因此等于给中小板一个千载难逢的机会，加上中小板经过几轮暴跌，跌幅巨大。另外业绩的确很好，毕竟中小板上市规则是按照主板来进行的，水分远比创业板小得多。动态市盈率都低于30倍，定位偏低了，还有就是都具备一个"唯一"的概念。要知道100元跌到50元只跌50%，而50元涨到100元可需要100%上涨。因此可以比照跌到的最低价格，向上运行50%左右，即为短期到位。而跌幅较小的中小板则不被看好。

4G的行情还会继续，而第一轮新股也有连续大量资金开始进入。

65. 2014年5月21日　第一轮新股面临再次爆炒

大盘成交继续萎缩，虽然守得住2000点，但是由于成交量的不足，主力只能选择盘小有题材的板块进行操作。今天涨幅居前的恰恰是我多次提醒过的重组股、4G 股以及第一轮新股。

重组股今天纷纷拉上涨停,而 4G 中也涨了很多。第一轮新股里中小板股票有明显资金介入痕迹。这也说明现在成交不足只能炒作小盘股,而创业板太坑爹,中小板新股成为首选。下面我把第一轮中小板新股做个简单的对比分析(见表 24—2)。

表 24—2　　　　　　　　第一轮中小技新股对比分析

股票	所属行业	是否具备唯一性	动态市盈率	同行业对比市盈率	预计区域
002705 新宝股份	小家电	否	35 倍	30 倍	高估
002706 良信电器	低压电器	否	30 倍	42 倍	40~44 元
002707 众信旅游	在线旅游	否	41 倍	50 倍	100 元
002708 光洋股份	汽车精密轴承	否	40 倍	30 倍	高估
002709 天赐材料	精细化工	否	37 倍	40~50 倍	28~35 元
002711 欧浦钢网	物流及网商	唯一	37 倍	40~50 倍	40~50 元
002712 思美传媒	广告媒介	否	44 倍	44~50 倍	48~53 元
002713 东易日盛	智能整体家装	唯一	33 倍	45~60 倍	45~65 元
002714 牧原股份	生猪	否	80 倍	35 倍	高估
002716 金贵银业	白银	唯一	29 倍	32~45 倍	25~36 元
002717 岭南园林	园林工程	否	29 倍	30~40 倍	42~56 元
002718 友邦吊顶	集成吊顶	唯一	24 倍	33~45 倍	66~100 元
002719 麦趣尔	烘焙	唯一	45 倍	45 倍	估值合适
002721 金一文化	贵金属	否	73 倍	40 倍	高估
002723 金莱特	风扇	否	53 倍	40 倍	高估
002725 跃岭股份	车轮	否	29 倍	30 倍	估值合适

由于每年 6 月都是炒作中报的时候,而中小板这些新股都是在 6 个月后可以送股。虽然我做了这些股票的基本分析,但是由于送配的原因,可能会被炒作的更高。

66. 2014 年 5 月 27 日　第一轮新股开始疯狂

大盘成交依然不足,而中小板第一轮新股已经开始疯狂。

毕竟现在市场毫无热点,而有能力成为热点的只有重组股和第一轮新股,面临 6 月,更要看业绩和送配的。因此第一轮中小板新股必然成为最疯狂的品种。

67. 2014年6月3日　很无聊,也很无奈

大盘每天都是半死不活,全天热点全无,前期活跃板块也有退潮迹象。短期市场依然处于打底状态,随着6月中旬的世界杯来临,市场估计还是要调整一段。2000点很难破,面对2100点,我也很难过、无奈。

大盘本来前两天走得还不错,第一轮新股上涨,炒得就是中期送配。加上国家安全股,形成双剑合璧。重组股也跟着炒了一轮。可惜又被创业板的超跌反弹抢了风头,随后有趋弱。

盘中很明显第一轮新股处于上涨后的小调整,成交量缩的厉害,随时发动第二轮上涨。毕竟业绩好,中期预期送股,加上第二轮新股即将上盘,这些都对第一轮,尤其是中小板第一轮股票形成直接利好。而由于成交量不足,主力可选择的方向很小,只有新股能带动人气。因此第一轮的中小板新股里面有黄金,就看如何去识别了。

这样的市场最难熬,因为热点太少,能赚钱又能全身而退的板块不多,这都是很无奈的事情。而盘中成交极低,过于无聊。

大盘就这样慢悠悠地打底,很无聊也很无奈。

68. 2014年6月11日　次新股调整完毕,等待发令枪响

这段时间的大盘依然不稳定,个股热点也基本是一日游。但是我前面谈及的重组股的确成为持续的热点。如前面谈新世纪,从调整位置开始大涨,涨幅超过60%,这就是预测到了短期热点造成的。

而现在最需要注意的就是第一轮新股。可以说,大盘前面的下跌,唯一能支撑得住的就是新股,而随着18日第二批新股的发行,第一轮新股将在中报预期下大涨。

现在的行情别急,慢慢潜伏,等待拉升即可。

休息,休息一会儿。

69. 2014 年 6 月 16 日　新股开始疯狂

这几天一直看世界杯,没日没夜。大盘走得不错,只是成交依然无法放大。唯一的热点就是次新股,今天已经处于小荷才露尖尖角的时候,估计 18 日一到,整个板块就开始极度疯狂。

看球的时候要注意时间,别累坏了,不划算。

70. 2014 年 6 月 23 日　次新股整体井喷,行情刚开始而已

这段时间一直看世界杯,基本是到凌晨 5 点。我认为只有第一轮新股有戏,今天井喷,走势极强。

问题:

"大哥,您上个月初说重组股好,还有 4G 股好,的确上个月底到这个月初这两个板块走得非常好,我想问您的是:为何觉得本月是第一轮新股的天下呢？第二轮新股可是马上要上市了,还会有资金去炒第一轮吗？"

回答:

"我月初的时候就说过,一个板块成为持续或者相对持续的热点时,需要市场的认可,所以月初谈的,下旬启动很正常。我当时仔细研究过新股发行新规则,得出的结论就是中签率会非常低,这样中签成本过高。第二轮新股数量比较少,尤其上到中小板的更少,不足 30 只,同时由于新规第一天只能涨 144%,因此第二轮新股依然会是连续几个涨停,散户真正能介入的时候已经价格高企了,谁会去高位接货呢？而第一轮新股,平均市盈率只有 20~30 倍,盘子又小,那么高位追进和低位向上炒,只要精神状态正常的人都知道该如何做了。"

多余的我不想说了。世界杯时刻,我更关心足球。

股市永远是最梦幻的地方，也是奇迹最多的地方，而看好它，潜伏进去是我的强项。

71. 2014年6月25日　次新股的疯狂刚刚开始而已

今天次新股继续大涨，其余板块全部废掉了。我看有些文章写次新股极度疯狂，才涨多点啊？也叫极度疯狂？

市场对次新股的观点越来越一致，它们的上涨才刚刚开始而已。明天第二轮新股上市，散户和机构都买不到的，那么第一轮新股会更加凶猛。第二轮新股数量太少，不但明天买不到，估计一周内你都买不到。等能买上了也是主力该出货的时候了，市场主力和散户都没那么傻。所以今天次新股的大涨才刚刚开始而已，明天开始将是疯狂的上涨开始。

72. 2014年6月26日　新股酝酿涨停潮，热点不多成交少

第二轮三只新股今天登陆市场，基本又是秒停。无论是机构还是散户均无法参与其中，按照成交量推算，这几只都大约还有4个左右涨停，不必惦记了。

第一轮中小板新股开始酝酿涨停潮，早盘金轮股份率先涨停，随后带动欧浦钢网等涨停。该板块其余股票均大涨。从盘面看主力资金不断涌入，因为第二轮新股进不去，而大盘成交又极低，只有第一轮新股能进行有效炒作，毕竟中报是有送股题材的。随着第二轮三只新股的继续涨停，第一轮新股将出现涨停潮，这已经无法避免了。现在的情况是，我最先挖掘出来，先知先觉者最先进场，一旦涨停潮开始，也就是有超过5只中小板涨停的时候，散户就该蜂拥而入了，毕竟该板块现在最安全也最容易获利。因此可以适当再提高止盈区域。

我说过，20个交易日内第二轮中小板新股中我看好的5只都会出现

30%～50%的上涨,而我现在的判断是,可能有 50%～100% 的上涨。因为资金进入得太踊跃,加上它们的确估值偏低。举个简单的例子,例如,某只股票从 50 元跌到 25 元,的确是跌了 50%,而从 25 元再涨回到 50 元则需要涨 100%,那么涨到 37.5 元的时候才只有 50% 利润而已,加上有些股票超跌过于严重,50% 的反弹都明显不足。从盘面观察,跌幅越大的股票上涨力度未来会更强。而前期暴涨过的如金轮股份等我并不看好,因为老庄被套了,拉高是为了出货。高位被套的人基本早都逃跑了,向上压力就小得多,就算创出历史新高也不稀奇,就看如何送配了。

还有就是本月到 7 月 10 日左右还有 4 只新股上市,资金压力很小,而且大家也都知道连续 5 个交易日根本买不到,所以就干脆都集中到第一轮新股上面了,这也是第一轮新股的炒作为什么肆无忌惮的原因。它们太被低估、太超跌、有太好的题材和业绩,当然有人炒了,有什么可奇怪的?今天大盘这么点成交量,能炒动的也就是小盘股,别的根本炒不动。散户这段时间都亏惨了,根本不敢进场。"买涨不买跌"是散户的特征,这不奇怪。

后面 5 个交易日我基本不看盘,因为只要今天上市的 3 只新股打不开涨停。第一轮新股就停止不下疯狂上涨的脚步,与庄共舞有什么不好的呢?

73. 2014 年 6 月 28 日　胜利的焰火,只为执着的人绽放

大盘今天调整,成交量反而放大。2000 点政策底是跌不破的,所以不必太担心大盘。从今天成交量放大 100 亿来看,周末应该有政策利好出台。

次新股今天整体调整,但是我看好的品种却继续上涨或者微微调整。我昨天说得很清楚,只要第二轮新股涨停不止,第一轮新股就绝对不死。第一轮的中小板品种业绩优秀、题材丰富、含权盘小,优点太多,而且走势已经证明了我的判断,后面继续上涨不变。

主力今天拉升低价格股票,想另辟蹊径,从盘面看基本是孤芳自赏,一

日游的迹象明显。今天虽然涨停,但是明天就会下跌,因为没有群众基础的东西是不会被市场所接受的。历史上看重组股都是5月左右的热点,一般6月下旬都是含权股的天下,因此贸然拉动低价股就是死路一条。这个判断我们下周一就可以证实,大家可以把今天上涨的前13名股票保存一下,看看下周它们是怎么下跌的。

我说过,5个交易日内我不卖出第一轮新股,只有第二轮新股开板后我才会去看看,毕竟6月赚钱太难,我有足够的底气和资本保持满仓不动。我只补充一句"胜利的焰火,只为执着的人绽放。"而我恰恰就是执着的人。我现在抱着第一轮新股的大西瓜,就要把它全部吃掉。

74. 2014年6月30日　风格转换失败,新股明日崛起

市场主力试图拉动低价格股票,而今天又拉动银行等大盘股。结果都一样,一日游,无人关注。股票这玩意,玩得好的能把板块资金流看明白地叫独树一帜,而看不明白只知道用钱做实验的叫孤注一掷。这个市场也很公平,结果决定一切。

次新股调整两天,成交缩小很多,调整基本完毕,明日次新股会再次启动,它们的大行情远未到来。

75. 2014年7月1日　花开花落次新股,风云变幻小金属

次新股这轮涨了很多,可以说它是大盘如此虚弱的时候最靓丽的板块。

我前面说得很清楚,第二轮新股打开涨停板的时候,第一轮新股的风险就开始加大了。因此一定要注意第二轮新股开板的迹象。第二轮新股也要注意兑现利润;而从今天盘中看,有色金属和小金属走得最强。从前面镍业股和锌业股的上涨很清晰得能勾勒出未来市场的变化。2008年的时候这些金属有很多库存,而这几年消耗得非常剧烈。大金属盘子大不好炒作,因此

小金属将成为下一个热点,小金属股的资料如图24－1所示。

名称	涨幅▼	现价	涨速	大单净额	大单净比%	换手
中金岭南	+5.29%	7.16	+0.00%	-2365.58万	-3.62	4.41
云海金属	+5.20%	8.70	+0.00%	+2890.93万	+16.61	9.24
罗平锌电	+5.01%	12.16	-0.08%	-1687.71万	-4.07	39.26
金瑞科技	+4.70%	13.81	+0.44%	-7902.81万	-5.58	26.75
西藏珠峰	+4.59%	10.49	+0.67%	+1702.69万	+17.66	5.89
驰宏锌锗	+4.23%	9.60	-0.10%	+4131.35万	+8.26	3.09
宏达股份	+3.51%	5.60	+0.00%	+974.00万	+5.85	2.84
东方锆业	+3.42%	11.78	-0.08%	+1732.95万	+3.82	12.28
中信国安	+3.42%	7.86	+0.00%	+8551.38万	+11.97	5.91
株冶集团	+2.80%	8.09	+0.25%	-231.67万	-1.36	3.94
吉恩镍业	+2.56%	14.81	+0.14%	+1145.82万	+3.63	2.61
辰州矿业	+1.87%	7.62	+0.00%	+1212.74万	+7.25	2.20
云南锗业	+1.65%	12.33	+0.00%	+1234.03万	+5.34	3.02
恒顺电气	+1.58%	8.38	+0.00%	-655.47万	-3.28	12.19
厦门钨业	+1.46%	25.77	-0.04%	+3219.25万	+11.25	1.63
湘潭电化	+1.43%	9.24	+0.00%	-152.02万	-6.58	1.80
百利电气	+1.31%	10.09	+0.20%	-232.79万	-12.90	0.39
洛阳钼业	+1.19%	6.78	+0.30%	+172.77万	+1.41	0.91
章源钨业	+1.08%	17.77	+0.17%	+158.22万	+2.69	0.77
宝钛股份	+1.01%	14.99	+0.13%	-762.69万	-4.75	2.47
西部矿业	+0.91%	5.52	+0.00%	+1172.14万	+5.08	1.73
五矿发展	+0.85%	10.64	+0.38%	+488.14万	+7.43	0.58
金钼股份	+0.85%	7.12	+0.00%	-561.34万	-3.78	0.64
中科三环	+0.84%	11.98	+0.00%	+710.11万	+2.63	2.12
南风化工	+0.78%	3.86	+0.00%	+145.73万	+8.33	0.83
东方钽业	+0.73%	9.61	+0.00%	-505.86万	-6.02	1.97
银亿股份	+0.51%	7.92	+0.13%	-34.78万	-5.49	0.89
嘉宝集团	+0.33%	6.02	+0.17%	-273.86万	-19.57	0.45
红星发展	+0.25%	8.15	+0.00%	+18.36万	+0.79	0.98
包钢稀土	+0.20%	19.69	+0.15%	-414.60万	-0.73	1.95
炼石有色	+0.14%	13.85	+0.07%	+60.80万	+0.27	6.19
中国中冶	+0.00%	1.71	+0.00%	+35.86万	+0.76	0.17
中色股份	-0.20%	9.92	-0.10%	+513.26万	+2.55	2.21
贵研铂业	-0.25%	16.03	+0.19%	-1696.20万	-12.80	3.23
天成控股	-0.47%	12.76	+0.08%	-1496.45万	-18.64	1.24
攀钢钒钛	-0.48%	2.07	+0.00%	-1331.99万	-12.63	1.06
升华拜克	-0.64%	6.18	+0.16%	-853.73万	-19.88	1.72
广晟有色	-0.92%	37.88	-0.03%	-2856.99万	-10.76	2.78
天兴仪表	--	--	+0.00%	+0	--	0.00
西藏矿业	--	--	+0.00%	+0	--	0.00
锡业股份	--	--	+0.00%	+0	--	0.00
西部材料	--	--	+0.00%	+0	--	0.00
格林美	--	--	+0.00%	+0	--	0.00

图24－1 小金属股的资料

76. 2014 年 7 月 2 日　次新股集体退潮,小金属军工逞强

如我预测的一样,次新股开始下跌,而军工走得很好,小金属也开始走强。我说过,现在由于资金不足,资金都会选择比较安全的板块进行操作。因此具备军工题材的小金属自然成为主力看好的目标。

77. 2014 年 7 月 3 日　小金属小荷刚露尖尖角

大盘继续震荡,市场成交开始增加。大盘普涨意味渐浓。小金属不负众望,开始上涨,对于该板块来说,我是短期极度看好的,就如前面我看好次新股一样。原因我也说过多次了,现在是价格越低的小金属未来走势就越强大。例如,前面大涨的罗平锌电,区区一个小利好就在 18 个交易日内翻倍,那么对于其他小金属的示范效应就很明显了。

小金属主要应用在航天、汽车、军工等上面比较多。例如,全国最大的镁合金企业云海金属、全球最大的锆石行业之一东方锆业、亚洲最大的铅锌矿公司中金岭南、生产能力在全国排名第一,碳酸钡和碳酸锶市场占有率全国最高的红星发展、铼金属全国第一的炼石有色等。由于它们都应用在航天航空以及军工上,覆盖面广且技术独有,一旦遭遇战争或者为了防御都会增加它们的用量,自然就造成价格上涨。另外,它们中很多又具备了 3D 打印概念、新材料概念、柔性电子概念等,因此它们只要价格低,哪怕暂时亏损,都会成为资金狙击的目标。

多余的话不想说,这个市场结果决定一切。次新股的判断已经被证明完全正确,看小金属的了。

78. 2014 年 7 月 7 日　极度疯狂后一地鸡毛,留一半清醒留一半醉

新股连续打板,比照第一轮新股来看疯狂度有过之而无不及;而从历史

上看,一般7个涨停后基本面临开板,由于短期涨幅过大,开板风险随之增加。

这几天小金属全部资金净流入,我估计一旦新股开板就会波及第一轮新股的下跌,市场再次面临短期失去热点的窘态。这几天能稍微持续的热点是军工,而小金属基本属于军工范畴。例如,金属镁和锶是战斗机机身的基础,金属铼用于战斗机的发动机,而金属钼、镍等也是应用于报警雷达等先进武器上面的。这几天军工的预热也说明有向纵深炒作的意思,那么军工类小金属必然成为资金选择的目标。

我前面也说过,现在题材的确立需要一段时间,就是要稍微延后,主要是资金不足造成的。前面4G、次新股基本是我先预测出来,一周后开始动作。这次也不会例外,估计本周的下半周小金属该发力了。从盘面看罗平锌电和中金岭南是最先发力的,而如题材极其丰富的东方锆业、云海金属、红星发展、炼石有色等只是资金不断流入,毕竟此类价格低、题材好的品种才是未来资金的主攻目标,多留意吧。

79. 2014年7月11日　蓄势期已经足够,小金属下周狂飙

盘面看军工、有色金属、小金属持续上行。从这个操作步骤看,现在市场虽然走得不好,但是极具牛市初期的雏形,2000点区域我坚决看多做多,而且我认为一轮牛市即将到来,快的话本月底,慢的话也就是8月底;QFII借道DQFII进场,而QFII只要开始控盘,最先拉动的就是有色金属,历来如此,从未改变过。大家如果仔细看一下有色金属就会发现,本轮大盘跌了不少,唯一缓慢上行的就是有色金属,而有色金融中的小金属则出现轮番上涨的行情;另外,地产股也开始摆脱颓势,这说明很多资金在不断地进入。

现在就是牛市初期,当看完世界杯后,我的操作会开始加快,而现在我最看好的就是小金属。从盘面看小金属流入的资金很多,这几天已经完成

了数次洗盘,下周一开始,小金属将引发涨停潮,狂飙在即。是对是错,市场自然会给出答案,我们拭目以待就是了。

80. 2014 年 7 月 14 日　大盘重新启动,小金属踏上征途

大盘今日放量突破短期所有均线,强势特征明显。盘中资源类、有色金融类股票领先。钛白粉由于近期价格猛涨,成为涨幅最大品种。后面跟随的是镍金属概念股、稀土永磁概念股和小金属概念股。

从年初看最开始时镍涨价,带动整个镍类股票大涨。随后是锌铝涨价带动相关股票上行。而今天钛白粉股票的上涨也属于正常,因为 1—5 月钛白粉出口增长 50% 以上,价格从 0.95 万/吨急涨到 1.35 万/吨。该板块今天均大幅上涨。整个板块涨幅超过 6%,紧随其后的镍金属由于前面已经炒作过了,不作为重点,而稀土永磁受国家政策扶持,尤其是新型材料类别的。

近期国家发布稀土专项资金扶持企业,对已通过国家环保核查的稀土采选、冶炼企业,根据工信部稀土企业准入公告核定的企业产能予以一次性奖励;对于稀土高端应用技术研发、产业化项目等也将给予不同程度的资金支持。值得注意的是,工信部已披露此次拟支持项目名单,共有 110 个项目入选。其中,五矿稀土旗下的五矿(北京)稀土研究院有限公司、包钢稀土旗下的包头稀土研究院、广晟有色旗下的江西广晟稀土有限责任公司,以及云海金属、厦门钨业、宁波韵升等上市公司均有项目位于名单之列。

镁电池研发取得突破,研究人员使用一种铁硅化合物作为电池正极,以一种含乙醚的有机溶剂作为电解液,制作出的镁蓄电池充电量达到了锂电池的 1.3 倍,材料费用却只有锂电池的 10%。电池容量有限,已经成为智能手机、可穿戴设备发展道路上的严重"瓶颈",镁电池正是科学研究的前沿方向之一。此前中国科学院已研制出一种镁电池在四川芦山地震灾区亮相,但不能充电再利用。

整个有色金融板块已经有明显的起舞意图,而小金属作为其中题材最多、业绩较好、盘子最小的品种,更适合主力资金炒作。现在大盘的成交量已经逼近 1000 亿元,后市应该是小金属做先锋,带动基础金属的意思。因此当次新股已经炒完,牛市初期的时候,小金属是最容易被关注的对象。

81. 2014 年 7 月 15 日　小金属"太美丽"(钛、镁、锂),机械股要冲锋

小金属行情如约到来,昨天钛金属崛起,今天镁金属大涨。完全符合我 7 月初的预测。我多次说过股票市场决定成败的就是结果,只要能赚钱你就是王者,其余都是废话。很多市场评论者要么不敢谈股市和股票,要么就是跟风。当市场和板块没走出来的时候我能提前预测出来并且潜伏,这就是我的能耐和技术,这样的思路值千金,等走出来你再叫好,就是马后炮了,一文不值。

从年初我看好的生物质能到次新股再到 4G 再到第一轮新股再到现在的小金属股,可以说我牢牢把握了市场的运行趋势,提前预测、提前判断。

昨天的文章我谈到了钛白粉、小金属、稀土等板块。今天小金属中西部材料和云海金属都摸上涨停区域。西部材料主要受益在丝绸之路概念以及钛金属概念,而云海金属则是镁金属概念。稀土行业更多集中在锂金属行业中。这也是我今天的标题"钛、镁、锂"的原因。

再说一下我昨天谈到的钛白粉行业,该行业现在回暖明显,可以说这类股票的股价刚开始上涨,昨天的钛白粉龙头安纳达最先涨停而带动了整个板块。昨天晚上安纳达就公布不进行资产重组,市场认为是利空。这是完全错误的。从盘面看该股今天就是利用利空洗盘,全天均价 7.8 元,该股最低 5.73 元,一个月换手 120%,平均成本在 7.5 元,主力进驻得相当明显。早盘顶着利空创新高,按照钛白粉价格增长速度看,该股年底必然扭亏。

我今天重点想说一下机械类股票,自贸区概念被炒作很久了,已经没肉

可吃，而后面公布的丝绸之路，也就是陕西、新疆的股票有机会。想发展经济就必须先修路，这是大家都明白的问题。而修路建设等就必然要涉及机械类股票，现在的行情将是小金属继续高歌猛进，机械股开始蓄势的状态。

82. 2014年7月17日　市场混乱不堪，把握资金热点

从大盘看，走得并不好，但是个股却未出现大的变化，热点依然没有太持续的。小金属整体还算不错，机械股已经蓄势多时。

我前面说的钛白粉类股票由于钛白粉价格继续大幅上涨，已经从9500元/吨涨到接近14000元/吨。因此短期该板块会继续大涨。尤其该板块龙头安纳达已经调整完毕，估计明天该板块又该集体大涨了。

现在机械股一直在蓄势，尤其是具备丝绸之路的机械股。

市场现在走得不好，但是我的资金流依然独步天下，如此弱势依然可以做到百步穿杨，这就是实力的体现了。

83. 2014年7月21日　今日宠妃明日冷，你方唱罢我登场

目前市场现状并不好，持续的热点只有军工概念，其余概念均为一日游。第一轮新股彻底退潮，第二轮新股表现也比较差，热点转换相当快速。两市经过前阶段大成交外，又陷入混沌之中。

我谈一下最近看好的板块。首先钛白粉，这个我强调过，这个板块是我非常看好的，因为从钛白粉的价格以及外界需求看，从现在到年底都会不断上行。现在看钛白粉价格从年初的9500元/吨涨到现在的13800元/吨，而外国和国内的订单依然旺盛，估计到年底要突破20000元/吨，这对钛白粉企业无疑是巨大的利好。

实际当第一轮新股退潮后，小金属冲了一轮。而现在的市场资金更多集中在重组和盘小上面，因此一定要抓紧市场的脉搏。现在的市场表现已

经很明显,"今日宠妃明日冷,你方唱罢我登场",既然敢进场就要去适应。牛市没展开的时候,任何天长地久都是致命的。我的文章就在这里。这里记录了我走过的牛市,更记录了我开启 2005—2007 年大牛市的历程。

84. 2014 年 7 月 23 日 股若有情股亦老,业绩拐点是沧桑

"天若有情天亦老,人间正道是沧桑"前一句的意思是:凡是有情之物都会衰老枯谢。别看苍天日出月没,光景常新,终古不变。假若它有情的话,也照样会衰老。自然界如果有知,它会体察到兴盛与衰败这条不可改变的法则。不断地变异、不断地发展、不断地前进,这是人类社会发展的必然规律。我稍作改变后的意思是:任何股票都不可能永远地走牛,都是不断地涨或者跌,不要和股票谈恋爱,要注意止盈的问题,而现在我最看好的股票是面临业绩拐点的品种。

我认为钛白粉和机械类这两类股票都面临业绩拐点。

先说钛白粉。钛白粉周期性底部已现,内外需共振将拉动需求新增长,商品房销售面积是钛白粉行业的领先指标,2013 年我国地产销售回暖,全年增长 17.3%。虽然 2014 年地产周期性调整,销售降温,但从钛白粉市场相对于商品房销售 1 年左右的滞后期来看,2014 年将是国内钛白粉需求回暖的一年。外需方面,2014 年 1—5 月,我国钛白粉出口数量同比增长 57.4%。美国是仅次于中国的钛白粉生产销售大国,也是我国第一大出口国,2013 年美国新建房屋销售数量同比增长 16.58%,且 2014 年仍然保持稳定增长。随着美国房地产复苏,其国内钛白粉进口增加,出口显著减少。另外,美国钛白粉产能收缩,产量减少,也在一定程度上增加了钛白粉的进口。2014 年二季度以来,国内外龙头企业已相继提价,钛白粉行业拐点初现,未来受内外需共振的影响,钛白粉价格上涨将可持续。到昨天钛白粉价格已经从 9500 元/吨涨到 13800 元/吨,按照需求增长看年底价格应该突破 20000 元/

吨大关。

再说机械股。丝绸之路申遗成功后,沿线省份正在加快推出丝绸之路经济带建设规划的步伐,我会重点关注新疆、陕西板块。

从现在看有色金属依然强劲,而与其配套的就是业绩拐点类股票,或者说可能重组的股票。大盘成交开始放大,QFII等国际资本追逐有色等,而国内资金追逐业绩拐点类股票,当成交持续放大的时候,牛市就开始了,我们慢慢看就是了。国内炒家的思路很明确,反正现在都是亏损的,一旦业绩拐点出现,年底扭亏就是最好的题材,而此类股票大多跌幅巨大,向上炒空间大,向下跌空间小。也就是说,现在流通市值低于10亿元的股票是最好的选择。这也是为什么我看好以上板块的原因。

85. 2014年7月23日　创业板终成杀跌板,重组股飞跃九重天

创业板连续杀跌,溃不成军,这是很正常的现象。24年来,我崇尚价值投资,从未去博傻,这也是我能生存下来的原因。

现在的市场实际很难做,盘面上看似不少涨停的,但大多是一日游,套就是死套。越去追逐热点,资金损失就越大。从现在的盘面看,实际很多资金开始进场,这都是牛市初期的征兆。

由于现在是牛市初期,市场实际很不稳定。不断处于波动之中。也就是大盘打底时期,这个时期实际是安全的,而资金现在短期并不足,又有新股不断侵扰,因此低价股成为短线资金首选。上涨家数中65%为10元以下的股票。只要市值低就有被炒作的价值,原因很简单,因为这类股票都带着重组的帽子,跌无可跌,上涨则有千万个理由。我前面谈及的钛白粉和机械股也都遵循这个原则,也就是有业绩突增以及价格低、市值小的概念。而现在热点不集中,反而这类股票最容易被资金看中。到牛市真正启动时,也就是上海见到1500亿元日成交时,都是这类小市值概念股的天下。

市场越乱,我们就要越稳健。

86. 2014年7月24日　行情慢慢展开,坚持低价股票

大盘今日成交终于登上1200亿元,证券银行股上行,大盘放量迹象明显。一旦到达1500亿元,大行情就要开始了。早盘钛白粉板块大涨,随后证券股开始上冲。盘中有短暂的资金出逃迹象,主要是因为对全天的成交量有担心,但是随着成交不断放大,资金开始回流。一般牛市初期都是在犹豫中前行。

低价格依然是主流,因此继续关注钛白粉和机械类股票。短期大盘有一个上拉后确认的动作,2100点会有所反复,除非不断出台重磅利好。否则这样的纠结会持续到月底。如果大盘能持续日成交1200亿元以上一周的话,牛市就真的开始了。而一旦成交跌破1000亿元,则牛市行情就要稍微延后,从现在看8—9月应该就是牛市启动期了,不会拖延到年底的。今天证券股和银行股的上行应该是受到利好消息刺激造成的,因为长线资金并未完成这两个板块的吸筹任务,因此它们没有延续性。市场主流资金依然集聚在低价股上面,起码到月底前不会有太大变化。

钛白粉股票走得很好,机械股走得也不错,只要耐心等待就能获得回报。因为它们在前面一直逆势走强,今天小做调整后就该进入主升浪了。

牛市行情慢慢展开,我在前方,你呢?

87. 2014年7月25日　大盘强者恒强,价低者得天下

短期市场会成为两种股票的天下:第一,有色金属;第二,低价股;今天涨幅前20名中13只为低于10元的股票,占比达到65%,这很说明问题。有色金属在QFII的操作下大涨,但是成交量依然是阻碍行情发展的绊脚石。只要大盘成交量连续5个交易日在1200亿元以上,我指的是上海,牛

市就正式启动。现在牛市依然是酝酿期,但是个股的表现很不错。

我前面谈及的钛白粉和机械股走得依然较好,毕竟它们面临业绩拐点,有足够的理由炒高。

我把流通盘5亿股以下,股价5元以下,流通市值低于18亿元,非ST股、非融资融券标的股、非创业板股,以及估值低的钢铁、路桥、纺织、地产股扣除,实际只有22只股票,这22只低价股如图24—2所示。

代码	名称	涨幅%	现价	涨跌	涨速%	DDE净量	总手	换手%	量比	所属行业
600734	实达集团	+10.02	4.83	+0.44	+0.00	0.21	12.58万	3.58	2.25	房地产开发
600722	金牛化工	+7.99	4.73	+0.35	-0.21	0.86	35.27万	8.37	6.04	基础化学
002043	兔宝宝	+6.12	4.16	+0.24	+0.00	0.74	36.89万	8.38	9.20	建筑材料
600698	湖南天雁	+3.79	4.65	+0.17	+1.31	0.45	13.84万	3.23	0.85	汽车零部件
000859	国风塑业	+2.78	4.43	+0.12	+0.00	0.05	32407	0.77	0.70	化工合成...
000818	方大化工	+2.05	3.48	+0.07	+0.00	-0.69	24.05万	5.81	0.93	化工新材料
000890	法尔胜	+1.83	4.46	+0.08	+0.22	0.00	26693	0.70	0.82	金属制品
000678	襄阳轴承	+1.80	4.53	+0.08	+0.22	-0.01	29798	0.99	0.72	汽车零部件
600727	鲁北化工	+1.74	4.67	+0.08	+0.00	0.16	39598	1.13	1.28	化学制品
600131	岷江水电	+1.73	4.12	+0.07	+0.24	0.04	46462	1.17	1.79	电力
600207	安彩高科	+1.61	4.41	+0.07	-0.23	0.16	33692	0.77	1.62	综合
600423	柳化股份	+1.50	4.06	+0.06	+0.00	0.03	36887	0.92	1.60	化学制品
000980	金马股份	+1.29	4.71	+0.06	+0.00	-0.01	29677	0.94	1.19	汽车零部件
000707	双环科技	+1.24	4.24	+0.05	+0.24	0.07	59933	1.29	1.14	基础化学
300214	日科化学	+1.03	4.89	+0.05	-0.20	0.04	43775	1.63	0.97	化学制品
600806	昆明机床	+0.89	4.53	+0.04	-0.22	0.01	41295	1.06	1.75	通用机械
000757	浩物股份	+0.82	4.89	+0.04	-0.03	-0.03	43171	1.38	0.56	汽车零部件
000721	西安饮食	+0.70	4.32	+0.03	+0.00	-0.13	13.52万	3.10	0.50	酒店及餐饮
002442	龙星化工	+0.65	4.62	+0.03	+0.22	-0.13	42338	1.75	0.61	化工合成...
600302	标准股份	+0.41	4.85	+0.02	+0.00	-0.02	17491	0.51	0.73	专用设备
000622	恒立实业	+0.22	4.47	+0.01	+0.22	-0.08	56226	2.06	0.37	汽车零部件
000156	华升股份	+0.00	4.89	+0.00	+0.00	-0.09	52371	1.30	0.96	纺织制造
603333	明星电缆	-2.66	4.75	-0.13	+0.00	-1.99	21.06万	10.83	1.11	电气设备

图24—2 22只低价股

我本人则投身在低价股上面,最主要的原因是大盘成交量无法满足牛市初期启动的水平。而低价股中如果2—3年内都处于筑底状态的最好,因为距离绝对底部越近就越安全。所谓"横有多长,竖有多高"就是这个道理,如果一只股票2—3年内一直在不足50%的空间震荡,未来股价翻倍就是必然的了。

价低者得天下,就是现在盘面的写照,只要多看多观察,就可以战胜市场。

88. 2014年7月28日　7年岁月轮回，牛市帷幕拉开

大盘已经进入牛市初期，这个已经不容置疑。从2007年到现在，7年熊市，埋葬无数英雄和散户。而现在，众望期盼的牛市帷幕拉开。作为一个具备24年投机历史的市场老兵，我并不觉得激动，因为我早已预见到了。

现在看牛市初期很明显了，这个不必多说。现在主要是看思路了。大盘今天突然启动蓝筹股，主力意图很明显了。现在是分成了三部分资金：第一部分是QFII，它们主攻有色金属；第二部分是保险社保类资金，它们攻击银行证券优先股等大蓝筹；第三部分是游资，它们攻击低价股。从今天盘面看，大盘涨了不少，但是个股却没怎么涨，并无整体效应，三部分资金各自为战。我的思路很明确，放弃第二部分资金，也就是只看和参与QFII和游资的操作品种。原因很简单，QFII肯定是市场风向标，这个在上轮大牛市已经表现很清晰了。现在看有色金融和低价股最为热闹，我们自然参与这类股票，至于银行等大蓝筹是冲关用的，我只会在2500点、3000点这类点位时候参与，其余时间，我绝对不买。

盘中看今天机构资金明显试图拉抬蓝筹股，而从今天蓝筹股的表现来看，主要来自股指期货的变化，也就是多方绝杀空方。按照这个角度去分析的话，明天空头要反击了。蓝筹股和小盘股会争夺市场话语权。而从现在操作思路看，业绩好是多家的统一选择。也就是说只要你持有的是低市盈率、低价的票都有机会。一旦空头得势，中小板股票就大涨，一旦多头得势蓝筹股就大涨。

我会继续关注有色金属股和低价股，下周开始我会跟踪1~2个板块的股票，市场已经到了沙里寻金的时刻，短线已经不是最好的获利方式，小中线和中线才是最好的操作。

89. 2014 年 7 月 29 日　寻找中线标的股票

大盘牛市已经开始,这个已经是确定的问题。现在最需要做的事情是找到好的股票,然后中线或者小中线进行持有。我一共看好四个类别的股票,分别为有色金属、美丽中国、城市改造的管线类、商业股。而股票方面低价、低市盈率的和低价有增长的股票是首选。也就是说一定要选择低市盈率的,或者是低价未来有大幅增长的股票,现在市场肯定是被低估的,那么寻找低估的股票让它们价值回归,就是最好的选择。

我先说下这四个类别的股票,有色金属我不说了,因为已经开始动了。关于美丽中国的股票前面被爆炒过,而美丽乡村这个板块的股票并不多;而城市管线类股票受益于"十二五"规划,中长期看潜力巨大,商业股由于土地估值潜力,市盈率低也值得关注。现在对待此类个股,要么是市盈率低于25倍的,要么价格低、业绩有望高增长的,创业板和融资融券品种直接放弃。

大盘短期走得过于强大,短期有调整的要求,我昨天说得很清楚,大盘急拉,蓝筹涨;大盘下跌,中小板股票涨,跷跷板就是这么形成的,大家仔细观察吧。

下周我会逐渐中线跟踪一些股票,而现在我只做功课,寻找中线可操作的股票,一旦确定,目标就是翻倍。因为牛市不翻倍就不叫牛市了。

90. 2014 年 7 月 31 日　牛市就要满仓

牛市被逐渐确认,大盘指标已经出现严重超买,但是蓝筹股却让指数失真。这是标准的牛市初期走势,大可不必担心。市场现在遵循着上午调整下午拉升的原则,而一旦指标过于超买就会来一天急跌,随后继续向上。股指期货上面,多头占据绝对优势,空头横行多年的日子结束了。

这轮牛市会是快牛,高点在 4000 点以上,现在只是牛市的初期阶段。

关于短期的板块,我昨天谈过,一共就四个板块最值得关注;市盈率低于25倍的为首选,这轮明显是价值回归的走向,或者低价的增长却不断提高的股票也是可选择的对象。

只要找到此类股票就要大胆满仓,牛市都来了,不满仓就是对自己的不负责。这几年来我一直与市场争斗,也一直侥幸赢着,可以说对这个市场我更有发言权。3年内起码有2轮牛市,但都是不足1年的短期牛市。只要股指期货存在,就不可能有超过2年的持续牛市。

本周五收盘后我会抽丝剥茧般地仔细分析4个我看好的板块,并每天跟踪。

91. 2014年7月31日　跟踪几只翻倍的股票

关于大盘我不想多说什么,因为牛市已经启动,大盘冲上4000点就是时间问题了。大牛市亏大钱的也不少,那么如何让自己手中的股票翻倍,才是我要做的事情。

我谈过4个板块,那么我仔细筛选了一下,加上前面谈过的22只低价股,我找出4只可以翻倍的股票,时间定为3个月,我想每天跟踪一下它们的盘面。

牛市的规则是,自己选好股票,耐心持有,别被其他股票上涨所迷惑,坚持你手中就是最好的判断。

92. 2014年8月2日　我独坐须弥山巅,将万里浮云一眼看开

我最喜欢的两句诗词,今天的标题是一句,另外一句是"我从红尘中率先早退,你却在因果之间迟到"。诗词美得令人心醉,我都无法用文字去表述它的美。"我独坐须弥山巅,将万里浮云一眼看开"。它指的是我站在智者的高峰,将遮盖事物本质的东西清晰地看明白,现在的股市就需要这样的

气质和这样的自信。

　　大盘如期调整,短期指标过高,下午2点空头开始砸盘,从上涨17点到下跌17点,34点仿佛在一瞬间。个股从涨到跌,散户经历大喜大悲。这就是牛市,美丽而凄惨。牛市刚刚开始,要迅速抛弃熊市思维。现在需要做的就是拿住手中低市盈率股票,耐心等待大幅上涨。千万别跟着市场热点走,资金暂时还不足以支撑大蓝筹股向上,由于本轮炒作的本质是价值回归,那么只有手中持有的是25倍市盈率以下品种,盘子不大,就一定有翻倍的机会。

　　现在散户很乱,不敢追进,又害怕踏空。而资金分成三个部分,QFII拿有色做先锋,随后挖掘低市盈率股票;大机构社保等资金进入了银行、证券等蓝筹股;游资则在中小板和低市盈率股上面。可以说QFII和游资能重合的点就是低市盈率股。而大机构的蓝筹股我不看好,想拉动大蓝筹股没2000亿元以上的成交是做不到的,起码现在市场资金不够这么干的。QFII套路与当年一致,完全按照"煤飞色舞"做先锋,随后该"喝酒吃药"了。今天药业的异动既是市场对埃博拉病毒的炒作也是QFII一盘棋中的一个落子。而游资很明显在杀低价重组股和中小板低市盈率股呢。所以从现在的成交量结合各路资金实际情况看,我最倾向于低市盈率股,而且中小板最看好。

　　上次大牛市全国只有我一个人看明白市场,而这轮牛市与上轮不同,由于股指期货的存在,上行也就在4000点左右,而不会走出新的历史高点。时间跨度不会超过1年,我个人估计10个月内完成第一个短期牛市,随后进入调整,然后再起一轮快速牛市。也就是说3年内,即2017年8月前,会有2轮不超过10个月的快速牛市,而其余16个月则是下跌。第二轮快牛的高点低于第一轮的。如第一轮最高是4000点,则第二轮肯定低于4000点,但是,利润会非常丰厚。

　　我会坚定地持有手中的股票。

93. 2014 年 8 月 4 日　市场已成不死鸟

市场与我预测的完全一致,大盘猛烈调整后就继续上行,根本不给空头任何机会。因此现在只需要耐心持有手中股票,尤其是低市盈率股票就可以了。

只要是 25 倍市盈率以下品种,死了都不卖。不翻倍坚决一股不出。这就是大牛市,我们等待了 7 年的大牛市。

别管大蓝筹股也别管大盘,它们就算涨上天也不代表你能赚钱。你只需要拿住好股票就可以,因为大牛市低市盈率的票都会翻倍的,就看你是否拿得住了。

94. 2014 年 8 月 5 日　资金开始向中小板流入

大盘开始震荡,盘中资金明显从大盘股开始向中小板流入。明日将是中小板大幅上涨的时刻。

耐心持有手中股票即可。

95. 2014 年 8 月 6 日　市场艰难转换,死守看好股票

昨天开始资金开始从蓝筹股向中小板流入。今天下跌时中小板反而上行。QFII 继续主导盘面,有色金属、小金属等继续狂奔,而中小板的低市盈率股走得非常强。

对于一个战胜市场多年的炒家来说,我更熟悉整个牛市的脉络。现在只要是持有的低市盈率品种均会有良好的表现。我前面谈及的中小板低市盈率品种,不断地走出新高,这本身就说明我的选择是正确的。后市它们依然会继续高歌猛进,让一切指标派、技术派瞠目结舌。大牛市和大熊市最后赢得胜利的都是基本面分析的能手,淹没的都是技术派,因为指标全部失

真,加上现在的股指期货横行,更会促使很多人赚了点数,不赚钱,这在牛市中再正常不过了。

96. 2014 年 8 月 8 日　业绩增长才是最实在的东西

大盘跟我判断的基本没任何误差,快速拉升,指标超买再超买,一旦散户坐不住了,进入蓝筹股后,就急速杀跌。我前面说得很清楚,牛市初期只要乱来的多半会损失惨重,牛市输大钱一点不奇怪。

我坚持在中小板低市盈率品种上,为什么这么坚持呢?我想再说一下自己的思路。一定要参与中小板低市盈率品种,而且半年报甚至年报都要有增长的,同时,行业要有炒头,盘子也不能太大。只有这样的股票才可以做到向上有动力,向下没空间。

我以两只股票为例,主要是谈谈我的思路。它们分别为新北洋(002376)和长青股份(002391)。前者集电子信息、物联网、3D 打印等多个题材。产品在国内市场所占的市场份额为 8.5%,排名仅次于 EPSON 和 STAR,位于自主品牌之首。在嵌入式打印机市场,公司是该领域国内唯一具有自主研发和批量生产能力的企业。而该股主营服务于铁路、银行、航空等下游企业。其在航空和铁路中磁票打印机、自动售票机、自动售票机打印机芯和闸机检票机芯等占据全国第一份额。而为银行设计的产品中,已经推出了支票扫描仪、支票打码机、嵌入式票据受理模块、硬纸币兑换一体机、清分机等一系列产品,多款产品已经在国内外实现批量销售。与该股最为类似的股票是创业板的汇金股份(300368),而汇金的市盈率高达 270 倍,新北洋却只有区区 13 倍左右。另外,汇金毛利润品均为 43%,而新北洋却高达 55%,到底谁是行业老大不必多说了。新北洋流通股本是汇金的 15 倍左右,那么按照合理推算,起码该到达 40 倍以上才与汇金持平。新北洋中期预计增长 260%,也就是说中期报表将是 0.45 元左右,按照其 40% 左右增速计算，全年业绩大约为0.85元，动态市盈率只有13倍，基本面非常好，而盘中看股价横盘4年左右，现在处于绝对底部。前几天借助股东减持洗盘，今日成交萎缩，下周将猛击前期高点。该股必然翻倍。而长青股份为农药股，公司氟磺胺草醚、吡虫啉等主导品种市场需求良好，麦草畏新产品供不应求，啶虫脒新产品投入批量生产。中期报表预计增长40%，全年预计业绩为1.1元，动态市盈率也为13倍左右，对比农药股30倍左右市盈率明显偏低了。

现在的市场，一定要选择业绩有大幅增长的，这样才有炒作的题材。而看好的品种就死守不动，牛市就这样，轮涨走向，只要拿住了，不怕不翻倍，考的就是定力。

97. 2014年8月11日　中小板中有黄金

大盘猛烈调整后再次大涨，盘面热点依然不清晰，但是牛市初期的味道已经很浓厚了。市场资金开始从低价股向10元以上股票转进。而中小板股由于盘小、市盈率低也获得了很多资金的青睐。

关于现在的市场我谈过多次，上涨和下跌都会很猛，经历数次大牛市，我深知小盘股在牛市中都是最先翻倍的，大蓝筹要慢很多。越是牛市到来，低价、低市盈率品种就越要拿住，因为牛市炒作的就是价值回归。

98. 2014年8月13日　坚持住就是胜利

关于大盘我不想谈，因为目标在4000点，短期没什么可说的。而个股从大盘启动来看，我基本把握得非常好。最先启动的是有色金融板块，小金属均大涨，随后是钛白粉。钛白粉从我关注开始最少的涨了10%以上，最多的已经涨了35%，这就是技术的力量了。

这段时间我一直强调坚持。全力扎根在中小板的低价、低市盈率品种上面。

这轮上涨的性质决定了是价值回归,所以我才坚持在中小板低价、低市盈率股票上面,而从现在的市场看,我的判断是准确的,就差时间去验证了。

多余的不说,让时间去检验我的判断吧。

99. 2014 年 8 月 14 日　风乍起,吹皱一池春水;东风无力,欲避还休

今天的标题,前一句来自南唐词人冯延巳的《谒金门·风乍起》。诗句的意思是春风吹拂而过,在水面上荡漾起细微波纹。后一句来自范成大的《眼儿媚·萍乡道中乍晴卧舆中困甚小憩柳塘》,范成大号石湖居士,与尤袤、杨万里、陆游齐名,号称"中兴四大诗人"。该句意思为东风柔软无力,水面像要皱起波浪,又将微波抹去。用此两句诗词形容现在的股市再贴切不过了。市场看似波澜不惊,却又随时有所动作,股民无所适从,不知道哪个板块要动,也不知道该买什么。整个市场都处于混沌之中,但大家都看好未来的上涨。

实际大可不必如此纠结,只需要做好自己即可。实际牛市操作真的很简单,坚持住自己的判断就可以取得盈利。今天股指交割日前一天,盘中多空争夺激烈,下午 2 点猛烈杀跌,个股下跌明显,资金也出逃不少,但我持有的股票却走得很好。

今天写得有点晚,早点睡吧,因为明天可能又是一个艳阳天。不以物喜不以己悲是最好的选择。4000 点必然要见到,现在的点位就是山脚而已。4000 点时 500% 的利润不变,虽然现在只有 20% 多点利润而已。路还长,我尽量陪着大家走下去。冬天已经熬了过来,春天还远吗?

100. 2014 年 8 月 18 日　大盘再创新高,个股题材为王

大盘今日再创新高,收盘已经攻至 2240 点一线。成交依然继续活跃,

各板块全线上涨,牛市已经脱离初期阶段,进入牛市中期阶段。一般牛市分为五个阶段:牛市初期阶段、牛市中期阶段、全面牛市阶段、疯狂牛市阶段和牛市收尾阶段。具体表现为牛市初期阶段板块效应不明显,资金进入不快,但是能维持一定的成交量,开始出现小部分翻倍股票。牛市中期阶段一般热点集中在消灭低价股上面,也就是5元以下的股票逐渐减少,题材股横行。全面牛市阶段则是热点开始非常清晰,板块整体炒作明显,资金大量进入。10%左右的股票开始翻倍,疯狂牛市阶段表现为资金不管好坏只要抢到股票就行,散户感觉一天没抓个涨停都好像没炒股一样,资金极度膨胀,与股市完全不沾边的各阶层人士进场,麦当劳、肯德基都开始播放股市行情,各路所谓的股神出动,50%的股票翻倍,其中15%的翻几倍,5%的翻几十倍。牛市收尾阶段则是从高位被打下,依然有些后继资金进场,做出数次反弹,时间延续大概1个月。然后牛市终结。按照各阶段成交量看分别为1200亿元以上、1500亿元以上、1800亿元以上、2000亿元以上和1300亿元以上,大概就是这样的。

今天盘中看很明显低价股又占据了优势,市盈率低的品种也开始反扑,中小板再次启动。我前面说得很清楚,现在就是低价股和低市盈率股的天下。今天最明显的是,南天信息、兔宝宝、科大智能均于日前发布终止筹划重大事项,重组失败后复牌交易,由于相关股票在停牌期间大盘出现大幅上涨的走势,而重组失败的股票基本面没有太大改变,因此今日复牌后出现补涨的行情,盘中均受资金入场抄底而涨停。可见盘中资金充沛。另外,低价股票毕竟更适合散户投机,尤其是5元以下品种,只要有一定题材就会被资金秒杀。

我前面谈及的低市盈率品种如新北洋、普利特、长青股份等也纷纷出现大涨。现在是牛市中期阶段,我的口号就是消灭5元以下的股票,当然钢铁股等夕阳行业不在此列之中。牛市中期炒的就是低市盈率和5元以下甚至

6元以下的品种。也只有低价品种不断上行,才能把市场中枢垫高,中价股和高价股才有继续上升的空间。

还是前面一句老话,别管大盘,看好手中股票就可以了。现在已经进入牛市中期阶段,虽然市场依然难以把握,但是只要遵循低市盈率和低价格有增长的股票思路,就完全可以战胜市场。

101. 2014年8月19日　消灭6元以下的股票

写这个标题,很多朋友会以为我疯了。实际大家仔细看看现在每天涨幅榜单上的股票就明白了。市场资金充沛,却没形成完全的板块效应。昨天我说得很清楚,现在是牛市中期阶段,大盘成交大约为1500亿元左右。今天上海成交了1554亿元。

君不见永泰能源从2.3元起步,1个月冲上5.84元,涨幅超过150%,其业绩能提升1.5倍吗?肯定不能,就是题材的炒作。我昨天谈过的4只低价股也具备这样的属性,那么随时被炒起来丝毫不奇怪。市场资金不断涌入,这些资金不想为前面的资金抬轿子,就只能对低价有重组预期的股票动手,这是非常正确的思路。因为牛市中期就是不断消灭低价股的过程。野鸡变凤凰就是最好的市场演绎。现在5元以下的股票剩下231只,4元以下的股票只剩下122只,3元以下的股票只剩下50只,2元以下的股票剩下5只。如果重新设置一下,5元以下,流通市值低于30亿元的话,两市就只有区区56只了。要是扣掉ST、地产、钢铁和能源股这类本身估值不高的品种就只剩下40只了。

那请问,我说消灭6元以下的股票不正常吗?而且刚才数据大家也看到了,5元以下,流通市值30亿元以下,扣除估值不高的只剩下区区40只股票,好股票已经不多了。

102. 2014年8月21日　震荡是主基调,赚钱才是正道

大盘今天又是宽幅震荡,而个股中传媒、三网合一、网游、在线教育等上涨,都不属于主流板块。由于临近中报密集出台,因此业绩好,未来有增长的股票开始崭露头角。

我上篇文章提过低价股的春天。市场现在就是完全按照我说的运行,市场中能操作而且稳健获利的的确就是低价股和市盈率低的品种,其余股票都走得不好,而中小板股票表现最好。

市场现在不缺机会,缺少的是识别机会的能力和把握机会的耐心,而我恰恰是个能把握机会,且能把握得很好的人。市场依然会继续震荡,因为多空双方都不服气,而赚钱才是首要的任务。

103. 2014年8月25日　地球上最后一滴水将是人类的眼泪

去年环保股被爆炒,美丽中国概念横行天下,而今年保护并合理利用水资源将成为热点。它们的共同之处就是资源的消耗和保护。随着"美丽乡村"的提出,农村的水务市场迎来大规模发展。目前我国农村供水安全堪忧、污染物排放逐年增加、污水处理覆盖率远低于城镇。农村在我国的二元城乡经济结构中占有重要战略地位,且保障民生意义突出,迫切需要国家下大力气推动农村水务事业发展。目前,市场普遍对《水污染防治行动计划》(简称"水十条")抱以期待。预计在这一政策中,水污染治理重要组成部分的农村水环境治理将是政策重点着力点之一。在农村饮水安全、污水处理等领域,国家政策扶持和资金支持力度将有较大提高。农村污水处理市场将迎来"大机遇+大挑战"。根据《国务院办公厅关于印发"十二五"全国城镇污水处理及再生利用设施建设规划的通知》,到2015年,我国建制镇污水处理率达到30%。由于农村污水处理率受政策、市场、技术等多方因素影

响,预计到2015年,农村污水处理率将可能低于建制镇污水处理率30%。假设2014—2017年处理设施建设单价保持不变,以农村污水处理率达到20%计算,则2017年农村污水处理潜在市场规模408亿元(不包含设施建成后的运营市场规模),而国内该行业市场规模不足60亿元。

国内数次大暴雨后,造成了社会经济损失与次生灾害,各大城市的地下管网改造也迫在眉睫。今年6月16日,国务院办公厅印发《关于加强城市地下管线建设管理的指导意见》(以下简称《意见》),部署加强城市地下管线建设管理。从行业未来发展来看,《意见》提出,要在2015年底前,完成城市地下管线普查,建立综合管理信息系统,编制完成地下管线综合规划。力争用5年时间,完成城市地下老旧管网改造,将管网漏失率控制在国家标准以内,显著降低管网事故率,避免重大事故发生。用10年左右时间,建成较为完善的城市地下管线体系。管网建设投资巨大。城市管网被称为城市"生命线",担负着信息传输、能量输送、废物排泄等重任,是保证城市生活正常运转的基础性工程设施系统。地下管道的铺设成本较为昂贵,直径1200毫米口径的钢混排水管道综合成本约为160万元/千米,直径2000毫米的则约为400万元/千米。此次政策再加码,城市管网建设重视提升。多家机构表示看好管网建设个股中长期表现。

我称这个板块为"最后一滴水板块",我也相信这个板块即将形成一个整体性炒作的板块。毕竟在我们这个水资源紧张的国度里,水是极其宝贵的。

104. 2014年8月26日　城头变幻大王旗,危难之间显身手

大盘狂跌22点,盘中连破3条短期均线。创业板大跌2.26%,两市下跌家数是上涨家数的5倍以上。低价股再次主宰大盘,市场再次成为低市盈率股和低价股的天下。

市场走势变幻莫测，一会大蓝筹股猛涨，一会又转向低价股和低市盈率股，创业板没有介入价值，而新股也成为鸡肋，大盘涨跌难判，个股鸡飞狗跳。但是请注意，成交量依然没有妥协的意思，看似多空酣战，实则来回调仓而已，因此不会理会大盘，耐心做个股就是了。

市场永远是留给有准备的人，这是亘古不变的道理，而在变幻莫测的市场中，坚持自己的判断是最为重要的事情了。

市场经过今天的杀跌后，又该上行了，涨涨跌跌才是正常的市场，我坚持自己对水资源股的判断，我们拭目以待，我估计一周内该板块就要成气候了。

105. 2014 年 8 月 27 日　水资源概念股本周开始启动

我连续两天谈及水利资源概念股，我预计它们将在 1 周内启动，现在看启动的时间会提前，估计最慢周五，最快明天，此类股票将形成板块式向上攻击。

首先此类股票基本面大多良好，而且业绩递增明显。市盈率一直偏低，估值弹性良好，也是两市不多的沉寂多时的板块。政策面最近利好不断，2014 年 5 月 21 日国务院会议决议，部署加快推进节水供水重大水利工程，龙头公司订单大增。2014 年 12 省区大旱，中央财政抗旱应急和水源建设迅速拨款，《全国抗旱规划实施方案》整体启动。2014 年 8 月 14 日《全国现代灌溉发展计划》通过审查。2014 年 8 月 27 日也就是今天，在安徽蚌埠召开的全国农村水利工作会议了解到，目前，全国农田有效灌溉面积 9.37 亿亩，仅占耕地面积的 51.5%，还有近半数的耕地是"望天田"，缺少基本灌溉条件。全国 10% 以上的低洼易涝地区排涝标准不足 3 年一遇，部分涝区治理不达标，旱涝保收田面积仅占耕地面积的 30% 左右，现有灌溉排水设施大多建于 20 世纪 50—70 年代，普遍存在标准低、不配套、老化失修、效益衰减等问题。全国约 40％的大型灌区、50％～60％的中小型灌区、50％的小型农田水利工程设施不配套,大型灌排泵站设备完好率不足 60％。

3 个月内关于水利设施建设的提议和被批准的项目为各行业之冠,很多资金纷纷潜入此类股票。

我的每次判断都倾注了我多年的盘面感觉以及最好的基本面分析,事实也证明每次我的都是正确的。那么这次对水资源股的判断也不会错,我现在需要的是潜伏,等待更多的资金进场。

106. 2014 年 8 月 28 日　耐心和坚定就是盈利的利器

水资源股全线启动,预测是否准不必多说,这就是股感,这就是资金流魅力所在了。大盘跌又如何？与我有何相干,该涨的股票还不是继续涨,19 家涨停,是否有你手中的股票？

市场完全按照我的预测运行,热点就在低价股和低市盈率股上运行,没有丝毫偏差。我的预测正一一被兑现,这就是技术的真谛。

107. 2014 年 8 月 29 日　抓住两条线,盈利必无边

对于大盘我没什么可说的,一年之内走到 4000 点,这个判断不变。短期根本不必在意大盘的走向,因为就是曲折向上的。现在是牛市中期阶段,我炒作的只有两条线,分别是低价股和低市盈率股。

低价股永远是最容易翻倍的,而且现在市场成交依然无法进入全面牛市状态,低价股是最好的操作标的。

在这个市场 24 年了,我见过的钱比一般人几辈子见过的还要多。所以我根本不在意别人的评说,要是在意那么多都活不下去了,实际上,只要摆正心态,想想市场上还有那么多技术不足的人依然在坚持,你凭什么不好好活着呢？会赚钱的人,往往比不会赚钱的人更懂得如何生活。

108. 2025年4月7日　等待突破3674点

第一，短期的下跌基本结束了。2018年市场最差时大盘也只跌了6%左右，而今日盘中最大跌幅9%，收盘依然跌了7.34%。2018年7月中美贸易摩擦升级后，大盘5个月也就跌了10%左右；而我们今天差不多就跌了接近10%。2018年跌完以后4个月从2440点冲到了3288点，涨幅35%。因此，哪怕简单类比，大盘低点如果锁定在今日的3040点这个低位，大盘就算走结构性，也会冲到4100点。

第二，技术指标扭曲得太厉害。沪市日线RSI到达6.16（盘中最低4），深市到达3.5（盘中最低3.1）。上一次两市RSI同步跌破6以下还是2013年6月24日的时候。当RSI到了这个区域，往往不是下跌中继，而且黄金也就是本轮上涨的新起点，这就是历史的经验。

第三，大盘会在本周四前彻底止跌，一般如此剧烈的下跌后，就算想再跌，也要有一根百点长阳，然后再跌，而从技术指标看再跌也没多少空间了。3000点就可以认为是绝对的低点。当前位置无须悲观，今年依然是大牛市，最差也是结构性，也要突破4000点。

第四，经济"三驾马车"中，地产和外贸已经受到影响，那么就剩下消费了，可是如果大家没钱，消费就无从谈起。因此，只能提振股市，股市会在未来半年成为重中之重。只有股市大涨，才能刺激消费。当下市场中，大量资金亟待寻找出口，而股市作为"蓄水池"，将成为这些资金的合理流向，资金若流向其他领域，可能引发不可控的风险，这是可以预见的。

第五，美国股市也在大幅下跌中，而且会继续下跌，那么美国随时会启动新的降息，我们也会跟上。当前，国内流动性投放规模持续扩大，资金不可能长期在金融体系内"空转"，必须寻找出口。股市会成为我们重振实体经济无法绕过去的关口。因此，我才这么执着地看好后市是大牛市行情。

第六，未来我们面对的实体市场压力可能更大；美国也可能取消部分加税，市场已经到了最差的时候。这个时候我们没什么可怕的了。我不会卖出一股股票。虽然很艰难，但是我遵从本心。毕竟我经历了太多，我更能理解这个市场。

明天可能再次低开，但是绝地大反弹也随时会来，今天5200只个股大跌，明天再来5200只股票大涨，也并不是稀奇的事情。